中國古典名著譯注叢書

老子註譯及評介

修訂增補本

陳鼓應 著

中華書局

圖書在版編目(CIP)數據

老子注譯及評介(修訂增補本)/陳鼓應著. —北京:中華書局,1984.5(2025.5 重印)
(中國古典名著譯注叢書)
ISBN 978-7-101-00413-7

Ⅰ.老…　Ⅱ.陳…　Ⅲ.①老子-注釋②老子-著作研究　Ⅳ.B223.1

中國版本圖書館 CIP 數據核字(1999)第 14236 號

本版責編:朱立峰

中國古典名著譯注叢書
老子注譯及評介
(修訂增補本)
陳鼓應 著
*
中 華 書 局 出 版 發 行
(北京市豐臺區太平橋西里 38 號　100073)
http://www.zhbc.com.cn
E-mail:zhbc@zhbc.com.cn
河北博文科技印務有限公司印刷
*
880×1230 毫米 1/32・16¾印張・3 插頁・340 千字
1984 年 5 月第 1 版　2009 年 2 月第 2 版
2025 年 5 月第 28 次印刷
印數:248001-251000 册　定價:68.00 元

ISBN 978-7-101-00413-7

老子畫像

目録

修訂重排版説明

一九八三年北京中華書局曾將本書以繁體字排版發行，在此之後，因戰國中期郭店老子竹簡出土，我對文本的解讀進行了一些修訂，由臺灣商務印書館發行第三次修訂版。二〇〇三年北京商務印書館以簡體字排版印行。在此基礎上，北京中華書局吸收了新修訂内容，並改正了排印錯誤的字句。中華書局這次繁體字的重排本，是我最滿意的一個修訂本。

老子的繁體版能在内地再度發行，我要十分感謝中華書局副總編輯顧青、哲學編輯室主任張繼海及編輯朱立峰等各位先生的費心協助，在此一併致謝。朱立峰先生爲本書新編了索引，尤當銘感。

陳鼓應　二〇〇八年十二月於臺灣大學人文高等研究院研究室

北京商務重排版序

早在一千三百五十多年前，老子的書就被譯成外國文字，那是唐太宗時代，高僧玄奘與道士成玄英等將老子譯爲梵文。近代以來，西方學人迻譯外國典籍，最多是聖經，其次就是老子。當代自馬王堆漢墓發掘兩種帛書老子，及最近湖北郭店戰國楚墓出土三種老子摘鈔本以來，世界各地的專家學者更加熱切地發表論著或譯成各國文字。本書也因竹帛老子的問世，進行了多次的修訂。

本書初稿完成於一九七〇年，由臺灣商務印書館印行。數年後馬王堆帛書老子出版的消息傳來，但是由於當時臺灣尚處於戒嚴時期，大陸出版品在嚴禁之列，直至一九七九年我旅居美國，才得以看到有關帛書探討的書籍文章。我在加州大學柏克萊分校作研究的數年間，運用該校中文部圖書館的有關藏書，對拙著進行首次大幅度修訂，參照馬王堆帛書老子進行逐章修訂。校定稿於一九八三年由北京中華書局以繁體字排版發行。

一九八四至一九九六年間，我在北京大學講授老莊哲學課程時，陸續發現注譯方面有不少尚待訂正之處。一九九七年春，我因平反復職重回母校臺大哲學系任教；一九九九年秋天，又到布拉格查爾斯大學講授老子課程，在此期間，筆者對本書再次進行大幅度修訂。此次修訂仍以王弼通行本爲底本，參照帛書及郭店本，作了全面審慎的修改。這是第二次對本書做出大幅度的修訂，修訂後由臺灣商務印書館於二〇〇〇年以繁體字排印。

本書的出版權已經由北京商務向臺灣商務取得，以簡體字體印行，在排印校對期間，我又作了少許訂正，作爲一個作者，這是我自己最滿意的一個定本了。

承蒙總經理楊德炎先生面允，北京商務將陸續出版我的多種著述，這對我是莫大的鼓勵。有關排印等各項事宜，獲著作室主任常紹民先生費心協助，一併感謝。

二〇〇二年十一月於臺大哲學系研究室

三次修訂版序

一九七三年湖南長沙馬王堆漢墓出土一大批帛書，其中帛書甲、乙本老子尤引人注目。豈料二十年後，一九九三年湖北荊門郭店村戰國楚墓又出土了爲數衆多的竹簡，其中竟然出現三種老子摘抄本。消息傳出，舉世學子奔走相告。這批比馬王堆帛書早上百年的珍貴文獻，終於在一九九八年五月彙編成册（郭店楚墓竹簡），由北京文物出版社印行問世。我們能目睹這一世界最古老的老子抄本，何其有幸！

郭店楚墓整理者彭浩先生根據竹簡形制及長短不同，將多種簡文老子分成甲、乙、丙三組，這三組老子摘鈔本字數約當今本三分之一。章次安排與今本大不相同。拿通行本來仔細核對，可以發現章次雖迴異，但各本文義順序及其內容基本一致。三組簡文抄寫內容上各不相複，僅有一節相應於通行本六十四章下段文字，重出於甲、丙組中，兩相對比，丙組中的文句與馬王堆帛本及通行本接近。通體觀察，我們認爲甲組文義接近老子祖本，它的抄寫年代，距離老聃逝世可能僅百餘年。

郭店簡文老子的問世，不僅打破了老子晚出說的謬誤，也大大擴展了老學寬廣的倫理空間。中外學者在這些方面紛紛發表專文討論，讀者有興趣，請參看鼓應主編的道家文化研究十七輯專刊郭店楚墓老子專題研究。

在多種通行本中，王弼本對歷代影響最大。所以本書仍以王本爲主，參照其他各古本進行校釋。年前曾據馬王堆帛書本，做了一次審慎的修改，如今郭店簡本的公佈，我不得不再次進行修訂。

一九九九年一月於臺大哲學系

二次修訂版序

本書於一九七〇年初版，三年後曾略作修訂。由於我長期滯留海外，自一九七三年修訂後，迄未改版。我在北京大學多次開設老莊哲學課程，對於本書「注釋」部分早就感到有重新修改的必要。前年夏天，我回到闊别十四年的臺北，承商務總經理張連生先生面允，修改後重新排版由臺灣商務印書館一家出版。我遂於去年秋冬着手整理，日前完稿。這次修訂，主要在「注釋」部分進行了較多的更改，而「引述」部分，仍維持原樣，以保持我先前的觀點。我在寫這序文時，獲悉湖北荆門市出土了一批比馬王堆漢墓帛書更早的竹簡，其中與老子有關的殘簡尤引人矚目。該墓葬早至戰國中期，是則古史辨派學者所謂老子成書晚期説，更加不能成立。此前，我曾多次爲文力主老子爲老聃自著，其成書早於論語（近年來我曾發表過老學先於孔學、老子與孔子思想比較研究、老子與先秦道學各流派、論老子晚出説在考證方法常見的謬誤、墨子與老子思想上的聯繫等文，前三文收在拙著老莊新論書中，後兩文刊在道家文化研究第四、五輯。我對老學有些新的觀點，則尚未成文）。

近五六年，在我已發表的論文裏，有兩個論題引起學界廣泛的爭論：一是易傳學派性質的問題，一是道家主幹説。前者，我連續寫了十幾篇文章，推翻易傳是儒家作品的舊説，而論證它是道家學派之作（現已彙集成册易傳與道家思想，在臺灣商務印書館出版）。後者，我曾撰文論説中國哲學的主幹部分是道家思想而非儒家。今後的幾年我將在這一課題上，繼續探討。在我近來寫的文章裏，我曾一再提到老子是中國哲學之父，認爲中國「哲學的突破」始於老子。事實上，對於整個中國哲學史，越往下探索，越深入研究，就越會認識到老子在中國哲學史上的影響，遠超過其他各家。

中國古典文化譯成外國文字，以老子的譯本最多，時至今日，每年仍有多種不同的老子譯本問世。在衆多研究著述中，對老子原文的闡釋，也常出現仁者見仁、智者見智的現象，拙著也只是提供一得之愚，尚祈專家學者不吝指正。

一九九六年春於臺北

增訂重排本序

一

本書初版，一九七〇年在臺北商務印書館印行，迄今已發行十餘版。七三年底曾加修訂，七四年初便傳來長沙馬王堆漢墓發掘到兩種帛書老子寫本，但帛書本的整理全文，直到七六年才有機會看到。年前來到海外，便留意搜集有關帛書老子方面的討論文章，可惜數量不多，一年多前才在舊金山中文書店購得吉林大學張松如教授新作老子校讀，這是自帛書本出土後對老子經文校釋工作較完備的一部著作。去年秋天，我去芝加哥大學一個學期，得便利用芝大遠東圖書館藏書，着手修訂本書，今年年初回柏克萊，使用加大中文圖書館藏書繼續完成了增補工作。

本書的增訂，主要在〔注釋〕部分，〔引述〕部分則基本上仍保持原來的觀點。〔注釋〕部分，一共補入了一百九十多條。爲求廣集老學專家的見解，重讀王安石老子注、王夫之老子衍及嚴復老子道德經評點等書，加以選集。但增補重點，乃在當代學者的著述，包括近年來發表在各學報上的專文，而帛書出土後的有關書籍，是增訂本書的主要參考資料。

帛書老子有兩種寫本，現在分別稱爲甲本、乙本。甲本字體介於篆書和隸書之間，推算抄寫的年代，至晚在漢高祖時期，約公元前二〇六年至公元前一九五年間。乙本字體是隸書，抄寫年代可能在惠帝時期，約公元前一九四年至公元前一八〇年間。這兩種寫本，距離現在都已兩千多年，是目前所見到的老子一書的最古本子。老學專家嚴靈峯教授在肯定帛書本爲「歷史上所保留珍貴古物」的同時，曾評論説：「如果從其内容上加以探究，帛書老子却具備了譌字、脱文、衍誤、錯簡之諸種缺點，明白地説：是一種從來最古的本子，但却不是最好的版子。」我很同意這種看法。因此我仍以王弼本爲藍本而參照帛書本加以校訂，並與張松如教授持同樣態度：「以帛書爲權衡，而不泥古。」

帛書本的譌誤、脱字、衍文屢見（詳見「帛書整理小組」對甲、乙本釋文的注釋及嚴靈峯編著馬王堆老子試探）。譌誤之處，最明顯的如：第八章「水善利萬物而有爭」，「有」字誤，當作「不」。第十二章「五色使人目明」，「明」字誤，當作「盲」。以衍文而言，如第一章帛本作：「恒無欲也以觀其眇，恒有欲也以觀其所噭。」甲、乙本「噭」上俱衍「所」字，「也」字亦疑衍文。「所」字衍，無關緊要，但「也」字衍，則因句讀不同而文義大異，這裡就產生了很大的爭議性。宋以來的學者，多以「恒有」「恒無」斷句，「欲」字連下，和甲、乙本不合。自王安石開始，以「有」「無」爲讀，蘇轍以「欲」作「將」字解，范應元亦主「常無」「常有」斷句。其後明、清學者（如王樵、俞樾、易順鼎等）及近代老學專家（如馬敍倫、高亨、朱謙之、嚴靈峯等），均主「有」、「無」爲讀。帛書出土後，學者多從「無欲」、「有欲」斷句，然嚴靈峯獨排衆議，以爲「老子觀物方法，以虛靜爲本，常常有欲之人，自難虛靜；何能『觀妙』、『觀徼』，是知帛書雖屬古本，『也』字應不當有。」個人深以嚴説爲是。因本章講「道」體，「無」「有」爲道體之描狀，屬形而上學的範疇（上章「有無相生」的「有」「無」，則指現象界事物之對待關係而言，與第一章這裏的「無」「有」之爲專有名詞不同義涵）。「有欲」「無欲」則屬人生哲學的範疇，老子主張「無欲」而抨擊「有欲」的多害。就認識論範疇而言，則以「有欲」蒙蔽理性思考，妨礙人類認識。故而不當以帛書本爲定準。

帛書本雖然不是最好的版子，但在我將它與王弼等古本對校時，有不少處提供了有力的依據以訂正通行本。茲舉三例爲證：

一、第二章：「高下相盈」句之訂正。這一句各通行本「盈」俱作「傾」。因此在帛書發現之前，這句話就譯成高和下互相「傾倚」。當然高下相「傾倚」在文義上是不通的。十多年前我曾爲這一語句之不順解而遍查各古版古注及近人的校釋，但未能釋疑，直到核對帛書，甲、乙本都作「高下相盈」，才得知通行本作「傾」，是避漢惠帝劉盈諱而改。古人因「盈」和「傾」音相近而改「盈」爲「傾」後，句義迂曲難通，直到二千多年後我們才得以從出土的帛書中恢復原義。

二、三十一章首句：「夫兵者不祥之器」之訂正。這一句通行本俱作「夫佳兵者不祥之器」（傅奕本「佳」字作「美」）。按三十一章王弼本未作注，明代王道（字純甫）在老子億中已提出疑問，以爲這章有「古義疏混入於經者」，但他並沒有進一步説明。其後清代學者紀昀與劉師培均疑本章有注語雜入，但並沒有懷疑首句之衍，王念孫才懷疑本章首句中「佳」字之誤，不過他認爲「佳」當作「隹」，「隹」古「唯」字。日本學者中井積德乃首先提出「『佳』字疑衍」的見解（老子雕題）。直到帛書出現，才證實「佳」字確是衍文。

三、四十九章：「聖人常無心」句之訂正。這一句通行本都作「聖人無常心」，帛書乙本作「聖人恒無心」（甲本殘損）。當從帛書本爲是。理由如下：其一，「常」字屢見於老子，如常道、常名、常無、常有（一章）、常足（四十六章）、常無爲（三十七章）、襲常（五十二章）、知和曰常（五十五章）等等，全書共二十二見。凡老書所用「常」字，除用以形容道的永恒性或事物的長久性外，專有名詞則意指變化中的不變規律。無論它是形容詞、副詞或名詞，無一不是正面肯定的意義。因而四十九章這裏，若以「常心」連讀，而「無常心」意卽要去除「成心」（卽偏心或私心），則「常心」一詞竟成爲反面的意義，這不僅與全書文律不合，更有違老書對「常」字的極端肯定的意義。其二，「常心」一詞，見於莊子德充符（「以其心得其常心」），爲道家學派中的一個重要名詞。莊子所說的「常心」，當指不起分別作用的心——這是最高境界的狀態（「常心」據成玄英疏：「真常之心」，陸德明釋文進一步解釋爲「無妄之本體」）。因而四十九章這裏若以「無常心」連讀，則顯然與莊書上的意義相矛盾。在古本中，唐代的景龍、敦煌及顧歡本以「無心」連讀（均無「常」字）；在古注中，漢、宋注家嚴遵、河上公、李榮及王安石等人，都以「無心」作解，和帛書正同。帛本作「聖人常無心，以百姓心爲心」（有道的人没有私心，以百姓的心爲心），從文義看，正合老子思想。這和他主張聖人不積以與人的觀念，是一致的。

以上三處，是我個人校讀帛書老子所獲得的最大收獲。

二

五十年代時，我國學者曾對老子問題有過許多討論。各家意見較少在老子哲學內容上作分析探討，而集中在下述問題上作爭論：其一是老子其人其書的問題，其二是老子階級立場及其思想代表性問題，其三是老子的世界觀屬唯心主義或唯物主義的問題。由於本書寫作的重點有所不同，所以没能對這些問題加以探討。現在僅對這些問題粗略地提出一點個人的看法。

一、關於老子其人其書的問題，在本書的「修訂版序」中已有所論述，不再重複。總之，主張老書晚成的論點，多不能成立。這裏想再提一下的是：先秦各書固多爲一個學派之作，但老子這本書主要是成於一人之手。其中有些語句，或不免有後學增補之處，但它基本上是出於一人的手筆。這不僅由本書理論前後一貫可證，文體的一律尤爲明證（如「夫唯」……「是以」……等獨特的語句結構，屢見於二章、八章、十五章、七十一章及七十二章）。此外書中著者以「吾」、「我」自稱（見二十、七十等章），亦可爲旁證。

二、關於老子的階級立場及思想代表性問題，個人以爲：老子可能屬於士階層中人。由他那「無爲自化，清靜自正」（史記本傳）的主張，及其所陳述的「我獨悶悶」、「我獨若遺」（二十章）的生活形態看來，較近士階層中的隱士（史記老子傳便説：「老子，隱君子也。」）一系。他的出身，究竟是貴族下降或庶人階級中的上昇者，史料頗欠缺，司馬遷在寫列傳時，對老子的事迹已不很明確。不過，其中提到他曾任「周守藏室之史」，後來見「周之衰，迺遂去」。由這蛛絲馬跡看來，較可能是屬於下降的處境。但我們討論一個人的思想所反映的立場時，不能機械地以「出身」下定論或陷於「唯成份論」，當從他的言行來下判斷。就老子本人的言論內容來看，老子五千言，所談的治道（按莊子不談治道，這是老、莊政治思想的很大不同點），雖有「獻策性」的意味，但書中對統治者及貴族集團所展開的批判及其反映庶衆的願望與要求而言，無疑地老子其人其言，絶不能説是「站在没落貴族的立場」，爲「奴隸主統治階級立場」説話的。老子對當時統治階級所表現出的不滿、抗議的言論，遍見於全書，其中的五十三章、七十二章、七十四章及七十五章，尤爲激烈。由他認爲「人多伎巧，奇物滋起」而呼籲「絶巧棄利」、「不貴難得之貨」來看，他該是反對商業的。由他提出「天下有道，却走馬以糞」的主張來看，他對農業是十分重視的。因而我們認爲：作爲「士」階層的發言看，激於傳統知識分子的社會責任及時代感，老子的思想，在一定程度上的確「反映了農民和小私有者的要求」；他的部分主張，也有着「小農經濟自然主義的反映」。

三、關於老子世界觀是唯心主義或唯物主義的問題，這是當代學者所對壘爭論的一個主題。通過這些討論，可以使我們對老子哲學的基本範疇有較清晰的了解。然而不免有許多以現代思維模式去牽强附會的地方。其實老子在建構他的哲學系統時，未必意識到這些問題。若以西方哲學觀點加以分析，則老子的形而上學的性質是混雜的，在看似唯物主義的內容裏，却包含了唯心主義的成份；在看似唯心主義的因素裏，却包含了唯物主義的成份。其間的交織性，並不是那麽明確的。不過我們當了解：老子所提出的作爲宇宙本體的「道」，是實存性的，不可將它和「絶對概念」、「絶對精神」混爲一談。而且，作爲宇宙本體的「道」之預設，固可説不具有經驗上的認知意義（cognitive meaning），但以它來取代進而否定神學上天帝無上權威的思想，在哲學史上是一個突破性的發展。

對於上述三項頗具爭論性的問題，僅在這裏表示個人的粗淺看法。

三

從哲學史的觀點看，老莊思想的重要性，一如蘇格拉底和柏拉圖在西方哲學史上的地位。中國哲學史上的一些基本觀念，如「道」、「德」、「一」、「理」、「無」、「有」、「常」、精、氣、心等等，多由道家開創人物所提出。老莊哲學自成一套獨特的宇宙論、認識論、方法論、自然哲學及人生哲學。不管我們同不同意他們的觀點，都值得加以分析探討。

老子五千言，確是一部辭意錘鍊的「哲學詩」，其中充滿了對人生體驗富有啟發性的觀念。老子的自然哲學，在消除神學支配的地盤上，有傑出的貢獻；他的樸素的辯證思想，引導人們從多面而深層地觀察事物的真相；他的政治哲學，在反抗權威主義，抨擊專制主義及批判擴張主義上，反映了庶衆的聲音。他還十分透徹地看出了人間社會的各種問題與各種矛盾，但他却「每每扭回頭去，不是從現實和未來，而是從歷史和幻想中，去尋求解決社會矛盾的方案」。我很同意張松如教授的觀點：在肯定老子思想的進步作用的同時，也必須看到他保守和消極的一面。

本書初版的參考書籍，在古注方面，以道藏内各集本及嚴靈峯彙編老子集成（初編爲一五〇種，三一一卷；續編爲二〇四種，四九〇卷）爲主；在近人著述方面，以蔣錫昌、高亨、馬敍倫、嚴靈峯等學者的校詁著作爲主。這回增訂，則以「馬王堆漢墓帛書整理小組」所編帛書本老子及張松如老子校讀爲主。

本書的增訂，在參考資料上，承蒙芝大圖書館馬泰來、楊美智和加大圖書館陳治平、張伯淵諸兄給以方便，近年來伯淵兄在我寫作時所需書籍的使用上，給與熱心的幫助，十分感謝。中華書局編輯孫通海先生負責本書的編發，並承協助校閱，花費太多的精力，尤令我由衷感激。

陳鼓應　一九八三年二月

修訂版序

一、本書正文以中華書局據華亭張氏所刊王弼注本爲主，這個本子「玄」字因避清聖祖諱而改爲「元」字，現在都把它改正過來。王注本有誤字或錯簡的，根據其他古本或近代校詁學者的考訂改正，並在注釋中說明。

二、本書的「引述」部分，是我自己的意見，聊供一得之愚。「注釋」部分，選集前人在老學上的精闢解說。這方面的工作花費的時間最多。本書寫作期間，曾參考古今注書一百多種，「今譯」基本上是依前人注解而語譯，此外參看張默生老子章句新釋與任繼愈老子今譯等書。本書修訂版並參考嚴靈峯老子達解的「語譯」部分，儘量求譯文的確當。

三、本書初版，没有提老子其人及其書的問題。因爲這方面的問題，前人討論得很多，而且由於古籍在這方面資料的欠缺，有些問題實在無法探出一個究竟來。然而學者們在這方面費的精力甚多，思想方面反倒略而不談。

有關老子的事蹟，已不可考。史記老莊申韓列傳替老子作了一個四百多字的傳，這個傳的後半段記載了一些傳說，這些傳說在「莫知其所終」的情況下，更令人撲朔迷離。從司馬遷使用「或曰」、「云」、「蓋」、「或言」、「世莫知其然否」等字以示存疑的態度，也可推知早在漢初的時代，有關老子的生平事蹟已無法確定了。在老子傳中，唯一未曾引起今人懷疑的，只有開頭的第一句話：「老子者楚苦縣曲仁里人也」（苦縣原屬陳國，春秋末年爲楚國所滅。苦縣卽今河南鹿邑縣），其餘凡是涉及事實性的地方，無一處不使人爭議。從梁啓超在民國十一年撰文提出質疑開始，引起了一場熱烈的爭論，多達五十萬字的文章，都搜集到古史辨這部書上。梁啓超和他的附和者提出了許多疑問和意見，張煦和胡適等人則作了有力的批駁。對於這類問題有興趣的人，可以參看古史辨第四册和第六册。在這裡，僅綜合各家的意見，對老子其人及其書的問題，作下面幾點簡要的說明：

（一）關於姓名的問題：史記傳文中說：「老子者，姓李氏，名耳……謚曰聃。」老子卽老聃是可以確認的，先秦古書中可以爲證（如莊子書上同一段話，前稱老聃，接着又稱老子）。關於「老子」有二說：一說「老」是尊稱，「老子」卽後人所謂老先生的意思。一說「老」是姓氏，當時稱「子」的，如孔子、有子、曾子、陽子、墨子、孟子、莊子、惠子，以及其餘，都在氏族下面加「子」字（參看唐蘭老聃的姓名和時代考）。老聃或當姓老。古有老姓而無李姓；世本：「顓頊子有老童。」風俗通義：「老氏，顓帝子老童之後。」左傳成公十五年傳：「宋有司馬老佐。」又昭公十四年傳：「魯有司徒老祁。」可證古有以老爲姓，而春秋二百四十年間無姓李者（見高亨老子正詁前記），在先秦典籍中沒有提到「李耳」，或由「老聃」兩字轉出亦未可知。「耳」和「聃」字義相應。「老」和「李」古音同，「李」姓或由「老」姓轉出，如荀卿轉爲孫卿。

（二）關於問禮的問題：孔子問禮於老聃，史記孔子世家所載與本傳所載稍異，但對問禮一事，則確認無疑。關於孔老相會和孔子學於老子的記載，見於禮記曾子問四次，莊子五次（見天地、天道、天運、田子方及知北遊各篇）。此外也見於孔子家語和呂氏春秋（當染篇）。孔子訪老聃的故事出現在不同學派的典籍上，「在傳說不同的系統中，而發現可以互證的材料，則不能不說是有力的材料」（語見徐復觀有關老子其人其書的再檢討，附中國人性論史內）。「孔子問禮的傳說，春秋以及戰國，必定是很流行，所以儒家都不能爲他抑低孔子而埋没他。」（語見陳榮捷戰國道家，載於中研院史語所集刊第四十四本）孔子問禮於老聃的事，依然爲多數學者所接受。

（三）著作時代問題：梁啓超認爲老子書作於戰國之末，這説法自然引出老書與論語著作先後的問題，也引出老書與莊書先後的問題。關於前者，頗可討論；關於後者，實無須費筆墨。因老書前於莊書是不成問題的事，不僅莊子書上輒引老聃其人及老子書文可證，從他書中也可明證。如戰國策齊策載：「顔斶曰：老子曰：『雖貴必以賤爲本，雖高必以下爲基；是以侯王稱孤寡不穀，是其賤之本與非。』」這文出自老子三十九章。顔斶與齊宣王同時，亦卽與莊子同時；這時老子已成書，也就是成於莊子之前的「鐵證」（見嚴靈峯辯老子書不後於莊子書）。下面就出書時代問題分數項敍説：

①關於使用名詞：梁啓超説：「老子書中用『王侯』、『王公』、『萬乘之君』等字樣者凡五處，用『取天下』字樣者凡三處，這種成語，像不是春秋時人所有；還有用『仁義』對舉的好幾處，這兩個字連用，是孟子的專賣品，從前像是没有的。」張煦隨卽指出梁氏的疏誤：「易蠱之上九：『不事王侯，高尚其事。』不是早已『王侯』聯用嗎？易坎象：『王公被險以守其國。』離象：『六五之吉，離王公也。』不是『王公』聯用嗎？」又説：「易繫辭下傳説：『小人不耻不仁，不畏不義。』左傳説：『酒以成禮，不繼以淫，義；以君成

禮，弗納於淫，仁也。』仁義爲文，與老子所説『絶仁棄義』、『先仁而後義』有何不同？　史記引周初所制謚法云：『仁義之所往爲王。』周初謚法篇義與此合，早以仁義爲聯同，與老子『大道廢而後有仁義』有何不同？」（張煦梁任公提訴老子時代一案判决書，見古史辨第四册下編三一七頁）張煦並指出梁氏誤把「取天下」的取字作三國演義「取上將首級如探囊取物」的取字。這句舊注：「取，治也。」所以説「取天下常以無事」即「無爲而治」的意思，梁任公没有弄清楚這句話的原義。至於以「萬乘之君」一句作爲戰國時證據也不能成立，張季同指出論語先進：「千乘之國，攝乎大國之間。加之以師旅，因之以饑饉……。」可見千乘之國正是被大國蹂凌的小國，所以，在春秋時説萬乘之國當然是十分可以的（見張季同關於老子年代的一假定，古史辨第四册下編四三一頁）。此外有人認爲老子第三章「不尚賢」句是老書晚於墨子尚賢思想之證，唐蘭辯稱：「『不尚賢使民不爭』，更是與墨子的尚賢不相干，『賢』字是當時一個流行底題目，和『道』、『德』、『仁』、『義』、『名』、『實』一樣，各家的學説裡都要討論一下，决不能説某書受某書影響的。」（見古史辨第四册三四九頁）。有關其他詞句的議論，可參看古史辨。在這裡我們要特别指出：根據幾個片語隻字來考訂著作的年代是不可靠的。除非能把整本書的大部分和主要部分都加以審定，否則不能僅摸索到書中幾個字句有疑問而據以推定全書都有疑問。梁啓超等人妄斷列子是魏晉時代的僞作，所持的態度和論點都是同樣地誤謬的。

②關於引述：有人認爲論語和墨子都未稱引老子，可見老書是晚出。但我們是否也可由老子未稱引論墨而斷言論墨晚出呢？所以這論點是不能成立的。如莊子與孟子同時，兩書互不稱引。韓非

子、戰國策引老子不引孟子，難道因此可以否認孟子七篇的存在嗎？（見嚴靈峯辯老子書不後於莊子書）孟子没有提到易經，我們不能説孟子時易經不存在。又如惠施和孟子同時在梁，孟子却未提及惠子。因此以論墨未引老書而斷定它晚出是不足爲據的。至於論語引述老子與否，仍值得商榷。述而章：「竊比我於老彭。」舊説雖有以「老」即老子之説（如鄭玄注：「老，老聃。彭，彭祖。」），但多人以老彭指商賢大夫。然而憲問章「或曰『以德報怨』」，「或曰」顯然是引别人的話，而這話正出於老子書上。由此可證論語曾引述老書。論語衞靈公：「無爲而治。」「無爲」思想很可能來自老子。再則説苑敬慎篇説：「叔向曰：老聃有言曰：『天下之至柔，馳騁乎天下之至堅。』又曰：『人之生也柔弱，其死也剛强，萬物草木之生也柔脆，其死也枯槁。』」這裡所引的是老子四十三章和七十六章文字。叔向是晉平公時代的人，與孔子同時。假使劉向説苑所據不誤，則老子的成書年代，當在孔子之前（見嚴靈峯辯老子書不後於莊子書）。此外太平御覽三百二十二卷引「墨子曰：墨子爲守，使公輸般服，而不肯以兵知，善持勝者，以强爲弱。故老子曰：『道沖而用之，有弗盈也。』」這是老子第四章文，如果是墨子的佚文，那末墨翟或他的及門弟子也一定誦讀過老子的書（見嚴文）。

③關於文體：馮友蘭在中國哲學史上認爲：「老子非問答體，故應在論語、孟子後。」然而周易與詩三百篇也非問答體，是否也應在論孟之後呢？何況論語本身的大部分也不一定是問答，如論語第一篇共十六章，問答只有兩章；第四篇共二十六章，問答只有一章；第七篇共三十七章，問答只有七章，其餘各篇，也是非問答居多數（見胡適評論近人考據老子年代的方法，在古史辨第六册）。馮友蘭還

說：「老子之文爲簡明之『經』體，可見其爲戰國時之作品。」胡適批駁說：這要我們先得承認「凡一切簡明之『經』體都是戰國時的作品」一個大前提。至於什麽是簡明的「經」體更不容易說了。老子「道可道，非常道。名可名，非常名」和論語「道之以政，齊之以刑。……道之以德，齊之以禮」，豈不是同一個文體？可見馮氏以文體作論斷是不足爲據的。

總結地說：老子卽老聃，老子一書爲老聃所作，成書年代不至晚於戰國初。在先秦典籍中，戰國策（齊策、魏策）、莊子（内外雜多篇）、荀子（天論篇）、韓非子（解老喻老外儲說下篇六反篇）、吕氏春秋（君守篇等）、尹文子（大道篇）、列子（黄帝篇説符篇），無不引述老子，各家都明確地看到老子書。

我們還認爲，老子這本書是一本專著而不是纂輯。這本書前後理論一貫，層層推出，成一家之言（張季同持此說），而且「全書分明有著者自稱的『我』、『吾』，則非由編纂而成，甚爲明顯」（徐復觀持此說）。由老子書中没有一處自稱「老子曰」或「老聃曰」，這也可以證明是老聃自著。無論從文體或思想内容一貫性來看，這本書很可能是出於一人的手筆，當然，有些字句爲其弟子或後學所附加，亦所不免的。

一九七三年年底於臺北

初版序

一

老子是個樸素的自然主義者。他所關心的是如何消解人類社會的爭紛，如何使人們生活幸福安寧。他所期望的是：人的行爲能取法於「道」的自然性與自發性；政治權力不干涉人民的生活；消除戰爭的禍害；揚棄奢侈的生活；在上者引導人民返回到真誠樸質的生活形態與心境。老子哲學中的重要思想便是從這些基本觀點中引發出來的。但是由於老子用語的殊異性而產生許多誤解。下面指出比較流行的誤解，並加以澄清：

（一）一般人常以爲老子思想是消沉的、厭世的或出世的。造成這種誤解是由於對他的重要觀念望文生義所致，例如：無爲、不爭、謙退、柔弱、虛無、清靜等觀念都曾被人曲解。其實，「無爲」是順任自然、不强作妄爲的意思（這觀念主要是針對統治者提出的）。「不爭」是不伸展一己的侵佔意欲（這觀念主要也是針對統治者提出的）。「謙退」具有「不爭」的内涵，要人含藏内歛，不顯露鋒芒。「柔弱」的觀念意在不可恃剛凌物、强悍暴戾。「柔弱」並非懦弱，老子所說的「柔」是含有無比的韌性和持續性的意義。「虛」是形容道體的，如四章上說：「道沖而用之，或不盈。」「沖」訓「虛」，意指「道」體是虛狀的「道」體却能發揮無窮的作用來。又如五章上說：「天地之間，其猶橐籥乎！虛而不屈。」這是說天地之間是虛空的，但萬物却從這虛空中蓬勃生長。可見這個「虛」含有無窮的創造因子。用在人生的層面上，「虛」含有深藏的意義。「無」有兩種解釋：一是指稱「道」（如一章和四十章），因爲「道」是無形無色而不可見的，所以用「無」來形容它的特性；另一是指空的空間（如十一章）。從上面簡略的解釋中，可以了解老子這些觀念不僅没有消極的思想，相反的，却蘊涵着培蓄待發的精神；一方面他關注世亂，極欲提供解決人類安然相處之道（如「無爲」「不爭」「謙退」等觀念的提出，乃在於呼籲人收斂一己的佔有衝動，以消解社會爭端的根源），另方面，他要人凝鍊内在生命的深度（如「虛靜」等觀念的提出，乃在於期望人們發展主體的精神空間）。

老子說：「生而不有，爲而不恃。」又說：「功成而不有」、「爲而不爭」。「生」、「爲」、「功成」便是要人創作從事；「不有」、「不恃」、「不爭」便是不必把創作的成果據爲己有（這觀念羅素十分讚賞）。由此可知，老子的思想並没有消沉出世的念頭。

（二）一般人又以爲老子思想含有陰謀詐術。這是因爲將老子書上的一些文句割離了它的脈絡意義而産生的誤解。例如：

①「無爲而無不爲。」這句話常被解釋爲：表面上不做，暗地裡甚麽都來。事實上，「無不爲」只是「無爲」的效果，卽是說，順其自然便没有一件事做不好。

②「聖人後其身而身先，非以其無私邪！故能成其私。」有些人以爲老子這話是叫人爲「私」的，

「無私」只是個手段而已。其實這一章（第七章）的重點在於説「無私」。聖人的行爲要效法天地的無私意（「天地之所以能長且久者，以其不自生。」「不自生」是不自貪其生的意思）。一個高位的人，由於機會的便利，往往容易搶先佔有，因而老子唤醒人要貢獻力量而不據有成果，如果能做到退讓無私（「後身」），自然會赢得人的愛戴（「身先」）。所謂「成其私」，相對於他人來説，得到大家的愛戴；相對於自己來説，成就了個人的精神生命。

③「古之善爲道者，非以明民，將以愚之。」後人以爲老子主張愚民政策。其實這裡所説的「愚」是真樸的意思。老子期望統治者培養出篤實的政風，引導人民以摯誠相處。老子不僅期望人民真樸，他更要求統治者以身作則。二十章上説：「我愚人之心也哉！」老子以「愚人之心」來讚許聖人的心態，可知「愚人」乃是治者的一個自我修養的理想境界。老子深深地感到人們攻心鬥智、機詐相見是造成社會混亂的根本原因，所以他極力提倡人們應歸真返樸。因而以「愚」（真樸）爲人格修養的最高境界。

④「將欲歙之，必固張之；將欲弱之，必固强之；將欲廢之，必固興之；將欲取之，必固與之；是謂微明。」（「取」通行本誤作「奪」）三十六章這段文字被普遍誤解爲含有權詐之術。其實老子這些話只在於分析事物發展的規律，他指出事物常依「物極必反」的規律運行；這是自然之理，任何事物都有向它的對立面轉换的可能，當事物發展到某一個極限時，它就會向相反的方向運轉，所以老子認爲：在事物發展中，張開是閉合的一種徵兆，强盛是衰弱的一種徵兆。這裡面並没有權詐的思想。

二

在各種誤説中，以三十六章「將欲歙之，必固張之」一段文字所引起的誤解最大。近代許多研究老子思想的學者也感到困惑不解，所以我們在這裡將作進一步的討論：

（一）誤解的由來：以爲老子思想含有權詐的意味。這種誤解早在韓非時代就開始了，喻老篇説：

「越王入宦於吴，而觀之伐齊以弊吴，吴兵既勝齊人於艾陵，張之於江濟，强之於黄池，故可制於五湖，故曰：『將欲翕之，必固張之；將欲弱之，必固强之。』晉獻公將欲襲虞，遺之以璧馬；知伯將欲襲仇由，遺之以廣車，故曰：『將欲取之，必固與之。』」

韓非以後，以宋儒的誤解最深，尤其是程朱和蘇子瞻。蘇子瞻説：

「老子之學，重於無爲，輕於治天下，韓非得其所以輕天下之術，遂至殘忍刻薄。」

朱子的誤解還不如他們，他只説「老子便楊氏。」只説老子「緊要處發出來，教人支吾不住。」而二程的誤解可大了：

「與奪翕張，固有此理，老子説著便不是。」（二程全書遺書七）

「老子之言，竊弄闔闢者也。」（遺書十一）

「問老子書若何，曰：老子書，其言自不相入處如冰炭。其初欲談道之極玄妙處，後來却入做權詐看上去，如『將欲取之，必固與之』之類。然老子之後有申韓，看申韓與老子道甚懸

絶，然其原乃自老子來。」（遺書十八）

老子思想導致權詐的誤解，固然和老子文字的含混性有關，然而讀者的不求甚解，也應負草率附會的責任。

（二）歷代學者的解釋：韓非和宋儒固然導致嚴重的誤解，但歷代却有不少學者給予精確的解釋。下面徵引自漢到宋明各代學者的見解，供我們作參考：

漢嚴遵說：「實者反虛，明者反晦，盛者反衰，張者反弛，此物之性，自然之理也。」（道德指歸論）

宋董思靖說：「夫張極必歙，與甚必奪，理之必然。所謂『必固』云者，猶言物之將歙，必是本來已張，然後歙者隨之。此消息盈虛相因之理也。其機雖甚微隱而理實明。」（道德真經集解）

宋范應元說：「天下之理，有張必有翕，有强必有弱，有興必有廢，有與必有取。此春生夏長，秋斂冬藏，造化消息，盈虛之運固然也。然則張之、强之、興之、與之之時，已有翕之、弱之、廢之、取之之幾伏在其中矣。幾雖幽微而事已顯明也。故曰是謂微明。或者以數句爲權謀之術，非也。」（老子道德經古本集注）

薛蕙說：「此章首明物盛則衰之理，次言剛强之不如柔弱，末則因戒人之不可用剛也。豈權詐之術？夫仁義聖智，老子且猶病之，況權詐乎！按史記陳平本治黄帝老子之術，及其封侯，嘗自言曰：『我多陰謀，道家之所禁，吾卽廢亦已矣，終不能復起，以吾多陰禍也。』由是言之，謂老子爲權數之學，是親犯其所禁，而復爲書以教人，必不然矣！」（老子集解）

明釋德清說：「此言物勢之自然，而人不能察。天下之物，勢極則反。譬夫日之將昃，必盛赫；月之將缺，必盛盈；燈之將滅，必熾明。斯皆物勢之自然也。故固張者，翕之象也；固强者，弱之萌也；固興者，廢之機也；固與者，奪之兆也。天時人事，物理自然，第人所遇而不測識，故曰微明。」（道德經解）

明朱得之說：「首八句，言造化乘除之機如此，非言人立心也。」（老子通義）

明王道說：「將欲云者，將然之辭也；必固云者，已然之辭也。造化消息盈虛，與時偕行之運，人事有吉凶禍福相爲倚伏之理，故物之將欲如彼者，必其已嘗如此者也。將然者，雖未形而難測；已然者，則有實而可徵，人能據其已然而探其將然，則雖若幽隱而實爲至明矣，故曰：是謂微明。」（老子億）

明陸長庚說：「此章之旨，說者多借其言以爲陰謀捭闔之術自老氏，今爲正之。言物之翕張、强弱、廢興、予奪互相倚伏，皆理之一定而不可易者。其今之將欲如彼者，必昔之已然如此者。易有之曰：『無平不陂，無往不復。』象曰：『無往不復，天地之際也。』」（老子道德經玄覽）

明林兆恩說：「世之詭譎者，卽謂其得老子之術，豈非妄執『必固張之』之數言而詬詆之邪！且盈而必缺，中而必昃，寒往而暑，晝往而夜，天道之常也。吾嘗執天道而傚老子之詞曰：『將欲缺之，必固盈之；將欲昃之，必固中之；將欲暑之，必固寒之；將欲夜之，必固晝之。』謂之天有術可乎！萬物之生而死，榮而悴，成而毀，亦天道也。天何心哉！由是觀之，則世之非老子者，非惟德不達老子之意，亦且目不涉老子之文。」（道德經釋略）

明徐學謨說：「按此章解者紛紛，宋儒以『固』作『故』，既不得其字義，而乃指之爲權謀，誣矣！卽蘇子由亦謂其『幾於用智，與管仲孫武無異。』彼豈聞道而大笑之乎！」（老子解）

明陳懿典說：「物之欲歛聚者，必其已嘗張大者（「之」字作「者」字看）；物之將微弱者，必其已嘗剛强者也；物之將欲廢墜者，必其已嘗興隆者也；物之將欲失者，必其已嘗得者也。此理雖微妙而實明白易見。」（道德經精解）

明趙統說：「此推原事物自然之理，示爲道者當知退晦示弱，不可取强於天下也。」（老子斷注）

明洪應紹說：「易曰：『尺蠖之屈，以求信也。龍蛇之蟄，以存身也。』與老聖之言，正互相發。蓋循環往復，天之道，物之理，人之事，無不皆然。惟早知之士，于其固然，知其將然，在張知歙，在强知弱。」（道德經測）

如果我們細讀以上各家的注解，我們可以充分了解老子的原義，也可分辨宋儒程、朱等人的誤說。

老子書上一再提到「嬰兒」，要人歸真返樸，保持赤子之心。老子最反對人用心機，正如薛蕙所說的：「仁義聖智，老子且猶病之，況權詐乎！」可知陰謀詐術爲「道家之所禁」是必然的道理。

老子曾說：「聖人常善救人，故無棄人；常善救物，故無棄物。」「善者吾善之，不善者吾亦善之。信者吾信之，不信者吾亦信之。」「聖人不積，既以爲人己愈有，既以與人己愈多。」從這些言詞中所表現的對社會關懷，當可領會老子的憂世之言與救世之心。然而他所用以拯救亂世的方法，確有欠積極改造的功能。

一九七〇年三月於臺灣大學哲學系研究室

老子哲學系統的形成和開展

中國哲學一向是較關注人生和政治問題的。這些問題的討論，又常落到倫理道德的圈子裡，這樣一來，思想範圍常常被框在某些格式上。老子哲學的特異處，就在於擴大了這一個局限，把人類思考的範圍，由人生而擴展到整個宇宙。他看人生種種問題，乃從宏觀出發，而又能微觀地作多面的審視。

老子的整個哲學系統的發展，可以說是由宇宙論伸展到人生論，再由人生論延伸到政治論。然而，如果我們了解老子思想形成的真正動機，我們當可知道他的形上學只是爲了應合人生與政治的要求而建立的〔一〕。

老子哲學的理論基礎是由「道」這個觀念開展出來的，而「道」的問題，事實上只是一個虛擬的問題。「道」所具有的種種特性和作用，都是老子所預設的。老子所預設的「道」，其實就是他在經驗世界中所體悟的道理，而把這些所體悟的道理，統統附托給所謂的「道」，以作爲它的特性和作用。當然，我們也可以將「道」視爲人的內在生命的呼聲，它乃是應合人的內在生命之需求與願望所開展出來的一種理論。

下面我將老子基本理論的部分，作一個分析和說明。從這些分析和說明中，可以看出老子哲學系統的發展，如何地由形上學的性質漸漸地落實到人生和政治的層面。於此，他提出了許多重要的觀念，用以作爲實際人生的指引。

一 「道」的各種意義

「道」是老子哲學的中心觀念，他的整個哲學系統都是由他所預設的「道」而開展的。老子書上所有的「道」字，符號形式雖然是同一的，但在不同章句的文字脈絡中，却具有不同的義涵〔二〕。有些地方，「道」是指形而上的實存者〔三〕；有些地方，「道」是指一種規律；有些地方，「道」是指人生的一種準則、指標或典範。因而，同是談「道」，而義涵却不盡同。義涵雖不同，却又可以貫通起來。下面分別加以解說。

（一）實存意義的「道」

甲、「道」體的描述

老子認爲「道」是真實存在的東西。在下面三章裡說得很清楚。第十四章上說：

視之不見，名曰「夷」；聽之不聞，名曰「希」；搏之不得，名曰「微」。此三者，不可致詰，故混而爲一。其上不皦，其下不昧，繩繩兮不可名，復歸於無物。是謂無狀之狀，無物之象，是謂惚恍。迎之不見其首，隨之不見其後。

第二十一章上說：

道之爲物，惟恍惟惚。惚兮恍兮，其中有象；恍兮惚兮，其中有物。窈兮冥兮，其中有精；其精甚眞，其中有信。

第二十五章上又說：

有物混成，先天地生。寂兮寥兮，獨立不改，周行而不殆，可以爲天下母。吾不知其名，强字之曰「道」。

老子說，有一個混然一體的東西（「有物混成」），不知道它的名字，勉强叫它做「道」。爲什麼不知道它的名字呢？因爲我們既聽不見它的聲音，又看不見它的形體（寂兮寥兮）。換句話說，它不是一個有具體形象的東西。管子說「物固有形，形固有名」，「名」是隨着「形」而來的，既然「道」沒有確定的形體，當然就「不可名」了。

「道」之不可名，乃是由於它的無形。爲什麼老子要設定「道」是無形的呢？因爲如果「道」是有形的，那必定就是存在於特殊時空中的具體之物了，存在於特殊時空中的具體事物是會生滅變化的。然而在老子看來，「道」却是永久存在（「常」）的東西，所以他要肯定「道」是無形的。爲什麼老子又要反覆聲明「道」是「不可名」的呢？因爲有了名，就會把它限定住了，而「道」是無限性的。通常我們用名來指稱某一事物，某一事物被命名以後，就不能再稱爲其他的東西了，例如我們用「菊花」這個字來稱呼「菊花」這個東西，既經命名以後，就不再稱它爲「茶花」或「薔薇」了。由於「道」的不可限定性，所以無法用語言文字來指稱它。老子在第一章的開頭就說：「道可道，非常『道』；名可名，非常『名』。」眞常的

「道」是不可言説的，無法用概念來表達的。現在勉强地用「道」字來稱呼它，只是爲了方便起見。

「道」雖然没有固定的形體，雖然超越了我們感覺知覺的作用，但它却並非空無所有；「其中有象」、「其中有物」、「其中有精」、「其中有信」（二十一章），都説明了「道」是一個實有的存在體。老子又告訴我們，這個實有的存在體，在這宇宙間是唯一的、絶對的（萬物則是雜多的、相對的），它的本身是永久常存，不會隨着外物的變化而消失，也不會因着外在的力量而改變，所以説：「獨立不改。」（二十五章）在這裡，有些人把老子的「道」和希臘哲學家巴門尼底斯（Parmenides）的「存有」（Being）相比附。這是似是而非的，因爲巴門尼底斯所説的「存有」，固然是指唯一的、絶對的、永存的，同時又認爲它是不變不動的。但是老子的「道」却並不是固定不變的，它却是不斷地在運動着，所以説：「周行而不殆。」（二十五章）「道」乃是一個變體，是一個動體，它本身是不斷地在變動着的，整個宇宙萬物都隨着「道」而永遠在「變」在「動」（任何事物在變動中都會消失熄滅，而「道」則永遠不會消失熄滅——「獨立不改」的「不改」，就是指不會消失熄滅的意思）。由於「道」的變動，産生了天地萬物。

以上是對於「道」體的描述。下面引説「道」的産生天地萬物。

乙、宇宙的生成

老子説：「有物混成，先天地生。」「道」這個實存體，不僅在天地形成以前就存在，而且天地萬物還是它所創生的。下面幾章都明白的説到「道」是天地萬物創造的根源：

無，名天地之始；有，名萬物之母。（一章）

天下萬物生於有，有生於無。（四十章）

道冲，而用之或不盈。淵兮，似萬物之宗。（四章）

道生一，一生二，二生三，三生萬物。（四十二章）

道生之，德畜之，物形之，勢成之。是以萬物莫不尊道而貴德。……故道生之，德畜之；長之育之；亭之毒之；養之覆之。（五十一章）

老子認爲，「道」是一切存在的根源（「萬物之宗」），也是一切存在的始源。「道」是自然界中最初的發動者（The primordial natural force），它具有無窮的潛在力和創造力。萬物蓬勃的生長，都是「道」的潛在力之不斷創發的一種表現。從萬物生生不息、欣欣向榮的成長中，可以看出「道」有一種無窮的活力。

老子說：「道生一，一生二，二生三，三生萬物。」這裡所說的「一」「二」「三」，即形容「道」的創生萬物的歷程；「道」一層層地向下落實，而創生萬物。「道」創生萬物以後，還要使萬物得到培育，使萬物得到成熟，使萬物得到覆養（「長之育之；亭之毒之；養之覆之」）。從這裡看來，「道」不僅創生萬物就完事了，它還要內附於萬物，以畜養它們，培育它們。

老子認爲「道」在品位上、在時序上都先於任何東西，它不受時間和空間的限制，不會因他物的生滅變化而有所影響，從這些角度來看，「道」是具有超越性的。從它的生長、覆育、畜養萬物來看，「道」

又是内在於萬物的。

天地萬物是由「道」所產生的。老子在第一章上說：「無，名天地之始；有，名萬物之母。」又在四十章上說：「天下萬物生於有，有生於無。」可見「無」和「有」是指稱「道」的。這裡的「無」「有」是老子哲學的專有名詞，「無」「有」似對立，而又相連續的。「無」含藏着無限未顯現的生機，「無」乃蘊涵着無限之「有」的。老子用「無」「有」的别名，來表示形上的「道」向下落實而產生萬物時的一個過程。

老子爲什麼要用「無」「有」來指稱「道」呢？王弼說：「欲言無耶，而物由以成；欲言有耶，而不見其形。」（十四章注）换句話說，由於「道」之「不見其形」，所以用「無」來形容它；而這個「不見其形」的「道」却又能產生萬物（「物由以成」），所以又用「有」來指稱它。可見老子所説的「無」並不是等於零，只因「道」之爲一種潛藏力，它在未經成爲現實性時，它「隱」着了。四十一章說：「道隱無名。」這個「隱」字用以形容「道」幽隱而未形，所以不被我們所識知。因而我們既不能用感官去接觸它，又不能用概念去表述它，於是老子不得已就用「無」字來作爲「道」的别名。對於「道」的創生萬物和蘊涵萬物來說，老子又用個「有」字作爲「道」的另一别名。總之，「無」「有」都是用來指稱「道」的，是用來表現「道」一層層地由無形質落實到有形質的一個先後而具持續性的活動過程〔四〕。

（二）規律性的「道」

「道」體固然是無形而不可見，恍惚而不可隨，但它作用於萬物時，却表現了某種規律，這些規律却可作爲我們人類行爲的效準。因而老子書上，除了描述實存意義的「道」之外，許多地方所說的「道」，乃是意指規律性的「道」。

老子說：「反者道之動。」（四十章）老子認爲自然界中事物的運動和變化莫不依循着某些規律，其中的一個總規律就是「反」：事物向相反的方向運動發展；同時，事物的運動發展總要返回到原來基始的狀態。因而，「反」字可作「相反」，也可作「返回」講（「反」卽「返」）。它蘊涵了兩個概念：（1）相反對立。（2）返本復初。下面依次說明。

甲、對立轉化的規律

老子認爲一切現象都是在相反對立的狀態下形成的。例如他說：

有無相生，難易相成，長短相形，高下相盈，音聲相和，前後相隨。（二章）

人間的存在價值也是對待形成的。例如老子說：

天下皆知美之爲美，斯惡已；皆知善之爲善，斯不善已。（二章）

老子認爲任何事物都有它的對立面，同時因着它的對立面而形成。並認爲「相反相成」的作用是推動事物變化發展的力量。進一步，老子說明相反對立的狀態是經常互相轉化的。他說：

禍兮，福之所倚；福兮，禍之所伏。（五十八章）

禍福相因，這使我們想起「塞翁失馬」的故事來。這段故事是說：「塞上之人，有善術者，馬無故亡而入胡，人皆弔之，其父曰：『此何遽不能爲福乎？』居數月，其馬將胡駿馬而歸，人皆賀之，其父曰：『此何遽不能爲禍乎？』家富良馬，其子好騎，墮而折其髀，人皆弔之，其父曰：『此何遽不爲福乎？』居一年，胡人大入塞，丁壯者引弦而戰，近塞之人，死者十九，此獨以跛之故，父子相保。故福之爲禍，禍之爲福，化不可極，深不可測也。」（淮南子人間訓）這個故事在於説明人生過程中禍福相倚伏的情形。普通一般人只看到事物的表面，而不能進一層的透視其中隱藏着相反的可能性。因而在老子看來，禍患的事情，未始不潛藏着幸福的因素；幸福的事情，也未始不含藏着禍患的因子。這個道理，在經驗世界中處處可見，我們經常可以看到一個人處於禍患的境遇中，反倒激發他奮發的心志，使他邁向廣大的途徑；我們也經常可以看到一個人處於幸福的環境中，反倒養成他怠惰的習性，使他走向頹敗的路子。世事盡如禍福相因一般地互相對立而又互相轉化。

老子認爲一切事物都在對立的情狀中反覆交變着，這種反覆交變的轉化過程是無盡止的。

老子爲什麼這樣重視事物相反對立的狀態和事物對立面的轉化呢？這不外有下面幾個原因：

（1）老子認爲事物是在對立關係中造成的。因此，觀察事物不僅要觀看它的正面，也應該注視它的反面（對立面），兩方面都能兼顧到，才能算是對於一項事物作了全盤的瞭解。常人只知執守着正面的一端，然而老子則提醒大家更要從反面的關係中去把握正面的深刻涵義。

（2）老子不僅喚醒大家要從反面的關係中來觀看正面，以顯示正面的深刻涵義；同時他也提示大家要重視相反對立面的作用，甚至於他認爲如能執守事物對立面所産生的作用當更勝於正面所顯示的作用。例如在雄雌、先後、高下、有無等等的對立狀態中，一般人多要逞雄、爭先、登高、據有；老子却要人守雌、取後、居下、重無。老子認爲守雌要勝於逞强，取後要勝於爭先。他説明下是高的基礎，莫基不鞏固，高的就要崩塌了。他又指出「有之以爲利，無之以爲用」，如果没有「無」，那末「有」就不能發揮出作用來〔五〕。這些例子，都説明了對於反面作用的掌握比正面的作用更大。

（3）老子認爲事物的發展到某種極限的程度時，就改變了原有的狀況，而轉變成它的反面了。這就是古語所説的「物極必反」的觀念；事物達到强的頂峯、盛的極致時，也就是向下衰落的一個轉捩點。老子在三十六章上説：「將欲歙之，必固張之；將欲弱之，必固强之；將欲廢之，必固舉之；將欲取之，必固與之；是謂微明。」這段話的意思是：「要收斂的，必定先擴張；要衰弱的，必定先强盛；要廢墮的，必定先興舉；要取去的，必定先給與。這就是幾先的徵兆。」〔六〕這段話就是對於「物極必反」觀點的説明。天下的事物，勢極則反，好比月之將缺，必極盈（月極盈，乃是將缺的徵兆）；燈之將滅，必熾明（燈熾明，乃是將滅的徵兆）；花之將謝，必盛開（花盛開，乃是將謝的徵兆），這些都是物勢的自然。了解這種「物盛必衰」的道理，對於許多事情，當可先着一步，防患於未然，也可優先掌握情勢，轉危爲安。

關於對立轉化的規律，老子説得很多，比如他説：「曲則全，枉則直，窪則盈，敝則新，少則得，多則惑。」（二十二章）又説：「物或損之而益，或益之而損。」（四十二章）這都是運用「對立面轉化」的規律加以説明的。老子還説：「天之道，其猶張弓與？高者抑之，下者舉之；有餘者損之，不足者補之。天之道，損有餘而補不足。」老子認爲自然的規律，減少有餘用來補充不足。這也是「反」律第一義的説明。

總結上面所説，老子認爲「道」表現了這種規律：它的運動和發展是向對立面的轉化，亦卽是朝相反方向進行着。當「道」作用於事物時，事物也依循着這個變化規律而運行着。

乙、循環運動的規律

老子重視事物相反對立的關係和事物向對立面轉化的作用。但老子哲學的歸結點，却是返本復初的思想。

「返」和「復」，與「周行」同義，都是循環的意思。這是「反」的第二意義。「反」若作「返」講，則老子説：「反者道之動。」卽是説：「道」的運動是循環的；循環運動是「道」所表現的一種規律。關於「道」的循環運動，老子在二十五章和十六章上都説過了。他説：

有物混成……周行而不殆……强字之曰「道」，强爲之名曰「大」。大曰逝，逝曰遠，遠曰反。（二十五章）

致虛靜，守靜篤。萬物並作，吾以觀復。夫物芸芸，各復歸其根。歸根曰靜，靜曰復命。復命曰常，知常曰明。不知常，妄作凶。（十六章）

老子形容「道」時，説到「道」是「周行而不殆」的。「周」是一個圓圈，是循環的意思。「周行」卽是循環運動，「周行而不殆」是説「道」的循環運動生生不息。老子在同一章（二十五章）上説：「强爲之名曰大。大曰逝，逝曰遠，遠曰反。」這就是「周行而不殆」的解釋。這是説：「道」是廣大無邊的，萬物都從它出來

(「大」),萬物從「道」分離出來以後,周流不息地運動着(「逝」),萬物的運行,越來越離開「道」了(「遠」),離「道」遥遠,剥極必復,又回復到原點(「反」)。這樣一逝一反,就是一個「周行」。

十六章上的「復」,也是「周行」的意思。老子從萬物蓬勃的生長中,看出了往復循環的道理(「萬物並作,吾以觀復」),他認爲紛紛紜紜的萬物,最後終於各自返回到它的本根(「夫物芸芸,各復歸其根」)。在這裡可以知道老子所説的「反」含有返回本根的意思。老子爲什麽要主張返回本根呢?本根是怎樣的一種狀態呢?老子認爲本根就是一種虚静的狀態(「歸根曰静」)。在他看來,「道」是合乎自然的,虚静是自然狀態的,「道」創生萬物以後,萬物的運動發展就越來越離開「道」了,去「道」越遠,就越不合乎自然了,萬物的煩擾紛爭都是不合自然的表現。所以只有返回到本根,持守虚静,才體合於自然,才不起煩擾紛爭。關於「虚」「静」的觀念,後文再加以解説。

以上説明規律性的「道」。由「反」的概念,説明「道」和「道」所作用的事物,依循着如下的規律:(1)事物向相反的方向運動;(2)循環運動,返回原點。

此外,老子説:「飄風不終朝,驟雨不終日。」(二十三章)「柔弱勝剛强。」(三十六章)「爲者敗之,執者失之。」(出於强力,一定會失敗,加以把持,一定要失去)(二十九章)這些也都是自然的規律。老子説,了解自然的規律,就是知「常」(「常」是指事物變動的不變之規律),我們應依循着自然的規律去行事,如果不依循着自然的規律而輕舉妄動,就會出亂子(「知常曰明,不知常,妄作凶」)。

（三）生活準則的「道」

形而上的「道」是我們人類的感覺知覺所不能直接接觸到的。這個不爲我們所聞所見的「道」，却能落實到現象界對我們產生很大的作用。當「道」作用於各事各物時，可以顯現出它的許多特性，「道」所顯現的基本特性足可爲我們人類行爲的準則。這樣，形上的「道」漸漸向下落，落實到生活的層面，作爲人間行爲的指標，而成爲人類的生活方式與處世的方法了。這層意義的「道」，已經脱離了形上學的色彩，猶如從濃雲中降下來，平平實實地可以爲我們人類所取法。

形而上的「道」，落實到物界，作用於人生，便可稱它爲「德」。「道」和「德」的關係是二而一的，老子以體和用的發展説明「道」和「德」的關係。「德」是「道」的作用，也是「道」的顯現。混一的「道」，在創生的活動中，内化於萬物，而成爲各物的屬性，這便是「德」。簡言之，落向經驗界的「道」，就是「德」。因而，形而上的「道」落實到人生的層面上，其所顯現的特性而爲人類所體驗、所取法者，都可説是「德」的活動範圍了。在這裡，我們還可以把「道」和「德」作這樣的一個區分：「道」是指未經滲入一絲一毫人爲的自然狀態，「德」是指參與了人爲的因素而仍然返回到自然的狀態（可見道家所説的「道德」是着重於順任自然的一面，而全然不同於儒家所强調的倫理性的一面）。

剛才説過，落實到人生層面而作爲我們生活準則的這一層次的「道」，就是「德」（老子書上雖然仍稱爲「道」，但其意義與「德」相同）。現在我們要問：這個作爲人類行爲所依循的「道」（即是「德」），究竟蘊涵了哪些基本的特性和基本的精神呢？老子認爲凡是自然無爲、致虛守靜、生而不有、爲而不恃、長而不宰、柔弱、不爭、居下、取後、慈、儉、樸等觀念都是「道」所表現的基本特性與精神。其中「自然無爲」的觀念，成爲老子一書的中心思想，其他的重要觀念都是環繞着這個觀念而開展的。「自然無爲」是意指順任事物自身的狀況去自由發展，而不以外在的強制力量去約束它。關於這些觀念留待下文第三節中詳細地引申說明。

下面我把老子書上所有談到「道」字的地方都列出來，看看在不同的文字脈絡中究竟屬於上述那一類意義的「道」。

二　道的脈絡的意義

「道」這個字，在老子書上前後出現了七十三次，這七十三個「道」字，符號形式雖然一樣，但是意義內容却不盡同。因此，我們必須在不同的章句中，去逐一尋找「道」字的脈絡意義。下面根據王弼本所排定的章次，將「道」字所出現的上下文字依次地列出來，以尋求它的確實涵義。

一章

道可道，非常道。

「道可道，非常道」的意思：道可以說得出來的，就不是常「道」。「可道」的「道」字，和老子哲學思想無關，它是指言説的意思。第一個「道」字和第三個「道」字，是老子哲學上的專有名詞，這裡指「道」是構成世界的實體，也是創造宇宙的動力。它是永恒存在的，故而稱爲「常道」。所以，這一個「道」字顯然是指實存意義的「道」。

四章

道沖，而用之或不盈。淵兮，似萬物之宗。

這章形容「道」體是虚空的，這個虚空的「道」體，是萬物的根源。這裡所説的「道」，也是指形而上的實存之「道」。

八章

水善利萬物而不爭，處衆人之所惡，故幾於道。

這個「道」表現了「不爭」的特性。這個「不爭」之「道」，不同於形而上的實存之「道」。形上實存意義的「道」，是不爲我們所得而聞問的，但這裡所説的「道」，已經落實到人生的層面，它可以爲我們所取法——老子認爲我們應取法於它的「不爭」的精神。（這層意義的「道」同於「德」。）

九章

持而盈之，不如其已；
揣而鋭之，不可長保；
金玉滿堂，莫之能守；
富貴而驕，自遺其咎。
功成，名遂，身退，天之道。

「揣而鋭之，不可長保」、「富貴而驕，自遺其咎」，這就是老子戒矜的觀念。「功成，名遂，身退」（王本作「功遂身退」），老子認爲是自然之「道」（「天之道」），這裏所説的「道」藴含了「謙退」、「不爭」的精神。（這層意義的「道」同於「德」。）

十四章

執古之道，以御今之有。能知古始，是謂道紀。

「道紀」卽是「道」的規律。這裏兩個「道」字都是規律性的「道」。

本章自開頭「視之不見名曰夷，聽之不聞名曰希，搏之不得名曰微」至「迎之不見其首，隨之不見其後」，這一段都是描述形上的實存之道。緊接着這段文字的下面就是「執古之道，以御今之有」（掌握早已存在的「道」，來駕馭現在的具體事物」）。這兩個「道」字應指規律性的「道」。這裡所謂的「道紀」（「道」的規律），我們也可以說是實存意義的「道」所顯現的規律。實存的「道」體，雖然不爲我們所認知，但當它作用於物所顯現的規律却可爲我們所遵循。

十五章

古之善爲道者，微妙玄通，深不可識。夫唯不可識，故强爲之容：

豫兮若冬涉川；猶兮若畏四鄰；儼兮其若客；涣兮其若釋；敦兮其若樸；曠兮其若谷；混兮其若濁。

孰能濁以靜之徐清；孰能安以動之徐生。

保此道者，不欲盈。夫唯不盈，故能蔽而新成。

「保此道者，不欲盈。夫唯不盈，故能蔽而新成。」這是説「道」有「不盈」的特性，要能守住它，就不致於自滿，不自滿才能够去舊更新。

「保此道者」以下三句疑是錯簡，這三句是寫不自滿（「不盈」）的。然而上面一段文字都是描寫「古之善爲道者」之風貌的。這兩段文字的意義可說並不相關聯。所以，我懷疑「保此道者」三句是別章的文字錯到這裡的。

如果說「保此道者不欲盈」的句子是承接上文而來的，那末這個「道」字應指「强爲之容」以下所說的體道者之容態和心境，卽意指愼重、警戒、威儀、融和、敦樸、曠達、虛懷、深遠等人格修養的境界。

十六章

致虛極，守靜篤。……

知常容，容乃公，公乃全，全乃天，天乃道，道乃久。

這裡兩個「道」字都是指自然之道。「天乃道，道乃久。」這是説「天」卽是自然，符合於自然之「道」，就能長久。

本章主旨是談「虛」「靜」的，老子認爲「致虛」「守靜」就合乎自然之「道」了。

十八章

大道廢，有仁義；智慧出，有大僞。

大道廢棄，這是統治者「有爲」之政的結果。這裡所説的大道，卽是指「自然無爲」之「道」。廢棄「自然無爲」之「道」，而行「有爲」之政（統治者强作妄爲，伸張自身的意欲，擴展一己的權益，對人民構成脅迫併吞，這就是老子所謂的「有爲」之政），社會乃漸混亂，人際關係乃漸失常，於是「仁義」的呼聲起來了。

二十一章

孔德之容，惟道是從。

道之爲物，惟恍惟惚。

老子認爲「道」這個東西是恍恍惚惚，不具確定形狀的；它雖然真實存在着，却不能爲我們所確認。顯然，本章兩個「道」字，都是指形而上的實存體。

二十三章

希言自然。

故飄風不終朝，驟雨不終日。孰爲此者？天地。天地尚不能久，而況於人乎？

故從事於道者，同於道；……同於道者，道亦樂得之。

本章四個「道」字，很顯明的是指「自然無爲」之「道」。

老子認爲「希言」（意指不施加政令）是合於「自然」的。狂風驟雨般的暴政是維持不久的。爲政如能「自然無爲」，社會自然平平安安。

二十四章

企者不立，跨者不行；自見者不明，自是者不彰，自伐者無功，自矜者不長。其在「道」也，曰餘食贅形。物或惡之，故有道者不處。

老子在這裡告誡人們不要自我誇耀，自我矜持。本章所說的「道」的涵義，即在於戒矜戒伐（這層意義的「道」同於「德」）。

二十五章

有物混成，先天地生。……吾不知其名，强字之曰「道」，强爲之名曰「大」。……

故道大，天大，地大，人亦大。域中有四大，而人居其一焉。

人法地，地法天，天法道，道法自然。

本章所說的「道」，都是指實存意義的道。末句所說的「天法道，道法自然」，乃是指效法實存之「道」所呈現的自然規律。

三十章

以道佐人主者，不以兵强天下。其事好還。師之所處，荆棘生焉，大軍之後，必有凶年。

善有果而已，不敢以取强。果而勿矜，果而勿伐，果而勿驕，果而不得已，果而勿强。

物壯則老，是謂不道，不道早已。

用「道」輔助人主。這個「道」字是指柔「道」或不爭之「道」，藴含着不逞强、戒矜、戒伐的意思。「物壯」的「壯」，含有稱雄逞强的意思。本章所説的「道」，很清楚的是指勿逞强、勿矜、勿伐。反之，逞强、矜伐就不合於「道」了（這層意義「道」同於「德」）。

三十一章

夫兵者，不祥之器，物或惡之，故有道者不處。……兵者不祥之器，非君子之器，不得已而用之，恬淡爲上。勝而不美，而美之者，是樂殺人。

這一章老子表達了反戰的思想。這裡所説的「有道者」，是指有高度修養境界的人。這種人具有濃厚的人道主義思想，深深地了解戰爭的殘酷性，厭惡戰爭。不得已因抗暴而起兵，也能心懷「恬淡」之德。

三十二章

道常無名、樸。雖小，天下莫能臣。……天地相合，以降甘露，民莫之令而自均。始制有名，名亦既有，夫亦將知止，知止可以不殆。

譬道之在天下，猶川谷之於江海。

「道常無名、樸」(「道」永遠是無名而樸質狀態的)，這個「道」指形而上無名、無形、本始的實存之「道」。

「譬道之在天下，猶川谷之於江海」，是說「道」爲天下所依歸，正如江海爲河川所流注一樣。這個「道」是指「處下」之「道」。「處下」是老子重要思想之一，這是專就人生而言的，非形上之「道」。本章最末這兩句，疑是錯簡，和上面的文義似不一貫。

三十四章

大道氾兮，其可左右，萬物恃之以生而不辭，功成而不有，衣養萬物而不爲主。

這個創生萬物(「萬物恃之以生」)的「道」，卽是實存意義的「道」。

三十五章

執大象，天下往，往而不害，安平太。

樂與餌，過客止。道之出口，淡乎其無味。

「執大象」卽是執大「道」。這和淡乎無味的「道」，同是指「無爲」之「道」。老子認爲如能執守「無爲」的道理，大家就能平和安泰(「安平太」)了。

三十七章

道常無爲而無不爲。

這裡的「道」不用説是指「無爲」之「道」。

三十八章

上德無爲而無以爲，下德無爲而有以爲。……故失道而後德，失德而後仁。……前識者，道之華，而愚之始。

本章談「德」，老子認爲不妄爲，也不故意表現他的作爲（「無爲而無以爲」），可以稱爲「上德」。如果不妄爲，但故意表現他的作爲（「無爲而有以爲」），那就變成「下德」了。「上德」者，因任自然，體「道」而行。如果表現「有爲」（妄自作爲），那就失「道」了。失「道」是有爲的結果。「失道」的「道」，卽是指自然無爲的「道」。「道之華」的「道」，也是承接上文指自然無爲的「道」。

四十章

反者道之動，弱者道之用。

這是講實存意義的「道」所表現的規律和作用。

四十一章

上士聞道，勤而行之；中士聞道，若存若亡；下士聞道，大笑之。不笑不足以爲道。

故建言有之：明道若昧；進道若退；夷道若纇。……

道隱無名。夫唯道善貸且成。

這裡說「道」可得而「聞」，可見這個不是形上之道。這個可聞之「道」，表現了若「昧」、若「退」、若「纇」（起伏不平）、若「谷」、若「辱」（含垢）、「不足」等等特性。這裡所說的「道」，是就人生的層面上來說的。這個「道」同於「德」。

本章末句說：「道隱無名。」這個幽隱而無形無名的「道」，顯然是指形而上的恍惚實存之「道」。這個「隱」而「無名」的「道」，當然是不可得而「聞」的，這和上文敍說可「聞」的「道」，在字義上顯然不一致。在許多地方，就是老子用字未曾考慮到文字上歧義的情形。

四十二章

道生一，一生二，二生三，三生萬物。

本章講「道」創生萬物的歷程。這無疑是指實存意義的「道」。

四十六章

天下有道，却走馬以糞。天下無道，戎馬生於郊。

這裡所説的「有道」和「無道」，卽是我們通常所説的上軌道和不上軌道的意思。爲政如能「自然無爲」，國家政治可上軌道（「天下有道」），如果過分「有爲」，國家政治就不上軌道（「天下無道」）。

四十七章

不窺牖，見天道。

「天道」卽指自然的規律。這個「道」是指規律性的「道」。

四十八章

爲學日益，爲道日損，損之又損，以至於無爲。

這裡的「道」是指「無爲」之「道」。

五十一章

道生之，德畜之，物形之，勢成之。是以萬物莫不尊道而貴德。

道之尊，德之貴，夫莫之命而常自然。

故道生之，德畜之；長之育之；亭之毒之；養之覆之。

這裡講「道」的創生萬物和畜養萬物。本章所有的「道」字都是形而上的實存之「道」。這個形上的實存之「道」，當它生物成物之時，就開始向下落實，而爲成物之「德」。

五十三章

使我介然有知，行於大道，唯施是畏。

大道甚夷，而人好徑；朝甚除，田甚蕪，倉甚虛；服文綵，帶利劍，厭飲食，財貨有餘；是謂盗夸，非道也哉！

這裡所說的「大道」，就是我們通常說「正途」的意思。怎樣才是「正途」？老子認爲統治者爲政和他的生活行爲，要能清靜無爲，才是正途。「非道」即是不走正途，即是不能清靜無爲。

五十五章

心使氣曰强。物壯則老，謂之不道，不道早已。

這裡的「不道」，即指逞强而言。老子在這裡要提示柔和之「道」。「物壯則老，謂之不道，不道早已」三句，已見於三十章，這裡是否爲錯簡複出，則不得而知。

五十九章

長生久視之道。

這是説長久維持的道理(「久視」就是久立的意思)。這裡的「道」,是通常所説的道理、方法的意思,並不是老子哲學上的特有名詞。

六十章

治大國,若烹小鮮。以道莅天下……。

治理國家,像煎小魚,要「無爲」,不可「有爲」。「以道莅天下」,即是説以「無爲」治理天下(這層意義的「道」同於「德」)。

六十二章

道者萬物之奥。……立天子,置三公,雖有拱璧以先駟馬,不如坐進此道。

古之貴此「道」者何?不曰:求以得,有罪以免邪?故爲天下貴。

本章所説的「道」都是指「自然無爲」之「道」。老子認爲立位天子,設置三公,進奉拱璧駟馬,還不如用「自然無爲」之「道」來作爲獻禮。爲政者若能行「自然無爲」之「道」,人民都可得到庇蔭了(「道者萬物之奧」)。

六十五章

古之善爲道者,非以明民,將以愚之。

「善爲道者」的「道」,是指愚樸之「道」。王弼說:「愚」即「守真順自然」,這個「愚」字是老子特有的意義,它含有淳厚、樸實的意思(這個「道」卽是「德」)。

六十七章

〔天下皆謂我:「道大,似不肖。」夫唯大,故似不肖。若肖,久矣其細也夫!〕

我有三寶,持而保之。一曰慈,二曰儉,三曰不敢爲天下先。

慈故能勇;儉故能廣;不敢爲天下先,故能成器長。今舍慈且勇;舍儉且廣;舍後且先;死矣!

夫慈,以戰則勝,以守則固。天將救之,以慈衛之。

本章談「慈」。「天下皆謂我道大似不肖……久矣其細也夫」這一段和下文(談慈的主題文字)意義毫不相應。很明顯的是別章的錯簡。但又無法斷定是哪一章錯到這裡來的。現在假定是錯簡,並且依嚴靈峯的說法移到三十四章,同時依文義:「道大似不肖」的意思是『道』廣大不像任何具體的東西」，那末這裡所説的「道」，或是指形而上的實存之「道」。如果不是錯簡，那末這個「道」字應是指下文所説的「三寶」，也卽是指「慈」、「儉」、「不敢爲天下先」。

七十三章

天之道，不爭而善勝，不言而善應。

「天之道」，卽是指自然的規律。這個「道」乃是規律性的「道」。

七十七章

天之道，其猶張弓與？高者抑之，下者舉之；有餘者損之，不足者補之。天之道，損有餘而補不足；人之道，則不然，損不足以奉有餘。

孰能有餘以奉天下？唯有道者。

老子認爲自然的規律是減少有餘，用來補充不足。而社會的一般律則（「人之道」）就不是這樣了，反而剥奪不足，用來供奉多餘的人。「有『道』者」是指能遵行自然規律的人。這種人能够把有餘的拿來貢獻給社會上不足的。本章所有的「道」字都是指規律性的「道」。

七十九章

天道無親。

「天道無親」是說自然的規律没有偏愛。這裡的「道」也是指規律性的「道」。

八十一章

天之道，利而不害；人之道，爲而不爭。

本章的「道」和七十七章、七十九章一樣，都是指規律、法則而言。

從以上各章的文字脈絡意義中，尋找「道」的真正涵義，我們可以確知在一、四、二十一、二十五、三十二、三十四、四十二、五十一等章上所説的「道」是指形而上的實存之「道」，其餘各章，多就人生方面而立説的。老子哲學，形上學的色彩固然濃厚，但他所最關心的仍是人生和政治的問題，這種説法，可以從老子整本書中所着重的份量上取得論據的。

形而上的「道」如果不與人生發生關聯，那末它只不過是一個掛空的概念而已。當它向下落實到經驗界時，才對人產生重大的意義。這層意義的「道」——即作爲人生指標的「道」，它呈現了「自然無爲」、「虛靜」、「柔弱」等特性，這些特性可説全是爲了應合人生和政治的需求而立説的。

三　自然無爲、虛靜、柔弱

（一）「自然」「無爲」

「自然無爲」是老子哲學最重要的一個觀念。老子認爲任何事物都應該順任它自身的情狀去發展，不必以外界的意志去制約它。事物本身就具有潛在性和可能性，不必由外附加的。因而老子提出「自然」一觀念，來説明不加一毫勉强作爲的成分而任其自由伸展的狀態。而「無爲」一觀念，就是指順其自然而不加以人爲的意思。這裡所説的「人爲」含有不必要的作爲，甚或含有强作妄爲的意思。

老子哲學常被稱爲「自然」哲學，「自然」一觀念的重要性，可以從這句話中看得出來，老子説：「人法地，地法天，天法道，道法自然。」這裡不僅説「道」要法「自然」，其實天、地、人所要效法的也是「自然」。所謂「道法自然」，是説「道」以它自己的狀況爲依據，以它内在原因決定本身的存在和運動，而不必靠外在其他的原因。可見，「自然」一詞，並不是名詞，而是狀詞。也就是説，「自然」並不是指具體存在的東西，而是形容「自己如此」的一種狀態。

老子書上所説到的「自然」，都是這種意思。讓我們看看他所説的：

悠兮其貴言。功成事遂，百姓皆謂：「我自然。」（十七章）

希言自然。故飄風不終朝，驟雨不終日。（二十三章）

道之尊，德之貴，夫莫之命而常自然。（五十一章）

是以聖人欲不欲，不貴難得之貨；學不學，復衆人之所過，以輔萬物之自然而不敢爲。（六十四章）

以上所引的文字中，所有關於「自然」一詞的運用，都不是指客觀存在的自然界，乃是指一種不加强制力量而順任自然的狀態。

十七章所説的「百姓皆謂『我自然』」是説明政府的作爲以不干擾人民爲上策，政府的職責在於輔助人民，功成事遂，百姓並不感到政府力量的存在，反而覺得是自我發展的結果。在人民絲毫不感到政府干預的情況下，大家都覺得十分的自由自在。

二十三章説的「希言」是合於自然的。「希言」按字面的解釋是「少説話」的意思。老子所説的「言」，其實是指「聲教法令」，因而「希言」乃是指不施加政令的意思。這和「不言之教」的意義是相通的。老子認爲，爲政不宜擾民，擾民就不合於自然了。反之，如果政令煩苛，猶如飄風驟雨，對人民構成侵害，那就不能持久了。暴政之所以不能持久，就是因爲它不合於自然的緣故。

五十一章很清楚的説明了「道」之所以受尊崇，「德」之所以被珍貴，就在於它不干涉，而讓萬物順任自然。

六十四章所説的「以輔萬物之自然而不敢爲」和五十一章「夫莫之命而常自然」意義是相通

的，這都説明了「道」對於萬物是居於輔助的立場，所謂輔助，只是依照萬物本然的狀態去發展。體「道」的「聖人」——理想中的治者，他的爲政也能表現這種精神：輔助百姓的自我發展而不加以制約。

以上的申説，我們可以知道老子提出「自然」的觀念，目的在於消解外界力量的阻礙，排除外在意志的干擾，主張任何事物都應該順任它本身所具有的可能趨向去運行。

老子説：「天地不仁，以萬物爲芻狗；聖人不仁，以百姓爲芻狗。」（五章）這是説，天地是不偏私的，任憑萬物自然生長；「聖人」是不偏私的，任憑百姓自己發展。這就是「自然無爲」思想的説明。「自然」，常是對天地的運行狀態而説的；「無爲」，常是對人的活動狀況而説的。「無爲」的觀念，可説是「自然」一語的寫狀。「自然」和「無爲」這兩個名詞可説是二而一的。

老子説：「道常無爲而無不爲。」（三十七章）這個順任自然的「無爲」之「道」，老子將它從形而上的境界落實到政治的層面上。除了三十七章中以「無爲」來描述「道」以外，其他老子書上凡是談到「無爲」的地方，都是從政治的立場而發的。

老子提倡「無爲」的動機是出於「有爲」的情事。「有爲」一詞是針對着統治者而發的〔七〕。所謂「有爲」是指統治者强作妄爲，肆意伸張自己的意欲。老子看到「有爲」之政的禍害已經是非常嚴重了，所以他説：

天下多忌諱，而民彌貧……法令滋彰，盜賊多有。（五十七章）

又說：

民之饑，以其上食稅之多，是以饑；民之難治，以其上之有爲，是以難治。（七十五章）

禁忌太多了，弄得人民手足不知所措；法令森嚴，把人民捆得動彈不得。嚴刑的暴虐，加上重稅的搜刮，弄得民不聊生。

在上者吞食稅賦，這樣的政府，只是加强少數人的利益，成爲大衆的暴虐。在老子那時代，擅自奪取百姓的權利是很普遍的。政府權威所集中化的控制越强，對於百姓的蹂躪性就越大。政府原是服務大衆的工具，然而當時的政府却已成爲壓迫人民的工具。老子沉痛地說出了當時的景象：

朝甚除，田甚蕪，倉甚虛；服文綵，帶利劍，厭飲食，財貨有餘，是謂盗夸。非道也哉！

（五十三章）

這幾句話，道盡了專制者侈靡的景況。統治者侵公肥私，過着豪華的生活，而農民却田園荒蕪，無以爲炊；百姓倉庫空虛，在上者錢莊存款累累。這種光景，老子怎能不感嘆的說：「多麼的無道呀！」掌權人身帶利劍，威壓逞强，在饑餓和死亡邊緣的百姓，哪個敢發怨言？這種情形，老子看在眼裡，無怪乎他要氣憤地駡一聲：「這簡直就是强盗頭子！」

然而，逼迫過甚，終會産生大的禍亂。老子說：「民不畏威，則大威至。」（「人民不畏懼威壓，則更大的禍亂就要發生了。」）（七十二章）統治者作威作福，壓迫百姓，到了極致，威壓就要引起反作用了。老子又說：「民不畏死，奈何以死懼之。」（七十四章）假如人民被逼到這種極端的情境，那就只有鋌而走險了。到這時候，即使用死亡去威嚇人，已經走死路一條了，怎能產生阻嚇的效果呢？

老子處在那樣的時代，深深地覺察到那些自認爲是他人命運的裁定者，自以爲有資格對別人的理想專斷的人，他們的作爲，正是造成人間不平與殘暴的根由。

老子看到當時的統治者，不足以有所作爲，却偏要妄自作爲，結果適足以形成人民的災難。在這種情形下，老子極力地呼籲爲政要「無爲」。在他看來，這是惟一釜底抽薪的辦法。

我們可以説，老子著書立説最大的動機和目的就在於發揮「無爲」的思想，甚至於他的形上學也是基因於「無爲」思想而創設的。

「無爲」一觀念，散佈於全書，其中五十七章説到「無爲」的結果：

我無爲而民自化，我好靜而民自正，我無事而民自富，我無欲而民自樸。

事實上，「好靜」「無事」「無欲」就是「無爲」思想的寫狀。「好靜」是針對於統治者的騷亂攪擾而提出的；「無事」是針對於統治者的煩苛政舉而提出的；「無欲」是針對於統治者的擴張意欲而提出的。可知，「好靜」「無事」「無欲」都是「無爲」的内涵。如果爲政能做到「無爲」，讓人民自我化育，自我發展，自我完成，那末人民自然能够安平富足，社會自然能够和諧安穩。

「無爲」主張，產生了放任的思想——充分自由的思想。這種思想是由不干涉主義而來的，老子認爲統治階層的自我膨脹，適足以威脅百姓的自由與安寧，因而提出「無爲」的觀念，以消解統治者的强制性與干預性。在老子所建構的社會裏，雖然不能以「民主」的觀念來附會它，但空氣是自由的。

老子的「無爲」，並不是什麽都不做，並不是不爲，而是含有不妄爲的意思。「無爲」的思想産生了很大的誤解，尤其是「無爲而無不爲」這句話，許多人以爲老子的意思是表面上什麽都不做，暗地裡什麽都來，因此，誤認爲老子是個陰謀家〔八〕。其實老子絶非陰謀家，他整本書没有一句話是含有陰謀思想的。導致這種誤解，完全是因爲不了解老子哲學術語的特有意義所致。所謂「無爲而無不爲」的意思是説：「不妄爲，就没有什麽事情做不成的。」「無爲」乃是一種處事的態度和方法，「無不爲」乃是指「無爲」（不妄爲）所産生的效果。這和老子第三章上所説的「爲無爲則無不治」的意義是相通的。「爲『無爲』則無不治」的意思是以「無爲」的態度去處理世務，就没有不上軌道的。「爲無爲」是説以「無爲」的態度去「爲」。可見，老子並不反對人類的努力，他仍然要人去「爲」的。老子又説「爲而不恃」（二章）「爲而不爭」（八十一章）。他鼓勵人去「爲」，去做，去發揮主觀的能動性，去貢獻自己的力量，同時他又叫人不要把持，不要爭奪，不要對於努力的成果去伸展一己的佔有欲。

老子主張允許每個個人都能依照自己的需要去發展他的秉賦，以此他提出了「自然」的觀念；爲了使不同的意願得到和諧平衡，他又提出「無爲」的觀念。老子「自然無爲」的觀念，運用到政治上，是要讓人民有最大的自主性，允許特殊性、差異性的發展。也就是説，允許個人人格和個人願望的充分發展，但不以伸展到别人的活動範圍爲限。對於統治者來説，「無爲」觀念的提出，是要消解獨斷意志和專斷行爲的擴展，以阻止對於百姓權利的脅迫、併吞。

老子「自然無爲」的主張是有他的歷史背景的，在上古「日出而作，日入而息……帝力於我何有哉」

的安閒自足的社會，事實上政府的存在，在一般人民的生活中並不是一件有必然相關性的東西。十八世紀西方就流行着一句口號：「最懶惰的政府是最好的政府。」那時的政府，並沒有什麼重大的事情可做，主要的工作只是替人民修修道路而已。但是二十世紀的今天，情況就大變了，政府要統籌辦理太多的事情，要做到「無爲」已經是不可能的事。然而針對於減縮獨裁政治的爲禍而言，「無爲」的觀念，仍是空谷足音。今天，人們的生活走向合模化的趨勢越來越厲害，這已經成爲整個世界普遍可慮的現象。我們處處可看到權力支配個人的生命，處處可看到個人無助的情形；權力越來越强化，越來越集中化。在這種情境下，老子「自然無爲」的主張，仍有其時代的意義。

（二）「虛」「靜」

老子說：「致虛極，守靜篤。」（十六章）他認爲萬物的根源是「虛」「靜」狀態的。面對世事的紛爭攪擾，所以老子提出這一個主張，希望人事的活動，能够致虛守靜。下面對於這兩個觀念分別加以說明：

司馬談論六家要指，曾說道家思想是「以虛無爲本」的。可見「虛」的觀念在老學中的重要性。老子第四章說：

> 道沖，而用之或不盈。淵兮，似萬物之宗。

「道沖」即是形容「道」體是「虛」狀的。這個「虛」狀的「道」體，像是萬物的根源。它不但是萬物的根源，而且它所發揮出來的作用是永不窮竭的（這可見老子所說的「虛」，並不是空無所有的）。這和第五章上的說法是一樣的：

天地之間，其猶橐籥乎！ 虛而不屈，動而愈出。

「橐籥」是形容虛空的狀態，天地之間雖然是虛空狀態，它的作用却是不窮屈的。運動一經開始，萬物就從這虛空之處湧現出來。可見，這個「虛」含藏着創造性的因子，它的儲藏量是無窮的。這正如山谷一樣，雖然是虛空狀的，却爲大量水源的會聚處。老子喜歡用谷來比喻「虛」。他說：

上德若谷。（四十一章）

我們常用「虛懷若谷」這個成語來形容某種心境。達到這種心境的人可以稱爲「上德」之人。

老子用「谷」來象徵「虛」，「虛」這個觀念應用到人生方面的時候，它含有「深藏」的意義。史記老莊列傳上說：「良賈深藏若虛，君子盛德，容貌若愚。」「深藏若虛」，這和半瓶子滿就搖搖晃晃的情形，剛好是一個對比。

「虛」的反面是「實」，是「盈」。「實」含有成見的意思，「盈」表示自滿的意思。老子說了許多關於自滿所產生的弊病，他說：「自見者不明，自是者不彰，自伐者無功，自矜者不長。」（二十四章）又說：「持而盈之，不如其已；揣而鋭之，不可長保。」（九章）這些話都是提醒人家不要自滿，要深藏。

「虛」狀的東西，必然也呈現着「靜」定的狀態。老子重視「虛」，也必然重視「靜」。無論在人生或人事各方面，老子都很重視「靜」的作用。現在讓我們看看老子對於「靜」這個觀念的說法，他說：

萬物並作，吾以觀復。

夫物芸芸，各復歸其根，歸根曰靜，靜曰復命。（十六章）

萬物蓬蓬勃勃地生長，老子在蓬勃生長的現象中，看出往復循環的道理。依他看來，萬物紛紛紜紜，千態萬狀，但是最後總要返回到自己的本根，而本根之處，乃是呈虛靜的狀態。這個觀點應用到人生和政治方面，老子認爲人事的紛囂，仍以返回清靜狀態爲宜。

老子談「靜」，特別着重在政治方面來立論。他說：「清靜爲天下正。」（四十五章）可見「清靜」的作用是多麽的大。他又說：「不欲以靜，天下將自定。」（三十七章）如果不被貪欲所激擾，才能達到清靜的境地，而清靜的境地，也就是「無欲」的狀況。「清靜」「無欲」的重要性老子說得很清楚，他說：

我好靜，而民自正；……我無欲，而民自樸。（五十七章）

在這裡，「無欲」和「清靜」是密切相關的。「無欲」則民自樸，民樸則足以自正。「我無欲，而民自樸」，在這裡「欲」和「樸」是相對提出來的，可見這個「欲」乃是指心智作用的巧詐之欲。因此，「無欲」並不是要消解本能性的自然欲望，乃是要消解心智作用的巧詐欲望。在老子看來，統治者若能清靜而不縱欲，社會才能走向安定的路子。

「靜」的反面是急躁、煩擾。我們從它的反面來看，更可了解老子重視「靜」的原因。老子在二十六章上說：

重爲輕根，靜爲躁君。是以君子終日行不離輜重；雖有榮觀，燕處超然，奈何萬乘之主，而以身輕天下？輕則失本，躁則失君。（二十六章）

靜、重是相關的，持重者恒靜，所以老子重「靜」也貴「重」。他認爲一個統治者，在日常的生活中必須能够持守「靜重」；一個統治者雖然享有華麗的生活，却能安居泰然，這就是清靜的表現。然而老子目擊當時的統治者，過着奢侈糜爛的生活，表現着急躁輕率的作風，所以他感慨地說：爲什麽身爲大國的君主還把自己看作是天下最輕的東西呢？

執政者不宜輕率急躁，尤其不可騷擾民安。所以，老子說：

治大國，若烹小鮮。（六十章）

治理國家，好像煎小魚一樣，不能常常翻動，否則就要翻得破爛不堪了。老子用煎小魚來比喻治理國家，也就是喻示着治理國家應以清靜爲原則，不可攪擾百姓。凡是苛刑重稅都是擾民的政舉，爲政者應深自戒惕的。

老子「靜」這個觀念的提出是有他的思想背景的：（1）他看到當時統治階層的縱欲生活；他們耽溺於官能的刺激，追逐着聲色之娱，因此他發出警告說：「五色令人目盲；五音令人耳聾；五味令人口爽；馳騁畋獵令人心發狂。」（十二章）他唤醒大家要在多欲中求清靜。（2）他目擊當時統治者擾民的實況：重稅的逼壓，嚴刑的苛虐。所以他一再地呼籲爲政要「清靜」，不可干擾民安。在老子書上，除了十六章以外，凡是談到「靜」字的地方，論旨都在政治方面，而且都是針對着爲政者的弊端而發的。

老子不僅主張爲政應求清靜，人生的活動也應在煩勞中求靜逸。他要人在繁忙中靜下心來，在急躁中穩定自己。俗話常說「心靜自然凉」，又說「以靜制動」、「以逸待勞」。這些「動中取靜」的道理，早已成爲一般人生活經驗上的口頭禪了。可見，老子的「靜」，並不是木然不動、裹足不前，也不是像一潭死水似的完全停滯狀態，乃是「靜中有動，動中寓靜」的。老子說：「孰能濁以靜之徐清；孰能安以動之徐生。」（十五章）在這裡，老子很明顯地肯定了「動極則靜，靜極而動」的道理。

（三）「柔弱」「不爭」

老子說：「弱者道之用。」（四十章）又說：「綿綿若存，用之不勤。」（六章）這說明了「道」的創生作用雖然是柔弱的，却能綿延不絕，作用無窮。「道」在創生過程中所表現的柔弱情況，正是「無爲」狀態的一種描寫。正由於「道」所表現的柔弱，使萬物並不感到是强力被造的，而是自生自長的。

柔弱的作用，運用到人生方面，老子認爲：「柔弱勝剛强。」（三十六章）並且認爲：「堅强者死之徒，柔弱者生之徒。」（七十六章）他說：

人之生也柔弱，其死也堅强。草木之生也柔脆，其死也枯槁。故堅强者死之徒，柔弱者生之徒。是以兵强則滅，木强則折。（七十六章）

老子從經驗世界的事象中找到論據，用以說明「堅强」的東西是屬於死亡的一類，而「柔弱」的東西是屬於生存的一類。老子拿人作爲例論，他說人活着的時候，身體是柔軟的，死了的時候，就變成僵硬了。同時他又拿草木作爲例論，他說，草木欣欣向榮的時候，形質是柔脆的，花殘葉落的時候，就變成乾枯了。從這兩個例論中，得出這樣的結論：「堅强者死之徒柔弱者生之徒。」這個結論蘊涵着「堅强」的東西已失去了生機，「柔弱」的東西則充滿着生機。這是從事物的内在發展狀況來説的。若從它們的外在表現上來説，「堅强」的東西之所以屬於「死之徒」，乃是因爲它們的顯露突出，所以當外力逼近的時候，便首當其衝了，所謂「揣而鋭之，不可長保」（九章）。才能外顯，容易招忌而遭致陷害，這正如同高大的樹木，容易引人來砍伐。這是人爲的禍患。自然的災難也莫不如此，例如颱風吹襲，高大的樹木往往摧折，甚至連根拔起，而小草却能迎風招展，由於它的柔軟，反倒隨風飄摇，而永遠不會吹折。俗語説：「狂風吹不斷柳絲，齒落而舌長存。」或説：「舌柔在口，齒剛易折。」這些道理人人都知道。又好比水是「至柔」的東西，它却具有攻不破的特點，水中抽刀，無論費多大的力氣，永遠是切不斷的。老子從經驗世界中找到諸如此類的論據，而得出這種結論：剛的東西容易折毁，柔的東西反倒難以摧折，所以最能持久的東西不是剛强者，反是柔弱者。因此，他説：

天下莫柔弱於水，而攻堅强者莫之能勝，以其無以易之。弱之勝强，柔之勝剛，天下莫不知，莫能行。（七十八章）

天下之至柔，馳騁天下之至堅。（四十三章）

老子認爲世間没有比水更柔弱的，然而攻擊堅强的東西，没有能勝過它的。我們看看，屋簷下點點滴滴的雨水，由於它的持續性，經過長年累月可以把一塊巨石穿破；洪水泛濫時，淹没田舍，冲毁橋梁，任何堅固的東西都抵擋不了。所以，老子説，柔弱是勝過剛强的。在這裡可以看出，老子的「柔弱」並不是通常所説的軟弱無力的意思，而其中却含有無比堅韌不克的性格。

老子「柔弱」的主張，主要是針對於「逞强」的作爲而提出的。逞强者必然剛愎自用，自以爲是，也就是老子所說的自矜、自伐、自是、自見、自彰。世間的紛爭多半是由這種心理狀態和行爲樣態所產生的，在這種情況下，老子提出「柔弱」的主張，並提出「處下」「不爭」的觀念。

老子喜歡以水作比喻，來說明他的道理。他說柔弱的水還具有居下、不爭、利物的特點。人生的態度也應該如此：要能處下、不爭而利民。

「處下」是老子「柔弱」道理的另一種運用。它含有謙虛容物的意思。老子常用江海作比喻，由於它的低窪處下，所以百川都滙歸於海。老子有感於世上的人，大家都想站在高處，都要搶在亮處，所以他以「川谷之於江海」（三十二章）來說明「處下」的好處。他認爲，若能「處下」，自然能够消解爭端，而培養容人的心量。

「不爭」的觀念也基因於此。在現實社會上，沒有一個角落不是在爲着私自的利益而爭嚷不休的，老子深有所感，所以他要人「利萬物而不爭」（八章），「爲而不爭」（八十一章）。老子的「不爭」，並不是一種自我放棄，並不是對於一切事、一切人的放棄，也不是逃離社會或遁入山林。他的「不爭」的觀念，乃是爲了消除人類社會不平的爭端而提出的。他仍要人去「爲」，而且所「爲」要能「利萬物」。「爲」是順着自然的情狀去發揮人類的努力，而人類努力所得來的成果，却不必擅據爲己有。這種爲他人服務（「利萬物」）而不與人爭奪功名的精神，也可說是一種偉大的道德行爲。老子所說的「功成而弗居」（二章）、「功成而不有」（三十四章）、「功成名遂身退」（九章），都是這種「不爭」思想的引申。由此推知，老子「謙退」、「居後」的觀念都蘊含在這種「不爭」的思想裡面，主要的目的乃在於消弭人類的佔有衝動。

四　總結和批評

上面説過，老子的哲學系統是由「道」開展的。老子認爲這個「玄之又玄」「惟恍惟惚」的「道」是真實存在的。現在我們畢竟要問：世界上果真有老子所説的如此這般的「道」嗎？它究竟是實際的存在呢？或者只是概念上的存在？關於這個問題，我們可以直截了當的説，「道」只是概念上存在而已。「道」所具有的一切特性的描寫，都是老子所預設的。老子預設的「道」，若從常識的觀點來看，也許會認爲它是没有意義的。例如説「道」是「惟恍惟惚」的，是「獨立不改」的，是「天地之始」、「萬物之母」的，這一切都是非經驗的語句，都是外在世界無法驗證的。然而，「道」的問題，却不可以把它當作經驗知識的問題來處理，它只是一項預設，一種願望，藉以安排與解決人生的種種問題。「道」之爲一種預設，猶如政治學上預設「人人生而平等」一樣，果真是人人生而平等嗎？對於這個預設的命題，我們既不能否認它，但也不能證明它〔九〕。關於老子「道」的理論也是這樣，我們不能從存在的觀點（existential viewpoint）來處理它，只能從設定的觀點（hypothetical viewpoint）來討論它。

如果我們再作進一步的了解，我們也可以説，老子「道」的論説之開展，乃是人的内在生命的一種真實感的抒發。他試圖爲變動的事物尋求穩固的基礎，他更企圖突破個我的局限，將個我從現實世界的拘泥中超拔出來，將人的精神生命不斷地向上推展，向前延伸，以與宇宙精神相契合，而後從宇宙的規模上，來把握人的存在，來提昇人的存在。

因而，老子的形上之「道」，固然有人説只是滿足人們概念遊戲的樂趣，但是正因此而拉開了我們思維活動的範圍，並且將我們從爲眼前事所執迷的鎖閉的情境中提昇了一級。此外，老子關於宇宙創生的説法，在思想史上也具有重大意義的。「道」的預設，破除了神造之説〔一〇〕；他説「道」爲「象帝之先」（四章），他不給「上帝」留下地盤；他説「天法道，道法自然」，人格神的觀念在他哲學的園地上銷聲匿迹；他説「天地不仁，以萬物爲芻狗」，他這種自然放任的思想，把人從古代宗教迷信的桎梏下徹底地解放出來。老子所説的「天」，都是指自然而言，他消解了意志的天、作爲的天，他把前人視爲無上權威、不可侵犯性的天，拉下來，屈居於混然之「道」的下面，而成爲漠然存在的自然之天。總之，老子解釋宇宙現象時，破除人格神創造的説法，而重視萬物的自生自長，純任自然。從這方面來看，他的形上學是有重大意義的。

形而上的「道」向下落實而成爲人生準則的「道」，它對人所産生的意義就很顯然了。這一層意義的「道」，具有「自然無爲」、「虛靜」、「柔弱」、「不爭」、「處下」、「爲而不恃，長而不宰，功成而不居」等等特性，從老子所預設的這些「道」的基本特性中，我們可以體會出老子立説的用意。老子立説的最大動機，是要緩和人類社會衝突。而人類社會衝突的根源，就在於剥削者肆意擴張一己的佔有欲。所以老子提出「無爲」、「質樸」、「無欲」、「謙退」、「不爭」種種觀念，莫不是在求減損人類佔有的衝動。老子所處的社會——事實上從古到今所有人類的社會，有形和無形的爭奪無盡期地在進行着。而戰爭的殘殺，是有形爭奪的事件中最慘烈的。戰爭的意義，令人感到惶惑，追根究底，這些屠殺的事件多半只是爲了剝削者的野心和意氣，而迫使多數人的生命去作無謂的犧牲。老子書上，表現了强烈的反戰意識，他說：銳利的兵器是不祥的東西，大家都厭惡它，所有有「道」的人不使用它〔二〕。如果遭受强暴的侵凌，萬不得已而應戰，要「恬淡爲上」。打了勝仗不要得意；得意，就是表示喜歡殺人〔三〕。想想看，打勝仗，就是殺死很多人，而每一個被殺的人，都是和你一般的，從呱呱墜地，由母親含辛茹苦地撫養成長起來的，從每一張年輕的臉孔上，可以體味出多少母愛，母愛之中蘊藏了多少辛酸血淚，豈料被無辜地驅使到戰場上，在瞬刻間被打得血肉模糊，血水迸流。所以，老子沉痛地說：「殺人之衆，以悲哀泣之，戰勝以喪禮處之。」（三十一章）這是何等偉大的人道主義思想的流露。他懷着對人類的哀憫之心，因而提出「慈」字，要列强發揮慈心，愛養百姓而不可輕殺。在那兵禍連年的時代，在那爭奪迭起的社會，老子苦口婆心，極欲解決人類的爭端。老子著書的動機是多方面的，然而從這一方面作爲出發點去了解，才能把握老子立說的真正用意，並且從這點上去體認，當可知道老子仍是具有積極救世的心懷。我們常聽人說，老子的思想是消極的、悲觀的、出世的，這完全是一種誤解。老子倡導「生而不有」、「爲而不恃」、「長而不宰」、「功成而不居」、「衣養萬物而不爲主」、「爲而不爭」、「利萬物而不爭」。可見，他仍要人去「爲」，去創生，去養育，去貢獻自己的力量（「衣養萬物」、「利萬物」）。事實上，老子也並不反對人成就功業，只是他眼看到這個社會大家都急急忙忙地求名、取利、爭功，大家都想出風頭、佔便宜、貪圖利益，無功的想爭功，有功的更要居功。所以，他要人功業成就了，也不必去佔爲己有

（「功成而不有」）；事情做了，也不必去爭奪名位（「爲而不爭」）。他還呼籲大家要拿出自己有餘的去幫助不足的人（「損有餘而補不足」），要盡自己的所能去貢獻給人類（「有餘以奉天下」）。

此外，我們應重視老子所提出的「虛靜」等觀念，這是對生活具有批評性與啓示性的觀念。「虛靜」的生活，蘊涵着心靈保持凝聚含藏的狀態。唯有這種心靈才能培養出高遠的心志與真樸的氣質，也唯有這種心靈，才能導引出深厚的創造能量。反觀現代人的生活，匆促浮華，自然難以培養出深沉的思想；繁忙躁進的生活，實足以扼殺一切偉大的創造心靈。老子懇切地呼籲人們重視一己內在生命的培蓄。就這一個層面來說，對於現代這種浮光掠影式的生活形態與心理樣態，老子的呼聲，未嘗不具有深刻的意義。

最後，我們要談談老子哲學上的缺點。首先，我們很容易發現老子常使用類比法（Analogy）去支持他的論點。例如，他從柔弱的水可以衝激任何堅强的東西，因而推論出柔弱勝剛强的結論來。這種類比法的使用，雖然有相當的說服性和提示性，但是並沒有充分的證據力。因爲你可以用同樣的形式例舉不同的前提而推出相反的結論來。你可以說，堅硬的鐵鎚可以擊碎任何柔脆的東西，因而推論出剛强勝過柔弱的結論來。這裡僅就老子所使用的類比法加以批評。當然，我們了解老子的用意，只求在經驗世界中找尋說明他的道理的論據，這些論據雖然無法保證他的結論之必然性，然而並無礙於他的道理之能在經驗世界中得到運用。

老子的思想內容，有許多可批評的地方，例如：

（一）老子「返本復初」的思想是很濃厚的。然而，是否能够返回到「本初」的狀態？同時所謂「本初」的狀態，是否像老子所設想的那樣美好？是否有礙於事物的向前推展？

（二）老子認爲事物的運動和發展是循環狀態的。然而，事物的發展狀況是複雜多端的，有曲線的發展，也有直線發展，種種狀況，不一而足，未可以單一的循環往復來概括其餘的。

（三）老子主張「無知」「棄智」，因爲他認爲一切巧詐的事情都是由心智作用而產生的。他又主張「絶學」（老子所説的「學」是指仁義禮法之學），他認爲這種聖智禮法的追求，徒然增加人們的智巧心機。但是，他忽略了「智」和「學」也可引人向上、導人向善的趨途。

（四）老子重視事物對待關係的轉化，他認爲禍福相因，如環無端，然而他却忽略了主觀力量的重要性。他這種説法，很容易使人覺得好像無需要主觀力量的參與，禍就自然而然會轉化而爲福，福又自然而然地轉化而爲禍。事實上，主觀的努力，常爲決定禍福的主要因素。

（五）老子一再地强調人應順應自然，然而，如此純任自然的結果，一切事物的發展是否能達到預期的效果，這很值得懷疑。此外，道家思想都肯定了人和自然事物的一體情狀，然而人和自然事物在本質上究竟是否同一？這顯然是有問題的。事實上，人是有意志、有理性、有感情的。意志的表現，理性的作用，感情的流露，都使得人之所以爲人，和自然事物在本質上有很大的差别。

（六）在老子所建構的理想國中，那種安足和諧的生活，固然很富詩意，令人神馳，固然有其社會環境作爲依據而非全然夢境（古時的農村社會是由許多自給自足的村落形成的）。但是，我們畢竟感到，在那種單純而單調的生活方式中，人究竟還有多少精神活動可言？

（七）老子一再强調「清靜無爲」，「柔弱處下」，一個人如果長時期浸染於這種思想的氣氛中，久而久之，將會侵蝕人的奮發精神，也會消解人向觀念探索以及向思想禁地推進的勇氣。總之，在老子所建構的世界中，人們固然可獲得心靈的平和寧靜，然而相對地也會減損人創造性的衝動。

儘管如此，這些缺點並不能掩蓋老子哲學的價值，他所提出的種種觀念——比如文中一再提到的「生而不有，爲而不恃，長而不宰，功成而不居」等等觀念，都已成爲傳統文化的精萃。

五千言的一本老子，充滿了不少深沉的智慧之言，就像德國哲學家尼采所説的那樣，「像一個永不枯竭的井泉，滿載寶藏，放下汲桶，唾手可得」。

【注釋】

〔一〕這種看法，徐復觀在他的中國人性論史上説過。

徐復觀説：「老學的動機與目的，並不在於宇宙論的建立，而依然是由人生的要求，逐步向上推求，推求到作爲宇宙根源的處所，以作爲人生安頓之地。因此，道家的宇宙論，可以説是他的人生哲學的副産物。他不僅是要在宇宙根源的地方來發現人的根源，並且是要在宇宙根源的地方來決定人生與自己根源相應的生活態度，以取得人生的安全立足點。」

〔二〕唐君毅在中國哲學原論中，將老子的「道」細分成六義：虛理之道，形上道體，道相之道，同德之道，修德之道及其生活之道，爲事物及心境人格狀態之道。

〔三〕「實存」是指真實的存在。這個真實存在的「道」，具有形而上的性格，我這裡所說的「形而上」的性格是指它不屬於形器世界的東西，它無確切的形體，也無適切的稱謂，我們無法用感官去直接接觸它的存在。

〔四〕參看徐復觀中國人性論史第三三七頁：「宇宙萬物創生的過程，乃表明『道』由無形質以落向有形質的過程。」

〔五〕一般人都知道「有」的用處，却往往忽略了它的反面「無」的作用。在十一章，老子舉了三個例子說明「無」的作用：（1）有車轂的中空，才有車的作用；（2）有器皿的中空，才有器皿的作用；（3）有門窗四壁的中空，才有房屋的作用。所以，老子說，「有」給人便利，「無」發揮了它的作用。

十一章所說的「有」「無」（「有之以爲利，無之以爲用」）和二章所說的「有」「無」（「有無相生」），是指現象界中的「有」「無」，是通常意義的「有」「無」，這和第一章「無名天地之始，有名萬物之母」的「有」「無」，以及四十章「天下萬物生於有，有生於無」中的「有」「無」不同，第一章和四十章上的「有」「無」是超現象界中的「有」「無」，這是「道」的別名。許多談老學的人，忽略了這種區別，混爲一談。

〔六〕三十六章可能是老書中最受誤解的一章。許多人把這段話當作權謀詐術，這真是莫大的曲解。我把它譯成白話以後，原義當可確立，它分明是講「將欲歙之，必固張之」等等情況，乃是「幾先的徵兆」，這是對於「物極必反」觀念的說明，和所謂權謀詐術之語毫不相干。

〔七〕胡適在中國哲學史（四十七頁）上，也提到老子反對「有爲」政治和主張「無爲」政治的動機。他說：「老子反對有爲的政治，主張無爲無事的政治，是當時政治的反動。凡是主張無爲的政治哲學，都是干涉政策的反動。因爲政府用干涉政策，却又没干涉的本領，越干涉越弄糟了，故挑起一種反動，主張放任無爲。歐洲十八世紀的經濟學者、政治學者，多主張放任主義，正爲當時的政府實在太腐敗無能，不配干涉人民的活動。老子的無爲主義，依我看來，也是因爲當時政府不配有爲，偏要有爲；不配干涉，偏要干涉，所以弄得『天下多忌諱而民彌貧；民多利器，國家滋昏；法令滋彰，盜賊多有』。瞻卬詩說的『人有土田，汝反有之；人有民人，汝覆奪之；此宜無罪，汝反收之；彼宜有罪，汝覆說之』，那種虐政的結果，可使百姓人人有『匪鶉匪鳶，翰飛戾天；匪鱣匪鮪，潛逃於淵』的感想。」

〔八〕這種誤解是非常普遍的。錢穆在莊老通辨中，反反覆覆地說老子是個陰謀家，極盡誤解之能事。

〔九〕金岳霖說：「我以爲哲學是説出一個道理來的成見。哲學一定要有所『見』，哲學的『見』，其論理上最根本的部分，或者是假設，或者是信仰；嚴格的説起來，大都是永遠或暫時不能證明與反證的思想。」（引自馮友蘭中國哲學史審查報告）

〔一〇〕老子的宇宙論破除了神造之説，這種看法已經有許多人説過，爲了加强這個觀點，下面徵引各家的説法：

梁啓超説：「他（老子）説的『先天地生』，説的『是謂天地根』，説的『象帝之先』，這分明説『道』的本體，是要超出『天』的觀念來求他；把古代的『神造説』極力破除。後來子思説：『天命之謂性，率性之謂道。』董仲舒説：『道之大原出於天。』這都是説顛倒了。老子説的是『天法道』，不説『道法天』是他見解最高處。」（老子哲學）

章太炎説：「老子並不相信天帝鬼神，和占驗的話。孔子也受了老子的學説，所以不相信鬼神，只不敢打掃乾淨；老子就打掃乾淨。」（演講録）

夏曾佑説：「老子之書，於今具在；討其義藴，大約以反覆申明鬼、神、術數之誤爲宗旨。『萬物芸芸，各歸其根，歸根曰靜，是謂復命』，是知鬼、神之情狀不可以人理推，而一切禱祀之説破矣。『有物混成，先天地生』，則知天地山川、五行、百物之非原質，不足以明天人之故，而占驗之説廢矣。『禍兮福所倚，福兮禍所伏』，則知禍福純乎人事，非能前定之者，而天命之説破矣。」（引自王力老子研究）

胡適説：「老子哲學的根本觀念是他的天道觀念。老子以前的天道觀念，都把天看作一個有意志、有知識、能喜、能怒、能作威福的主宰。……老子生在那種紛爭大亂的時代，眼見殺人、破家、滅國等等慘禍，以爲若有一個有意志知覺的天帝，絶不致有這種慘禍。」（中國古代哲學史）

徐復觀說：「由宗教的墜落，而使天成爲一自然的存在，這與人智覺醒後的一般常識相符。在詩經、春秋時代中，已露出了自然之天的端倪。老子思想最大貢獻之一，在於對自然性的天的生成、創造，提供了新的、有系統的解釋。在這一解釋之下，才把古代原始宗教的殘渣，滌蕩得一乾二淨，中國才出現了由合理思惟所構成的形上學的宇宙論。」（中國人性論史）

〔二〕老子三十一章：「夫兵者，不祥之器，物或惡之，故有『道』者不處。」

〔三〕老子三十一章：「勝而不美，而美之者，是樂殺人。」

注釋今譯與引述

一章

道可道，非常「道」〔一〕；名可名，非常「名」〔二〕。「無」，名天地之始；「有」，名萬物之母〔三〕。故常「無」，欲以觀其妙；常「有」，欲以觀其徼〔四〕。此兩者，同出而異名〔五〕，同謂之玄〔六〕。玄之又玄，衆妙之門〔七〕。

【注釋】

〔一〕道可道，非常「道」：第一個「道」字是人們習稱之道，卽今人所謂「道理」。第二個「道」字，是指言說的意思。第三個「道」字，是老子哲學上的專有名詞，在本章它意指構成宇宙的實體與動力。「常」，馬王堆漢墓帛書老子甲、乙本均作「恒」。

「常道」之「常」，爲真常、永恒之意。一般將「常道」解釋爲永恒不變之道，然可以「永恒」釋之，却不當以「不變」作解，因老子之作爲宇宙實體及萬物本原的「道」，是恒變恒動的。老子四十章謂「反者道之動」，便以道爲動體；二十五章形容道的運行是「周行而不殆」，也是描述道體之生生不息。

朱謙之說：「蓋『道』者，變化之總名。與時遷移，應物變化，雖有變易，而有不易者在，此之謂常。……老聃所謂道，乃變動不居，周流六虛，既無永久不變之道，亦無永久不變之名。……天地之道，恒久而不已，四時變化，而能久成。若不可變、不可易，則安有所謂常者？」（老子校釋）按朱說爲是。程頤在周易程氏傳中釋易之恒卦時指出：「天下之理未有不動而能恒者也，動則終而復始，所以恒而不窮，凡天地所生之物，雖山嶽之堅厚，未有能不變者也。故『恒』非『一定』之謂也，『一定』則不能恒矣。惟隨時變易，乃常道也。」程氏以「隨時變易」解「常道」，正合老義。

〔二〕名可名，非常「名」：第一個「名」字是指具體事物的名稱。第二個「名」字是稱謂的意思，作動詞使用。第三個「名」字爲老子特用術語，是稱「道」之名。

蔣錫昌說：「管子心術：『名者，聖人之所以紀萬物也。』又七發注：『名者，所以命事也。』此名乃世人用於事物之名，其所含意義，常爲一般普通心理所可瞭解，第一『名』字應從是解。第二『名』字用爲動詞。『常名』者，真常不易之名也，此乃老子自指其書中所用之名而言。老子書中所用之名，其含義與世人習用者多不同。老子深恐後人各以當世所習用之名來解老子，則將差以千里，故於開端卽作此言以明之。」（老子校詁）

張岱年說：「真知是否可以用名言來表示，這是中國古代哲學中一個大問題。道家以爲

名言不足以表述真知，真知是超乎名言的。」（中國哲學大綱）

〔三〕「無」，名天地之始；「有」，名萬物之母：「無」是天地的本始，「有」是萬物的根源。「無」、「有」是指稱「道」的，是表明「道」由無形質落實向有形質的活動過程。

「無名天地之始，有名萬物之母。」歷來有兩種句讀：一、「無」，名天地之始；「有」，名萬物之母。二、「無名」，天地之始；「有名」，萬物之母。嚴遵、王弼用「無名」「有名」作解，前人多循王弼之見。王安石則以「無」「有」爲讀。王安石說：「『無』，所以名天地之始；『有』，所以名其終，故曰萬物之母。」（引自容肇祖輯王安石老子注輯本）繆爾紓說：「此以『無』、『有』爲讀，然以『無名』、『有名』爲讀亦可。」（老子新注）

按：「無」「有」是中國哲學本體論或宇宙論中的一對重要的範疇，創始於老子。通行本老子四十章：「天下萬物生於有，有生於無。」（湖北郭店戰國楚墓竹簡老子作：「天下之物生於有、生於物。」）亦以「無」「有」爲讀。主張「無名」「有名」爲讀的人，也可在老子本書上找到一個論據，如三十二章：「道常無名」；二十五章：「吾不知其名，强字之曰道。」故兩說可並存，筆者居於哲學觀點，茲取「無」、「有」之說。

〔四〕常「無」，欲以觀其妙；常「有」，欲以觀其徼：常體「無」，以觀照「道」的奧妙；常體「有」，以觀照「道」的邊際。

「徼」，前人有幾種解釋：一、歸結；如王弼注：「徼，歸終也。」二、作「竅」；如黄茂材本爲

「竅」。馬敍倫說：「徼當作竅，說文：『竅，空也。』」（老子校詁）三、作「曒」解；如敦煌本爲「曒」。朱謙之說：「宜從敦煌本作『曒』。……『常無觀其妙』，『妙』者，微眇之謂，荀悅申鑒所云：『理微謂之妙也。』『常有觀其曒』，『曒者』，光明之謂，與『妙』爲對文，意曰理顯謂之曒也。」四、邊際；陸德明說：「徼，邊也。」（老子音義）董思靖說：「徼，邊際也。」（道德真經解）陳景元說：「大道邊有小路曰徼。」吴澄說：「徼者，猶言邊際之處，孟子所謂端是也。」今譯從四，姑譯爲「端倪」。

「常無欲以觀其妙，常有欲以觀其徼。」有以「無」「有」爲讀，有以「無欲」「有欲」爲讀。王弼以「無欲」「有欲」作解，後人多依從，然本章講形而上之「道」體，而在人生哲學中老子認爲「有欲」妨礙認識，則「常有欲」自然不能觀照「道」的邊際。所以這裡應承上文以「無」「有」爲讀。再則，莊子天下篇說：「老聃聞其風而悅之，建之以常無有。」莊子所說的「常無有」就是本章的「常無」「常有」。兹例舉自宋代王安石至當代高亨各家見解於下，俾供參考：

王安石說：「道之本出於無，故常無，所以自觀其妙。道之用常歸於有，故常有，得以自觀其徼。」

蘇轍說：「聖人體道以爲天下用，入於衆有而『常無』，將以觀其妙也。體其至無而『常有』，將以觀其徼也。」（老子解）

王樵說：「舊注『有名』、『無名』，猶無關文義；『無欲』、『有欲』恐有礙宗旨。老子言『無欲』，『有欲』則所未聞。」（老子解）

俞樾說：「司馬溫公、王荆公並於『無』字『有』字終句，當從之。下云：『此兩者同出而異名，同謂之玄。』正承『有』『無』二義而言，若以『無欲』『有欲』連讀，既『有欲』矣，豈得謂之『玄』？」（引自諸子平議）

易順鼎說：「按莊子天下篇：『老聃聞其風而悦之，建之以常無有。』『常無有』即此章『常無』『常有』，以『常無』『常有』爲句，自莊子已然矣。」（讀老札記）

高亨說：「『常無』連讀。『常有』連讀。『常無欲以觀其妙』，猶云欲以常無觀其妙也。『常有欲以觀其徼』，猶云欲以常有觀其徼也。因特重『常無』與『常有』，故提在句首。此類句法，古書中恒有之。」（老子正詁）

〔五〕此兩者，同出而異名：帛書本作「兩者同出，異名同胃（謂）」。「此兩者」，指上文「無」和「有」。

王安石說：「『兩者』，有無之道，而同出於道也。世之學者，常以『無』爲精，以『有』爲粗，不知二者皆出於道，故云『同謂之玄』。」

童書業說：「『無』和『有』或『妙』和『徼』，這是『同出而異名』的。從『同』的方面看，混沌而不分，所以稱之爲『玄』。」

〔六〕玄：幽昧深遠的意思。

蘇轍說：「凡遠而無所至極者，其色必玄，故老子常以玄寄極也。」（老子解）

范應元說：「玄者，深遠而不可分別之義。」（老子道德經古本集注）

吴澄説：「玄者，幽昧不可測知之意。」（道德真經注）

張岱年説：「『玄』的觀念，亦卽『道』的觀念之變相。」（中國哲學大綱）

〔七〕衆妙之門：一切奥妙的門徑，卽指「道」而言。

【今譯】

可以用言詞表達的道，就不是常道；可以説得出來的名，就不是常名。

無，是天地的本始；有，是萬物的根源。

所以常從無中，去觀照道的奥妙；常從有中，去觀照道的端倪。

無和有這兩者，同一來源而不同名稱，都可説是很幽深的。幽深又幽深，是一切奥妙的門徑。

【引述】

整章都在寫一個「道」字。這個「道」是形而上的實存之「道」，這個形上之「道」是不可言説的；任何語言文字都無法用來表述它，任何概念都無法用來指謂它。

「道」是老子哲學上的一個最高範疇，在老子書上它含有幾種意義：一、構成世界的實體。二、創造宇宙的動力。三、促使萬物運動的規律。四、作爲人類行爲的準則。本章所説的「道」，是指一切存在的根源，是自然界中最初的發動者。它具有無限的潛在力和創造力，天地間萬物蓬勃的生長都是「道」

的潛藏力之不斷創發的一種表現。

「無」「有」是用來指稱「道」的，是用來表明道由無形質落實向有形質的一個活動過程。老子所說的「無」，並不等於零。只因爲道之爲一種潛藏力(Potentiality)，它在未經成爲現實性(Actuality)時，它「隱」着了。這個幽隱而未形的「道」，不能爲我們的感官所認識，所以老子用「無」字來指稱這個不見其形的「道」的特性。這個不見其形而被稱爲「無」的「道」，却又能產生天地萬物，因而老子又用「有」字來形容形上的「道」向下落實時介乎無形質與有形質之間的一種狀態。可見老子所說的「無」是含藏着無限未顯現的生機，「無」乃蘊涵着無限之「有」的。「無」和「有」的連續，乃在顯示形上的道向下落實而產生天地萬物時的一個活動過程。由於這一個過程，一個超越性的道和具體的世界密切地聯繫起來，使得形上的「道」不是一個掛空的概念。

本章只在說明：一、「道」具有不可言說性，「道」是不可概念化的東西。二、「道」是天地萬物的根源和始源。許多人以爲老子的道理很玄虛，所謂「玄之又玄」。其實老子這句話只說明在那深遠而又深遠的根源之處，就是萬物所從出的「道」。至於老子說「道」不可名，事實上他已經給了我們一些概念：卽是道之不可言說性與概念性等。在二十五章上，老子說到這個形而上之實存體是個混然狀態的東西，無以名之，勉强用一個「道」字來稱呼它，這只是爲了方便起見而已。老子說到「道」體時，慣用反顯法；他用了許多經驗世界的名詞去說明，然後又一一打掉，表示這些經驗世界的名詞都不足以形容，由此反顯出「道」的精深奧妙性。

二章

天下皆知美之爲美，斯惡已〔一〕；皆知善之爲善，斯不善已。

有無相生〔二〕，難易相成，長短相形〔三〕，高下相盈〔四〕，音聲相和〔五〕，前後相隨〔六〕。

是以聖人〔七〕處無爲〔八〕之事，行不言〔九〕之教；萬物作而不爲始〔一〇〕，生而不有，爲而不恃〔一一〕，功成而弗居。夫唯弗居，是以不去。

【注釋】

〔一〕天下皆知美之爲美，斯惡已：天下都知道美之所以爲美，醜的認識產生了。「惡」，指醜。「已」，蘇轍本作「矣」，「已」、「矣」古通。

王安石說：「夫善者，惡之對；善者，不善之反，此物理之常。」

吳澄說：「美惡之名，相因而有。」

陳懿典說：「但知美之爲美，便有不美者在。」

王夫之說：「天下之變萬，而要歸於兩端生於一致，故方有『美』而方有『惡』。」（老子衍）

以上各說，都在說明「美」「惡」的事端或概念乃對待而生。

按：一般人多把這兩句話解釋爲：「天下都知道美之爲美，就變成醜了。」老子的原意不在於説明美的東西「變成」醜，而在於説明有了美的觀念，醜的觀念也同時産生了。下句「皆知善之爲善，斯不善已。」同樣説明相反相因的觀念。後面「有無相生」等六句，都在於説明觀念的對立形成，並且在對待關係中彰顯出來。

〔二〕有無相生：「有」、「無」，指現象界事物的存在或不存在而言。這裡的「有」「無」和第十一章「有之以爲利，無之以爲用」的「有」、「無」同義，而不同於上章（一章）喻本體界之道體的「無」、「有」。「有無相生」句上，今本有「故」字，敦煌本、遂州碑本、顧歡本無「故」字。郭店簡本及帛書甲、乙本正同，據删。

〔三〕形：王弼本原作「較」。河上公本、傅奕本及其他古本都作「形」。帛書甲、乙本皆作「刑」。「刑」「形」音近假借，「刑」卽「形」。（許抗生帛書老子注譯與研究）

畢沅説：「古無『較』字。本文以『形』與『傾』爲韵，不應作『較』。」（老子道德經考異）畢説可從，因據河上本與傅奕本改正。

〔四〕盈：通行本皆作「傾」。據帛書本改正。按：「盈」爲「呈」字之假（盈聲、呈聲之字古多通假），「呈」與「形」義同，「高下相呈」，是説高與下在對待關係中才顯現出來。郭店簡本正作「涅」。「涅」通「盈」。

〔五〕音聲相和：樂器的音響和人的聲音互相調和。

〔六〕前後相隨：此句下帛書甲、乙本均有「恒也」兩字。

張舜徽說：「『恒也』，乃總結上六句之辭，必不可少，今本奪去久矣。老子言事物之可名者，如有無、難易、長短、高下、音聲、前後之類，皆以相對而存在。且皆相互依賴，彼此轉化，包含着樸素辯證法思想。」（周秦道論發微老子疏證卷下）然驗之郭店簡本與通行本並無。帛本「恒也」兩字，爲後人所加。

〔七〕聖人：這是道家最高的理想人物，其人格形態不同於儒家。儒家的聖人是典範化的道德人；道家的「聖人」則體任自然，拓展内在的生命世界，揚棄一切影響身心自由活動的束縛。道家的「聖人」和儒家的聖人，無論對政治、人生、宇宙的觀點均不相同，兩者不可混同看待。（本書「聖人」均從嚴靈峯老子達解語譯爲「有道的人」。）

錢鍾書說：「老子所謂『聖』者，盡人之能事以效天地之行所無事耳。」（引自管錐編第二册，四二一頁）

〔八〕無爲：不妄爲，不干擾。

張岱年說：「無爲的學說，發自老子。『無爲』即自然之意。」

霍姆斯・偉爾奇（Holmes Welch）說：「『無爲』並不是意指避免一切行動，而是避免采取一切充滿敵意的侵犯性的行動。」（道家英文本第三十三頁）

陳榮捷說：「無爲是我們行爲的特異方式，或更確切說是自然方式。……無爲之道乃自

發之道。」（中國哲學史話，收在莫爾編中國人的心靈）

史華慈（Benjamin Schwarz）說：「嚴復也將老子關於統治者『無爲』的思想解釋爲：好的統治者應使人民自爲。在人民的體力、智力和道德力充分發展的地方，富强必將實現。」（嚴復與西方）

福永光司說：「老子的無爲，乃是不恣意行事，不孜孜營私，以捨棄一己的一切心思計慮，一依天地自然的理法而行的意思。在天地自然的世界，萬物以各種形體而出生，而成長變化爲各樣的形態，各自有其一份充實的生命之開展；河邊的柳樹抽發緑色的芽，山中的茶花開放粉紅的花蕊，鳥兒在高空上飛翔，魚兒從深水中躍起。在這個世界，無任何作爲性的意志，亦無任何價值意識，一切皆是自爾如是，自然而然，絶無任何造作。」（陳冠學譯福永著老子）

〔九〕不言：不發號施令，不用政令。「言」，指政教號令。「不言之教」，意指非形式條規的督教，而爲潛移默化的引導。

葉夢得說：「號令教戒，無非『言』也。」（老子解）

〔一〇〕萬物作而不爲始：王弼本作「萬物作焉而不辭」，傅奕本、敦煌本則作「萬物作焉而不爲始」。帛書乙本亦作「始」。簡本作「怡」。陸希聲、開元本太平御覽七六引皆無「焉」字，簡帛本正同，據删。

易順鼎說：「考十七章王注云：『大人在上，居無爲之事，行不言之教，萬物作焉而不爲始。』數語，全引此章經文，是王本作『不爲始』之證。」

陶邵學說：「今王本作『辭』者，後人妄改也。『不爲始』義較優，且與下句協韵。」（校老子）

丁原植說：「『忖』字，字形右邊當爲『司』字之省，……引申有主宰、主導的意含。」（郭店竹簡老子釋析與研究）

彭浩說：「『忖』，讀爲『始』。帛乙本、傅奕本作『始』，……『辭』、『始』兩字同音而致誤。」（郭店楚簡老子校讀）

〔一一〕生而不有，爲而不恃：兩「不」字帛本作「弗」。郭店簡本無「生而不有」句，下句「功成而弗居」，簡本作「成而弗居」。簡文四字成句，上下文對稱，優於各本。

【今譯】

天下都知道美之所以爲美，醜的觀念也就產生了；都知道善之所以爲善，不善的觀念也就產生了。有和無互相生成，難和易互相促就，長和短互爲顯示，高和下互爲呈現，音和聲彼此應和，前和後連接相隨。

所以有道的人以無爲的態度來處理世事，實行「不言」的教導；萬物興起而不造作事端；生養萬物而不據爲己有；作育萬物而不自恃己能；功業成就而不自我夸耀。正因他不自我夸耀，所以他的功績不會泯没。

【引述】

老子認爲形而上的道是「獨立不改」、永恒存在的，而現象界的一切事物都是相對的、變動的。

本章以美與醜、善與惡説明一切事物及其稱謂、概念與價值判斷，都是在對待的關係中産生的。而對待的關係是經常變動着的，因此一切事物及其稱謂、概念與價值判斷，亦不斷地在變動中。「有無相生，難易相成，長短相形，高下相盈，音聲相和，前後相隨」，則説明一切事物在相反關係中，顯現相成的作用：它們互相對立而又相互依賴、相互補充。

人間世上，一切概念與價值都是人爲所設定的，其間充滿了主觀的執着與專斷的判斷，因此引起無休止的言辯紛爭。有道的人却不恣意行事，不播弄造作，超越主觀的執着與專斷的判斷，以「無爲」處事，以「不言」行教。

這裡所謂的「聖人」是理想人物的投射。聖人和衆人並不是一種階級性的劃分，只是在自覺活動的過程中比衆人先走一步而已。聖人的行事，依循着自然的規律而不强作妄爲。天地間，萬物欣然興作，各呈己態，聖人僅僅從旁輔助，任憑各自的生命開展其豐富的内涵。

在一個社會生活上，老子要人發揮創造的動力，而不可伸展佔有的衝動，「生而不有，爲而不恃，功成而弗居」，正是這個意思。「生」、「爲」、「功成」，正是要人去工作，去創建，去發揮主觀的能動性，去貢獻自己的力量，去成就大衆的事業。「生」和「爲」卽是順着自然的狀況去發揮人類的努力。然而人類的努力所得來的成果，却不必擅據爲己有。「不有」「不恃」「弗居」，卽是要消解一己的佔有衝動。人類社會爭端的根源，就在於人人擴張一己的佔有欲，因而老子極力闡揚「有而不居」的精神。

三章

不尚賢〔一〕，使民不爭〔二〕；不貴難得之貨，使民不爲盜；不見可欲〔三〕，使民心不亂〔四〕。

是以聖人之治，虛其心〔五〕，實其腹，弱其志〔六〕，强其骨。常使民無知無欲〔七〕。使夫智者不敢爲也〔八〕。爲無爲〔九〕，則無不治。

【注釋】

〔一〕尚賢：標榜賢才。另一解「不尚賢」，猶不尚多財（依蔣錫昌之說）。

河上公注：「『賢』，謂世俗之賢，去質尚文也。『不尚』者，不貴之以祿，不貴之以官。」（老子章句）

釋德清注：「尚賢，好名也。名，爭之端也。」（道德經解）

蔣錫昌按：「說文，『賢，多財也；從貝，臤聲。』不尚賢，猶不尚多財；與下文『不貴難得之貨』、『不見可欲』一律，皆指財物而言。敦本『賢』作『寶』，蓋爲後人旁注之字，不尚多財，則民不爭，此老子正用本義。」（老子校詁）蔣說頗可參考。

馮達甫說：「今各家多宗王注，似宜斟酌。六書故：『賢，貨貝多於人也。』」（老子譯注）

〔二〕不爭：指不爭功名，返自然也（河上公注）。

〔三〕可欲：多欲之意。

按：徐仁甫廣釋詞云：「可猶多……老子四十六章：『罪莫大於可欲』，韓詩外傳『可欲』引作『多欲』……楚辭九章哀郢：『曾不知夏之爲丘兮，孰兩東門之可蕪』……可蕪，謂多蕪。」「可欲」當釋爲「多欲」。疑「可」讀爲「夥」。可、夥，皆爲歌部字。說文「齊謂多爲夥」，方言一「凡物盛多謂之寇，齊宋之郊、楚魏之際曰夥」，史記陳涉世家索隱引服虔曰：「楚人謂多爲夥。」老子、屈原皆楚人，正合用「夥」（「可」）字。

〔四〕使民心不亂：王弼本「民」下有「心」字，帛書甲、乙本並無。

〔五〕虛其心：使人的心靈開闊。

釋德清說：「斷妄想思慮之心，故曰虛其心。」

陳榮捷說：「『虛』意指心靈寧靜與清淨之極致，沒有憂慮與私欲。」（譯自 *A Source Book in Chinese Philosophy*, p. 141）

嚴復說：「虛其心所以受道，實其腹所以爲我；弱其志所以從理而無所攖，强其骨所以自立而幹事。」

〔六〕弱其志：使人的意志柔韌。按：此處「虛」、「弱」，爲老學特有用詞，都是正面的、肯定的意義

（如：十六章「致虛極」、四十一章「弱者道之用」等，都是正面、肯定的意義）。本章的「虛」，意指心境的開闊；「弱」，意指心志的柔韌。

張舜徽說：「四『其』字，皆指人君自己。『虛其心』，謂少欲也；『實其腹』，謂廣納也；『弱其志』，謂謙抑能下人也；『强其骨』，謂堅定有以自立也。」可備一說。

〔七〕無知無欲：沒有僞詐的心智，沒有爭盜的欲念。

王弼注：「守其真也。」卽是說，保持心靈的純真樸質。五十七章云：「我無欲，而民自樸。」可證老子倡「無欲」以保持内心的真樸，且「無欲」爲聖人修養的一種崇高的心境。

〔八〕智者不敢爲也：自作聰明的人不敢多事。「不敢爲」一詞亦見於六十四章。此句及下句敦煌甲本作「使知者不敢，不爲，則無不治」，帛書乙本作「使夫知者不敢，弗爲而已，則無不治矣」。

〔九〕爲無爲：以無爲的方式去爲（做），卽以順任自然的態度去處理事務。

童書業說：「老子的『無爲』思想，也是從春秋時代的自然主義思潮來的。在春秋時，已有『無爲』思想的萌芽，老子發展了這種思想，把『無爲』思想作爲他的政治理論的核心，這是和他的處世哲學相聯繫着的。他的處世哲學以退爲進，以後爲先，應用到政治上，就是『清淨無爲』。這種『無爲』思想反映的階級性，自然是小所有者的利益。小所有者隱士反對統治者的作爲，他們認爲統治者的一切作爲，都是擾亂天下，使百姓不安的。他們要求統治者無所作爲，傚法自然，讓百姓自生自長，自由發展。」

【今譯】

不標榜賢才異能，使民衆不爭功名；不珍貴難得的財貨，使民衆不起竊盜；不顯耀可貪的事物，使民衆不被惑亂。

所以有道的人治理政事，要使人心靈開闊，生活安飽，意志柔韌，體魄强健。常使民衆沒有〔僞詐的〕心智、沒有〔爭盜的〕欲念。使一些自作聰明的人不敢妄爲。依照無爲的原則去處理世務，就沒有不上軌道的。

【引述】

名位實足以引起人的爭逐，財貨實足以激起人的貪圖。名位的爭逐，財貨的貪圖，於是巧詐僞作的心智活動就層出不窮了，這是導致社會的混亂與衝突的主要原因。解決的方法，一方面要給人們生活安飽，另一方面要開闊人們的心思。所謂「無知」，並不是行愚民政策，乃是消解巧僞的心智。所謂「無欲」，並不是要消除自然的本能，而是消解貪欲的擴張。

本章還蘊涵了老子對於物欲文明的批評。

四章

道沖，而用之或不盈〔一〕。淵兮，似萬物之宗；〔挫其銳，解其紛，和其光，同其塵〔二〕，〕湛兮〔三〕，似或存。吾不知誰之子，象帝之先〔四〕。

【注釋】

〔一〕道沖，而用之或不盈：道體爲虛而作用無窮，此處言及道的體用問題。「沖」，古字爲「盅」，訓虛。「沖」傅奕本作「盅」。說文：「盅，器虛也；老子曰：『道盅而用之。』」不盈：不滿，不窮。

嚴復說：「此章專形容道體，當翫『或』字與兩『似』字方爲得之。蓋道之爲物，本無從形容也。」（老子道德經評點）

陳榮捷說：「此章顯示道家思想裏面，『用』的重要性不下於『體』。在老子第十四、二十一章，對體有更詳細的敍述；此處以及第十一、四十五章，則可以看出對『用』同樣的注重。佛教某些宗派有毀棄現象的觀點，在此是看不見的。」（中國哲學文獻選編英文本第七章老子的自然之道）

〔二〕挫其銳，解其紛，和其光，同其塵：這四句疑是五十六章錯簡重出，因上句「淵兮似萬物之宗」

與下句「湛兮似或存」正相對文。這四句今譯從略。

譚獻曰：「五十六章亦有『挫其鋭』四句，疑羼誤。」（復堂日記）

馬敍倫：「『挫其鋭』四句，乃五十六章錯簡；而校者有增無删，遂復出也。」（老子校詁）

陳柱曰：「按馬説是也。『淵兮似萬物之宗』與『湛兮似或存』相接。若間以『挫其鋭』四句，文義頗爲牽强。」按：以上各説甚是。惟帛書甲、乙本均有此四句，其錯簡重出早在戰國時已形成。

〔三〕湛：沉、深，形容「道」的隱而未形。

吴澄説：「湛，澄寂之意。」

奚侗説：「道不可見，故云『湛』。説文：『湛，没也。』」（老子集解）

〔四〕象帝之先：道似在天帝之前，此言道乃先天地生（河上公注）。按：「象帝之先」的「象」可有兩種解釋，其一，可釋爲「命名」、稱呼。其二，「象」釋爲比擬、比喻。「先」猶上句「萬物之宗」的「宗」。

王安石説：「『象』者，有形之始也；『帝』者，生物之祖也。故繫辭曰：『見乃謂之象。』『帝出乎震。』其道乃在天地之先。」（王安石老子注輯本）

【今譯】

道體是虛空的，然而作用却不窮竭。淵深啊！它好像是萬物的宗主；幽隱啊！似亡而又實存。我不知道它是從哪裡產生的，但可稱它爲天帝的宗祖。

【引述】

道體是虛狀的。這虛體並不是一無所有的，它却含藏着無盡的創造因子。因而它的作用是不窮竭的。

這個虛狀的道體，是萬物的根源。在這裡，老子擊破了神造之說。

五章

天地不仁〔一〕，以萬物爲芻狗〔二〕；聖人不仁〔三〕，以百姓爲芻狗。

天地之間，其猶橐籥〔四〕乎！　虛而不屈〔五〕，動而愈出。

多言數窮〔六〕，不如守中〔七〕。

【注釋】

〔一〕天地不仁：天地無所偏愛。　卽意指天地只是個物理的、自然的存在，並不具有人類般的感情；萬物在天地間僅依循着自然的法則運行着，並不像有神論所想象的，以爲天地自然法則對某物有所愛顧（或對某物有所嫌棄），其實這只是人類感情的投射作用！

王弼注：「天地任自然，無爲無造，萬物自相治理，故不仁也。　仁者，必造立施化，有恩有爲。」

河上公注：「天施地化，不以仁恩，任自然也。」

蘇轍說：「天地無私，而聽萬物之自然。　故萬物自生自死，死非吾虐之，生非吾仁之也。」

（老子解）

吴澄説：「仁謂有心於愛之也。天地無心於愛物而任其自生自成。」（道德真經注）

高亨説：「不仁，只是無所親愛而已。」（老子正詁）

胡適説：「老子的『天地不仁』説，似乎含有天地不與人同性的意思。老子這一個觀念，打破古代天人同類的謬説，立下後來自然哲學的基礎。」（中國古代哲學史）

陳榮捷説：「『不仁』一辭大有爭議，它或許可被視爲老子反對儒家仁義思想的一種强烈展示。但事實上此處所描述的道家觀念是肯定面的，而非否定面的，它意指天地不偏不黨，公正無私，毫無人爲蓄意的仁愛之意，幾乎所有的注者都能理解，莊子發揮得尤爲精妙，像Blakney 等將之譯爲 unkind 的方式，可以説全然誤解道家的哲學。」（中國哲學資料選編）

福永光司説：「天地自然的理法（道）是没有人類所具的意志、感情，以及目的性的意圖與價值意識的一個非情之存在。……天地自然的理法，畢竟只是一個物理的、自然的存在而已。」

〔二〕芻狗：用草紮成的狗，作爲祭祀時使用。

蘇轍説：「結芻爲狗，設之於祭祀，盡飾以奉之，夫豈愛之，適時然也。既事而棄之，行者踐之，夫豈惡之，亦適然也。」

吴澄説：「芻狗，縛草爲狗之形，禱雨所用也。既禱則棄之，無復有顧惜之意。天地無心於愛物，而任其自生自成；聖人無心於愛民，而任其自作自息，故以芻狗爲喻。」

林希逸説：「芻狗之爲物，祭則用之，已祭則棄之。喻其不着意而相忘爾。……而説者以爲視民如草芥，則誤矣。」

錢鍾書説：「芻狗萬物，乃天地無心而不相關，非天地忍心而不憫惜。」（引自管錐編第二册，四一九頁）

〔三〕聖人不仁：聖人無所偏愛。即意指聖人取法於天地之純任自然。

河上公注：「聖人愛養萬民，不以仁恩，法天地，任自然。」

王弼説：「聖人與天地合其德。」

吴澄説：「聖人之心虚，而無所倚著。」按：「心虚」含有心無成見的意思。

〔四〕橐籥：風箱。

范應元説：「囊幾曰『橐』，竹管曰『籥』。冶煉之處，用籥以接囊橐之風氣，吹鑪中之火。」

吴澄説：「橐籥，冶鑄所用，嘘風熾火之器也。爲函以周罩於外者，『橐』也；爲轄以鼓扇於内者，『籥』也。天地間猶橐籥者，橐象太虚，包含周徧之體；籥象元氣，絪緼流行之用。」

馮達甫説：「以橐籥的功能，比喻自然的功能，自然是生生不息的。」（老子譯注）

〔五〕不屈：不竭。

嚴復説：「『屈』音掘，竭也。『虚而不屈』，虚而不可竭也。」

〔六〕多言數窮：政令煩苛，加速敗亡。「言」，意指聲教法令。「多言」，意指政令煩多。「數」，通

「速」。

蔣錫昌說：「『多言』爲『不言』之反，亦爲『無爲』之反，故『多言』卽有爲也。」（老子校詁）

吴澄說：「數，猶速也。」

馬敍倫說：「『數』，借爲『速』。禮記曾子問：『不知其已之遲數。』注：『「數」讀爲「速」。』莊子人間世篇：『以爲棺槨則速腐。』崔譔本『速』作『數』，並其證。」

〔七〕守中：持守中虛。道家重視「中」的思想，如莊子講「養中」，馬王堆帛書黃帝四經講「平衡」。

嚴復說：「夫『中』者何？道要而已。」

蔣錫昌說：「此『中』乃老子自謂其中正之道，卽『無爲』之道也。……『多言數窮，不如守中』，言人君『有爲』則速窮，不如守清靜之道之爲愈也。」

張默生說：「『不如守中』的『中』字，和儒家的說法不同：儒家的『中』字，是不走極端，要合乎『中庸』的道理；老子則不然，他說的『中』字，是有『中空』的意思，好比橐籥沒被人鼓動時的情狀，正是象徵着一個虛靜無爲的道體。」（老子章句新釋）

許抗生說：「吴澄說：『中謂橐之内籥所奏之處也。』卽指風箱中間。『守中』，這裏意卽保持住天地中虛靜的狀態。」（帛書老子注釋與研究）

按：郭店簡本僅節鈔本章中段（「天地之間，其猶橐籥歟？虛而不屈，動而愈出。」），文義與通行本同。

【今譯】

天地無所偏愛，任憑萬物自然生長；聖人無所偏愛，任憑百姓自己發展。

天地之間，豈不像個風箱嗎？ 空虛但不會窮竭，發動起來而生生不息。

政令煩苛反而加速敗亡，不如持守虛靜。

【引述】

本章分三段來說明：

一、「天地不仁」是說明天地順任自然，不偏所愛。 這句話是就天地的無私無爲來說。「以萬物爲芻狗」，便是天地無私的一種表現。

依老子看來，天地間的一切事物，只是依照自身的發展規律以及各物的内在原因而運動而成長。先前的人，總以爲日月星辰、山河大地都有一個主宰者駕臨於其上，並且把周遭的一切自然現象都視爲有生命的東西。 兒童期的人類，常以自己的影像去認識自然，去附會自然。 人類常以一己的願望投射出去，給自然界予以人格化，因而以爲自然界對人類有一種特别的關心、特别的愛意。 老子却反對這種擬人論（Anthropomorphism）的説法。 他認爲天地間的一切事物都依照自然的規律（「道」）運行發展，其間並没有人類所具有的好惡感情或目的性的意圖存在着。 在這裡老子擊破了主宰之説，更重要的，他强調了天地間萬物自然生長的狀況，並以這種狀況來說明理想的治者效法自然的規律（「人道」法「天道」的基本精神就在這裡），也是任憑百姓自我發展。這種自由論，企求消解外在的强制性與干預性，而使人的個別性、特殊性以及差異性獲得充分的發展。

二、天地之間是一個虛空的（Vacuous）狀態。雖然是「虛」狀的，而它的作用却是不窮竭的，這和第四章的說法一樣，這個「虛」含有無盡的創造的因子。所以說：「動而愈出」——天地運行，萬物便生生不息了。這個「動」（在虛空中的「動」）便成爲產生萬有的根源了。可見老子所說的「虛」，不是個消極的觀念，反是個積極的觀念。

三、「天地不仁」和天地虛空都是老子「無爲」思想的引申。天地「無爲」（順任自然），萬物反而能夠生化不竭。「無爲」的反面是强作妄爲，政令煩苛（「多言」），將導致敗亡的後果。這是老子對於擾民之政所提出的警告。

六章

谷神不死〔一〕，是謂玄牝〔二〕。玄牝之門，是謂天地根。緜緜若存〔三〕，用之不勤〔四〕。

【注釋】

〔一〕谷神不死：「谷」，形容虛空。「神」，形容不測的變化。「不死」，喻變化的不停竭。

朱熹說：「『谷』只是虛而能受，『神』謂無所不應。」（朱子語類第一百二十五卷）

嚴復說：「以其虛，故曰『谷』；以其因應無窮，故稱『神』；以其不屈愈出，故曰『不死』。」（老子道德經評點）

侯外廬說：「老子書中的『道』比孔、墨的天道觀的『道』是進步的；其所以是進步的，因爲『道』在孔、墨那裡是附有宗教性的，而『道』在老子書中是義理性的，有一定的自然規律性的。老子書中也出現『神』字，如『谷神不死』之類，後來朱子還把這一點腫脹起來，然而『神』在老子書中是泛神一類的概念，完全義理化了。」（中國思想通史第一卷二六六頁）

〔二〕玄牝：微妙的母性，指天地萬物總生產的地方（張松如老子校讀）。按這裏用以形容「道」的不可思議的生殖力。「牝」，卽是生殖，「道」（「谷神」）生殖天地萬物，整個創生的過程却沒有一絲形迹可尋，所以用「玄」來形容。「玄」，卽幽深不測的意思。

朱熹說：「『玄』，妙也；『牝』，是有所受而能生物者也。至妙之理，有生生之意焉。」

蘇轍說：「謂之『谷神』，言其德也。謂之『玄牝』，言其功也。牝生萬物，而謂之玄焉，言見其生而不見其所以生也。」（老子解）

車載說：「『谷神』，是『道』的寫狀；『不死』，就道的永恒性說。『谷神不死』，是指『常道』。牝，指能够生物的東西說；玄，就總的方面說，共同的方面說，統一的方面說。玄牝，是指一切事物總的産生的地方。」（論老子第五〇頁）

〔三〕緜緜若存：永續不絶。

蘇轍說：「緜緜，微而不絶。若存，存而不可見也。」

〔四〕不勤：不勞倦，不窮竭。

【今譯】

虛空的變化是永不停竭的，這就是微妙的母性。微妙的母性之門，是天地的根源。它連緜不絶地永存着，作用無窮無盡。

【引述】

本章用簡潔的文字描寫形而上的實存之「道」：一、用「谷」來象徵「道」體的「虛」狀。用「神」來比喻「道」生萬物的綿延不絕。二、「玄牝之門」、「天地根」，是說明「道」爲産生天地萬物的始源。三、「緜緜若存，用之不勤」，是形容「道」的功能，孕育萬物而生生不息。

七章

天長地久。天地所以能長且久者，以其不自生〔一〕，故能長生〔二〕。

是以聖人後其身而身先〔三〕；外其身而身存。非以其無私邪？故能成其私〔四〕。

【注釋】

〔一〕以其不自生：指天地的運作不爲自己。

成玄英疏：「不自營己之生也。」（道德經開題序訣義疏）

釋德清說：「以其不自私其生。」

〔二〕長生：長久。

景龍本、次解本、吴澄本、寇才質本、危大有本「長生」作「長久」。

〔三〕後其身而身先：把自己放在後面，反而能得到大家的愛戴。「後其身」，帛書乙本作「退其身」。

河上公說：「先人而後己者也，天下敬之先以爲長。」此卽相反相成的道理。（高明帛書老子校注）

釋德清説：「不私其身以先人，故人樂推而不厭。」

王淮説：「所謂『後其身』，卽是一種謙讓、退藏與收斂的精神。」

〔四〕成其私：成就他自己。

薛蕙説：「夫聖人之無私，初非有欲成其私之心也。然而私以之成，此自然之道耳。程子有云：『老子之言竊弄闔闢者也。』予嘗以其言爲然，迺今觀之，殆不然矣。如此章者，苟不深原其意，亦正如程子之所訶矣。然要其歸，迺在於無私。夫無私者，豈竊弄闔闢之謂哉！」（老子集解）

【今譯】

天地長久。天地所以能够長久，乃是因爲它們的一切運作都不爲自己，所以能够長久。

所以有道的人把自己退在後面，反而能贏得愛戴；把自己置於度外，反而能保全生命。不正是由於他不自私嗎？反而能成就自己。

【引述】

老子用天地的運作不爲自己來比喻聖人的行爲沒有貪私的心念。在其位的人，機會來得最方便，往往情不自禁地伸展一己的佔有欲。老子理想中的治者却能「後其身」「外其身」，不把自己的意欲擺在前頭，不以自己的利害作優先考慮。 這是一種了不起的謙退精神。

不把自己的意欲擺在前頭的人（「後其身」），自然能贏得大家的愛戴（「身先」）；不把自己的利害作優先考慮的人（「外其身」），自然能完成他的精神生命（「身存」）。 這種人，正是由於他處處爲別人着想，反而能够成就他的理想生活。

八章

上善若水〔一〕。水善利萬物而不爭，處衆人之所惡，故幾於道〔二〕。居善地，心善淵〔三〕，與善仁〔四〕，言善信，政善治〔五〕，事善能，動善時〔六〕。夫唯不爭，故無尤〔七〕。

【注釋】

〔一〕上善若水：「上善之人，如水之性。」（河上公注）

陳榮捷說：「水、牝與嬰兒，是老子用以象徵道之最著名者，此種象徵基本上是倫理的，而非形上學的。頗堪玩味的是，初期的印度人將水和創造聯結在一起；希臘人則視之爲自然的現象；古代中國的哲學家，不管老子或孔子，則寧可從中尋得道德的訓示。籠統說來，這些不同的進路，分別形成了印度、西方與東亞不同的文化特色。」

〔二〕幾於道：「幾」，近。

張松如說：「下面七句，都是水德的寫狀，又是實指上善之人，亦即通過水的形象來表現『聖人』乃是道的體現者。」

〔三〕淵：形容沉靜。

〔四〕與善仁：「與」，指和別人相交相接。

〔五〕政善治：爲政善於完成良好的治績。「政」，王弼本作「正」。「正」、「政」同。景龍本、傅奕本、蘇轍本、林希逸本、范應元本、吴澄本及衆多古本作「政善治」。

張松如說：「古書『政』、『正』本多通用。漢書陸賈傳：『夫秦失其正』，此『正』卽『政』之假字，此例甚多。五十八章『其政悶悶，其民淳淳；其政察察，其民缺缺。』帛書『政』均作『正』，老子書中亦『政』、『正』相通。」

以上各句，薛蕙曾有簡明的注釋，薛注說：「行己不爭，避高處下，『善地』也；藏心微妙，深不可測，『善淵』也；其施兼愛而無私，『善仁』也；其言有徵而不爽，『善信』也；治國則清靜自正，『善治』也。」

〔六〕動善時：行動善於把握時機。

蔣錫昌說：「莊子天下篇述老聃之學曰：『其動若水，其靜若鏡，其應若響。』司馬遷述道家之學曰：『與時遷徙，應物變化。』皆此所謂『動若時』也。其實老子之所謂『動若時』者，非聖人自己有何積極之動作而能隨時應變；乃聖人無爲無事，自己淵默不動，而一任人民之自作自息也。」

〔七〕尤：怨咎。

馬敍倫說：「『尤』爲『訧』省。說文曰：『「訧」，罪也。』」

【今譯】

上善的人好像水一樣。水善於滋潤萬物而不和萬物相爭，停留在大家所厭惡的地方，所以最接近於道。

居處善於選擇地方，心胸善於保持沉靜，待人善於真誠相愛，說話善於遵守信用，爲政善於精簡處理，處事善於發揮所長，行動善於掌握時機。

只因爲有不爭的美德，所以沒有怨咎。

【引述】

本章用水性來比喻上德者的人格。水最顯著的特性和作用是：一、柔。二、停留在卑下的地方。三、滋潤萬物而不與相爭。老子認爲最完善的人格也應具有這種心態與行爲：「處衆人之所惡。」別人不願去的地方，他願意去；別人不願意做的事，他願意做。他具有駱駝般的精神，堅忍負重，居卑忍辱。他能盡其所能地貢獻自己的力量去幫助別人，但不和別人爭功爭名爭利，這就是老子「善利萬物而不爭」的思想。

九章

持而盈之〔一〕，不如其已〔二〕；
揣而鋭之〔三〕，不可長保。
金玉滿堂，莫之能守；
富貴而驕，自遺其咎。
功遂〔四〕身退〔五〕，天之道也〔六〕。

【注釋】

〔一〕持而盈之：執持盈滿，含有自滿自驕的意思。

〔二〕已：止。

〔三〕揣而鋭之：捶擊使它尖鋭，含有顯露鋒芒的意思。

「鋭」王弼本作「棁」。河上公本和其他古本都作「鋭」。王弼注文：「鋭之令利。」可見王弼古本原作「鋭」。

〔四〕功遂：功業成就。

河上公本、傅奕本及多種古本「功遂」作「功成名遂」。易順鼎說：「文子上德篇、淮南道應訓、牟子引並作：『功成，名遂，身退。』」（讀老子札記）

〔五〕身退：指斂藏鋒芒。

王真說：「身退者，非謂必使其避位而去也，但欲其功成而不有之耳。」（道德經論兵要義述）

陳榮捷說：「人成功了就應該身退。雖然隱士時常借用道家的名義，但道家的生活方式却不是隱士式的。退隱的觀念卽使在儒家思想中，也不全然匱乏，孟子卽說孔子之道是『可以退則退』。」

〔六〕天之道也：指自然的規律。「也」字今本缺，據帛書本補。

成玄英疏：「天者，自然之謂也。」

【今譯】

執持盈滿，不如適時停止；
顯露鋒芒，銳勢難保長久。
金玉滿堂，無法守藏；
富貴而驕，自取禍患。

功業完成，含藏收斂，是合於自然的道理。

【引述】

一般人遇到名利當頭的時候，沒有不心醉，沒有不趨之若鶩的。老子在這裡說出了知進而不知退、善爭而不善讓的禍害，叫人要適可而止。

貪位慕祿的人，往往得寸進尺；恃才傲物的人，總是耀人眼目，這都應深自警惕的。富貴而驕，常常自取禍患，就像李斯，當他做秦朝宰相時，真是集富貴功名於一身，顯赫不可一世，然而終不免做階下囚。當他臨刑時，對他的兒子說：「吾欲與若復牽黃犬，出上蔡東門，逐狡兔，豈可得乎？」莊子最能道出貪慕功名富貴的後果，當楚國的國王要聘請他去做宰相的時候，他笑笑回答使者說：「千金重利，卿相尊位也。子獨不見郊祀之犧牛乎？養食之數歲，衣以文繡，以入太廟，當是之時，雖欲爲孤豚，豈可得乎？」從淮陰誅戮、蕭何繫獄的事件看來，我們可以瞭解老子警世之意是多麼的深遠！

本章在於寫「盈」。「盈」卽是滿溢、過度的意思。自滿自驕，都是「盈」的表現。持「盈」的結果，將不免於傾覆之患。所以老子諄諄告誡人不可「盈」，一個人在功成名就之後，如能「身退」不盈，才是長保之道。

「身退」並不是引身而去，更不是隱匿形迹。王真說得很對：「身退者，非謂必使其避位而去也，但欲其功成而不有之耳」。「身退」即是斂藏，不發露。老子要人在完成功業之後，不把持，不據有，不露鋒芒，不咄咄逼人。可見老子所說的「身退」，並不是要人做隱士，只是要人不膨脹自我。老子哲學，絲毫没有遁世思想。他僅僅告誡人們，在事情做好之後，不要貪慕成果，不要戻位其間，而要收斂意欲，含藏動力。

十章

載〔一〕營魄〔二〕抱一〔三〕，能無離乎？

專氣〔四〕致柔，能如嬰兒乎〔五〕？

滌除玄覽〔六〕，能無疵乎？

愛民治國，能無爲乎〔七〕？

天門〔八〕開闔〔九〕，能爲雌乎〔一〇〕？

明白四達，能無知乎〔一一〕？

〔生之畜之。生而不有，爲而不恃，長而不宰，是謂「玄德」〔一二〕。〕

【注釋】

〔一〕載：助語詞。

陸希聲：「載，猶夫也。發語之端也。」（道德真經傳）

張默生說：「如詩經中『載笑載言』的『載』字，和『夫』字的用法差不多。」

〔二〕營魄：魂魄。

河上公説：「營魄，魂魄也。」

范應元説：「營魄，魂魄也。内觀經曰：『動以營身之謂魂，静以鎮形之謂魄。』」

〔三〕抱一：合一。二十二章：「是以聖人抱一爲天下式」，「抱一」作「抱『道』」解。三十九章：「古之得一者」，「一」指「道」。本章的「抱一」，指魂和魄合而爲一。魂和魄合而爲一，亦即合於「道」了（這個「道」含有融和統一的意思）。

林希逸説：「抱者，合也。」

高亨説：「一謂身也。」（老子正詁）按：「身」包含魂和魄，即將精神和形軀合爲一體。

〔四〕專氣：集氣（Concentrate the vital force）。

高亨説：「管子内業篇：『摶氣如神，萬物備存。』尹注：『摶謂結聚也。』老子之『專氣』與管子之『摶氣』同。」

馮友蘭説：「『專氣』就是『摶氣』。這個氣包括後來所説的形氣和精氣。摶氣就是把形氣和精氣結聚在一起。『致柔』就是保持住人始生時候柔弱的狀態，像嬰兒那個樣子。這種思想在莊子庚桑楚裏面有比較更詳細的解釋，稱爲『衛生之經』。」（中國哲學史新編）

〔五〕能如嬰兒乎：謂能如嬰兒之精充氣和嗎。五十五章「精之至也」、「和之至也」是對嬰兒之精充氣和的描述，而此處是指通過「專氣致柔」的修養工夫方能達到彼境界，故云「如」。

俞樾説：「河上公及王弼本無『如』字，於文義未足。惟傅奕本有『如』字，與古本合。」（老

子平議),在諸子平議內)

嚴靈峯說:「王注云:『任自然之氣,致至柔之和,若嬰兒之無欲乎。』注以『若』釋『如』,疑王本亦當有『如』字。二十章云:『我獨泊兮其未兆,「如」嬰兒之未孩。』四十九章『聖人皆孩之』句,王注云:『皆使和而無欲,「如」嬰兒也。』以此例彼,亦當有『如』字。淮南子道應訓引老子曰:『專氣致柔,能如嬰兒乎?』蓋引古本,有『如』字文義始足。因據俞說傳及本補正。」

〔六〕玄覽:帛書乙本作「玄鑒」,喻心靈深處明澈如鏡。「玄」,形容人心的深邃靈妙。

高亨說:「『覽』讀爲『鑒』,『覽』『鑑』古通用。……玄鑒者,內心之光明,爲形而上之鏡,能照察事物,故謂之玄鑒。淮南子修務篇:『執玄鑒於心,照物明白。』太玄童:『修其玄鑒。』『玄鑒』之名,疑皆本於老子。莊子天道篇:『聖人之心,靜乎天地之鑒,萬物之鏡也。』亦以心譬鏡。」

高亨、池曦朝說:「『覽』字當讀爲『鑒』,『鑒』與『鑑』同,卽鏡子。……乙本作『監』,『監』字卽古『鑒』字。古人用盆裝上水,當作鏡子,以照面孔,稱它爲監,所以『監』字象人張目以臨水盆之上。後人不懂『監』字本義,改作『覽』字。」(試論馬王堆漢墓中的帛書老子,文物雜誌,一九七四年十一期)

張岱年說:「老子講『爲道』,於是創立一種直覺法,而主直冥會宇宙本根。『玄覽』卽一種直覺。」(中國哲學大綱)

馮友蘭說:「老子認爲,要認識『道』也要用『觀』。『常有欲以觀其眇,常無欲以觀其徼。』

（一章）這是對於『道』的『觀』。它認爲，這種觀需要另一種方法，它説：『滌除玄覽，能無疵乎？』（十章）『玄覽』即『覽玄』，『覽玄』即觀道。要觀道，就要先『滌除』。『滌除』就是把心中的一切欲望都去掉，這就是『日損』。『損之又損』以至於無爲，這就可以見道了。見道就是對於道的體驗，對於道的體驗就是一種最高的精神境界。」（中國哲學史新編）

〔七〕愛民治國，能無爲乎：「爲」王弼本作「知」。景龍碑、林希逸本、吴澄本、焦竑本均作「爲」。

俞樾説：「唐景龍碑作『愛民治國能無爲』，其義勝，當從之。『愛民治國能無爲』，即孔子『無爲而治』之旨。」

王安石説：「『愛民』者，以不愛愛之乃長；『治國』者，以不治治之乃長。惟其不愛而愛，不治而治，故曰『無爲』。」（容肇祖輯王安石老子注輯本）俞説與王注正合。

〔八〕天門：喻感官。「天門」一詞各家的注解不一，舉數例，如：一、河上公注：「天門謂鼻孔。」二、蘇轍説：「天門者，治亂廢興所從出也。」三、林希逸説：「天門，即天地間自然之理也。」四、范應元説：「天門者，以吾之心神出入而言也。」今譯從一，作感官解。

高亨説：「耳爲聲之門，目爲色之門，口爲飲食言語之門，鼻爲臭之門，而皆天所賦予，故謂之天門也。莊子天運篇：『其心以爲不然者，天門弗開矣。』天門亦同此義，言心以爲不然，則耳目口鼻不爲用（莊子庚桑楚：『入出而無見其形，是謂天門。天門者，「無」「有」也，萬物出乎「無」「有」。』與此異義）。」

〔九〕開闔：即動靜。

〔一〇〕能爲雌乎：「爲雌」即守靜的意思。

「爲雌」今本誤植爲「無雌」。景龍本、傅奕本及其他古本都作「爲雌」。「無雌」是誤寫，義不可通。帛書乙本正作「爲雌」，當據帛書及傅本改正。

俞樾：「『天門開闔能無雌』，義不可通。蓋涉上下文諸句而誤。王弼注云：『言天門開闔，能爲雌乎，則物自賓而處自安矣。』是王弼本正作『能爲雌』也。河上公注云：『治身當如雌牝，安靜柔弱。』是亦不作『無雌』。故知『無』字乃傳寫之誤，當據景龍本訂正。」

〔一一〕明白四達，能無知乎：「知」王弼本作「爲」。河上公本及多種古本作「知」，據河上本改。

俞樾說：「唐景龍碑作『明白四達能無知。』其義勝，當從之。」

〔一二〕生之畜之。生而不有，爲而不恃，長而不宰，是謂「玄德」：帛書乙本作：「生之畜之，生而弗有，長而弗宰，是胃(謂)玄德」。這幾句重見於五十一章，疑爲五十一章錯簡重出。

馬敍倫說：「自『生之畜之』以下，與上文義不相應。……皆五十一章之文。」(老子校詁)

嚴復說：「夫黃老之道，民主之國之所用也。故能『長而不宰』，『無爲而無不爲』。君主之國，未有能用黃老者也。漢之黃老，貌襲而取之耳。君主之利器，其惟儒術乎，而申韓有救敗之用。」(老子道德經評點)

【今譯】

精神和形體合一，能不分離嗎？
結聚精氣以致柔順，能像嬰兒的狀態嗎？
洗清雜念而深入觀照，能沒有瑕疵嗎？
愛民治國，能自然無爲嗎？
感官和外界接觸，能守靜嗎？
通曉四方，能不用心機嗎？
〔生長萬物，養育萬物。生長而不佔有，畜養而不依恃，導引而不主宰，這就是最深的「德」。〕

【引述】

這一章着重在講修身的工夫。

「載營魄抱一，能無離乎？」這是說一個健全的生活必須是形體和精神合一而不偏離。「抱一」卽是抱「道」，能抱「道」，卽是使肉體生活與精神生活可臻至於和諧的狀況。

「專氣致柔」是集氣到最柔和的境地。「氣柔」是心境極其靜定的一種狀態。

「滌除玄覽」卽是洗清雜念，摒除妄見，而返自觀照內心的本明。

老子所講的這些修身工夫，和瑜珈術不同。瑜珈的目的在超脱自我和外在的環境。老子重在修身，修身之後乃推其餘緒而愛民治國。

此外，本章的排序或有錯亂。按照老子「修之於身」、「修之於天下」的文例推測，可試將其文序調整如下：

載營魄抱一，能無離乎？
滌除玄覽，能無疵乎？
專氣致柔，能如嬰兒乎？
天門開闔，能爲雌乎？
明白四達，能無知乎？
愛民治國，能無爲乎？

「無離」、「無疵」文法辭例一致；「營」、「魄」分別説形、神，「滌除」、「玄覽」亦分別説形、神的高境界修煉。「如嬰兒」與「爲雌」同一辭例，也是相近的比喻。「兒」説其「和」，「雌」説其「守」，這是老子修身的兩種形式而同一指向的最高境界。二十八章「知雄守雌爲天下溪，爲天下溪常德不離復歸於嬰兒」，也是「嬰兒」與「雌」共舉。

「無知」、「無爲」也是一樣的辭例。「明白四達」却若「無知」是「營魄抱一」、「滌除玄覽」、「專氣致柔」、「天門開闔」等修養的終極結果；而「修之於身」的「餘德」之自然流衍，便是以「無爲」去「愛民治國」的「修之於天下」。

十一章

三十輻〔一〕，共一轂〔二〕，當其無，有車之用〔三〕。

埏埴〔四〕以爲器，當其無，有器之用。

鑿户牖〔五〕以爲室，當其無，有室之用。

故有之以爲利，無之以爲用〔六〕。

【注釋】

〔一〕輻：車輪中連接軸心和輪圈的木條。古時候的車輪由三十根輻條所構成，這個數目是取法於月數（每月三十日）。

〔二〕轂：車輪中心的圓孔，卽插軸的地方。

〔三〕當其無，有車之用：有了車轂中空的地方，才有車的作用。「無」指轂的中空之處。

〔四〕埏埴：埏，和。埴，土（河下公注）；卽和陶土做成飲食的器皿。

馬叙倫說：「說文無『埏』字，當依王本作『挻』，而借爲『搏』，……說文曰：『搏，以手圜之也。』於義較當。風俗通曰：『俗說，天地初開闢，未有人民，女媧搏土爲人。』『搏土』與『搏埴』同。」

〔五〕户牖：門窗。

〔六〕有之以爲利，無之以爲用：「有」給人便利，「無」發揮了它的作用。依王弼的注是：「有」所帶給人的便利，只當它和「無」相配合時才顯示出它的用處來（「有之所以爲利，皆賴無以爲用也」）。

王安石說：「『無』之所以爲天下用者，以有禮、樂、刑、政也。如其廢轂輻於車，廢禮、樂、刑、政於天下，而求其『無』之爲用也，則亦近於愚也。」按這裡王安石是對「無之爲用」而忽略「有之爲利」的情況之批判。

張松如說：「老子借器物的『有』和『無』來說明其『利』和『用』。有與無相互發生，利和用相互顯著。」

馮友蘭說：「老子所說的『道』，是『有』與『無』的統一。因此它雖然是以『無』爲主，但是也不輕視『有』。它實在也很重視『有』，不過不把它放在第一位就是了。老子第二章說：『有無相生。』第十一章說：『三十輻，共一轂，當其無，有車之用。埏埴以爲器，當其無，有器之用。鑿户牖以爲室，當其無，有室之用。故有之以爲利，無之以爲用。』這一段話很巧妙地說明『有』和『無』的辯證關係。一個碗或茶盃中間是空的，可正是那個空的部分起了碗或茶盃的作用。房子裏面是空的，可正是因爲是空的，所以才起了房子的作用，如果是實的，人怎麽住進去呢？老子作出結論說：『有之以爲利，無之以爲用。』它把『無』作爲主要的對立面。」（引自老子哲學討論集第一一七頁）

【今譯】

三十根輻條匯集到一個轂當中，有了車轂中空的地方，才有車的作用。
揉合陶土做成器具，有了器皿中空的地方，才有器皿的作用。
開鑿門窗建造房屋，有了門窗四壁中空的地方，才有房屋的作用。
所以「有」給人便利，「無」發揮了它的作用。

【引述】

一般人只注意實有的作用，而忽略空虛的作用。老子舉例說明：一、「有」和「無」是相互依存，相互爲用的。二、無形的東西能產生很大的作用，只是不容易爲一般人所覺察。老子特別把這「無」的作用彰顯出來。

老子舉了三個例子：車的作用在於運貨載人，器皿的作用在於盛物，室的作用在於居住。這是車、器、室給人的便利，所以說：「有之以爲利。」然而，如果車子沒有轂錧中空的地方可以轉軸，就無法行駛；器皿如果沒有中間空虛的地方可以容量，就無法盛物；室屋如果沒有四壁門窗中空的地方可以出入通明，就無法居住。可見得中空的地方所發揮的作用了，所以說：「無之以爲用。」

本章所說的「有」「無」是就現象界而言的，第一章上所說的「有」「無」是就超現象界、本體界而言，這是兩個不同的層次。它們符號型式雖然相同，而意義内容却不一。「有」「無」是老子專設的名詞，用來指稱形而上的「道」向下落實而產生天地萬物時的一個活動過程。這裏所説的「有」就是指實物，老子説明實物只有當它和「無」（中空的地方）配合時才能產生用處。老子的目的，不僅在於引導人的注意力不再拘着於現實中所見的具體形象，更在於説明事物在對待關係中相互補充、相互發揮。

十二章

五色〔一〕令人目盲〔二〕；五音〔三〕令人耳聾〔四〕；五味〔五〕令人口爽〔六〕；馳騁〔七〕畋〔八〕獵，令人心發狂〔九〕；難得之貨，令人行妨〔一〇〕。

是以聖人爲腹不爲目〔一一〕，故去彼取此〔一二〕。

【注釋】

〔一〕五色：指青、赤、黄、白、黑。

〔二〕目盲：喻眼花撩亂。

〔三〕五音：指角、徵、宫、商、羽。

〔四〕耳聾：喻聽覺不靈。

〔五〕五味：指酸、苦、甘、辛、鹹。

〔六〕口爽：口病。「爽」，引申爲傷，亡，喻味覺差失。

王弼注：「爽，差失也。」

奚侗説：「廣雅釋詁三：『爽，敗也。』楚辭招魂：『厲而不爽些』，王注：『楚人名羹敗曰爽。』

古嘗以『爽』爲口病專名。如淮南子精神訓：『五味亂口，使口爽傷。』

〔七〕馳騁：縱横奔走，喻縱情。

〔八〕畋：獵取禽獸。

〔九〕心發狂：心放蕩而不可制止。

高亨說：「『發』字疑衍。『心狂』二字，其意已足。此文『令人目盲，令人耳聾，令人口爽，令人心狂，令人行妨。』句法一律，增一『發』字，則失其句矣。盲爲目疾，聾爲耳疾，狂爲心疾，故古書往往並言。」高說供參考。

〔一〇〕行妨：傷害操行。「妨」，害，傷。

〔一一〕爲腹不爲目：只求安飽，不求縱情於聲色之娛。按：「腹」，內；「目」，外。「腹」謂身，「目」謂物。「爲腹」，卽「實其腹」、「强其骨」；「不爲目」，卽「虛其心」、「弱其志」。楊朱的「重生」卽此「爲腹」；楊朱的「外物」，卽此「不爲目」。

蔣錫昌說：「老子以『腹』代表一種簡單淸靜之生活；以『目』代表一種巧僞多欲，其結果竟至『目盲……耳聾……口爽……發狂……行妨』之生活。明乎此，則『爲腹』卽爲無欲之生活，『不爲目』卽不爲多欲之生活。」

嚴靈峯說：「腹易厭足，目好無窮。此舉『目』爲例，以概其餘：耳、口、心、身四者。言只求果腹，無令目盲、耳聾、口爽、行妨。」

林語堂英譯注說：「腹」指内在自我（the inner self），「目」指外在自我或感覺世界（見*The Wisdom of Laotse*, p. 90）。

〔三〕去彼取此：摒棄物欲的誘惑，而持守安足的生活。「彼」，指「爲目」的生活；「此」，指「爲腹」的生活。

【今譯】

繽紛的色彩使人眼花撩亂；紛雜的音調使人聽覺不敏；飲食饜飫會使人舌不知味；縱情狩獵使人心放蕩；稀有貨品使人行爲不軌。因此聖人但求安飽而不逐聲色之娱，所以摒棄物欲的誘惑而保持安足的生活。

【引述】

在這裡老子指出物欲文明生活的弊害。他目擊上層階級的生活形態：尋求官能的刺激，流逸奔競，淫佚放蕩，使心靈激擾不安。因而他認爲正常的生活是爲「腹」不爲「目」，務内而不逐外。俗語說：「羅綺千箱，不過一暖；食前方丈，不過一飽。」物欲的生活，但求安飽，不求縱情於聲色之娱。

爲「腹」，卽求建立内在寧靜恬淡的生活；爲「目」，卽追逐外在貪欲的生活。一個人越是投入外在化的漩渦裏，則越是流連忘返，使自己產生自我疏離，而心靈日愈空虛。因而老子喚醒人要摒棄外界物欲生活的誘惑，而持守內心的安足，確保固有的天真。

今日都市文明的生活，芸芸衆生，只求動物性的滿足與發洩，靈性的斲傷到了駭人的地步。我們可以普遍地看到人心狂蕩的情景，讀了老子的描述，令人感慨係之！

十三章

寵辱若驚〔一〕，貴大患若身〔二〕。

何謂寵辱若驚？　寵爲下〔三〕，得之若驚，失之若驚，是謂寵辱若驚。

何謂貴大患若身？　吾所以有大患者，爲吾有身，及吾無身，吾有何患〔四〕？

故貴以身爲天下，若可寄天下；愛以身爲天下，若可託天下〔五〕。

【注釋】

〔一〕寵辱若驚：得寵和受辱都使人驚慌。

河上公說：「身寵亦驚，身辱亦驚。」

王弼說：「寵必有辱，榮必有患，寵辱等，榮患同也。」

〔二〕貴大患若身：重視身體一如重視大患。按：此句本是「貴身若大患」，因「身」與上句「驚」，真耕協韻，故倒其文。

（老子億）王純甫說：「貴大患若身，當云：貴身若大患。倒而言之，文之奇也，古語多類如此者。」

〔三〕寵爲下：得寵是不光榮的。「下」卽卑下的意思。

釋德清說：「世人皆以寵爲榮，却不知寵乃是辱。」又說：「寵爲下，謂寵乃下賤之事也。譬如僻倖之人，君愛之以爲寵，雖卮酒臠肉必賜之。非此，不見其爲寵，彼無寵者，則傲然而立。以此較之，雖寵實乃辱之甚也，豈非下耶！故曰寵爲下。」

河上公本作「辱爲下」。景福碑、陳景元本、李道純本作「寵爲上，辱爲下」。

〔四〕吾所以有大患者，爲吾有身，及吾無身，吾有何患：這是說大患是來自身體，所以防大患，應先貴身。按老子說這話是含有警惕的意思，並不是要人棄身或忘身。老子從來没有輕身、棄身或忘身的思想，相反的，他却要人貴身。

司馬温公說：「有身斯有患也，然則，既有此身，則當貴之，愛之，循自然之理，以應事物，不縱情欲，俾之無患可也。」

范應元說：「輕身而不修身，則自取危亡也。是以君子安而不忘危，存而不忘亡，故終身無患也。」

張舜徽說：「『吾』，人君自謂也。此言人君所以惟大禍患爲憂者，由於自私其身，貪權位而恐失之耳。假若人君能不自私其身，復何禍患之足憂乎？『及』猶若也，見經傳釋詞。」

〔五〕貴以身爲天下，若可寄天下；愛以身爲天下，若可託天下：以貴身的態度去爲天下，才可以把天下寄付給他；以愛身的態度去爲天下，才可以把天下託交給他。

范應元說：「貴以身爲天下者，不輕身以徇物也；愛以身爲天下者，不危身以掇患也。先不輕身以徇物，則可以付天下於自然，而各安其安；能不危身以掇患，然後可以寓天下，而無患矣。」

福永光司說：「本章謂真正能够珍重一己之身，愛惜一己生命的人，才能珍重他人的生命，愛重別人的人生。並且，也只有這樣的人，才可以放心地將天下的政治委任他。」

【今譯】

得寵和受辱都感到驚慌失措，重視身體好像重視大患一樣。

什麼叫做得寵和受辱都感到驚慌失措？得寵仍是下等的，得到恩惠感到心驚不安，失去恩惠也覺驚恐慌亂，這就叫做得寵和受辱都感到驚慌失措。

什麼叫做重視身體像重視大患一樣？我所以有大患，乃是因爲我有這個身體，如果沒有這個身體，我會有什麼大患呢？

所以能够以貴身的態度去爲天下，才可以把天下寄託給他；以愛身的態度去爲天下，才可以把天下委託給他。

【引述】

這一章老子强調「貴身」思想。老子認爲一個理想的治者，首要在於「貴身」，不胡作妄爲，這樣，大家才放心把天下的重責委任給他。

上一章說到「聖人」爲「腹」不爲「目」，但求建立恬靜安足的生活，而不求聲色貨利的縱欲生活。這一章說到「爲腹不爲目」的「聖人」，能够「不以寵辱榮患損易其身」（王弼語），才可以擔負天下的重任。

老子開頭說：「寵辱若驚。」在他看來，「寵」和「辱」對於人的尊嚴之挫傷，並没有兩樣。受辱固然損傷了自尊，得寵何嘗不是被剥落了人格的獨立完整。得寵者的心理，總是感覺到這是一份意外的殊榮，既經賜與，就戰戰兢兢地惟恐失去，於是在賜與者的面前誠惶誠恐，曲意逢迎，因而自我的人格尊嚴無形地萎縮下去。若是一個未經受寵的人，那末他在任何人的面前都可傲然而立，保持自己的人格之獨立完整。所以說：得寵也是卑下的，並不光榮的（「寵爲下」）。

一般人對於身外的寵辱毁譽，莫不過分地重視，就像如臨大患一樣。甚至於許多人重視身外的寵辱毁譽遠超過了自己的生命。因此老子唤醒人家要貴身，他要人貴身像關注大患一樣。「貴身」的觀念，可見於四十四章。一般人亟亟於身外的名利，而不顧惜自身，所以老子感慨地發問：「名與身孰親？身與貨孰多？」貴身的反面是輕身，二十六章中，老子責問輕身（作賤自己性命）的君主：「奈何萬乘之主而以身輕天下？」

這一章頗遭曲解。前人多解釋爲「身」是一切煩惱大患的根源，所以要忘身。一個「貴身」的思想却被誤解爲「忘身」。造成這種曲解多半是受了佛學的影響，他們用佛學的觀點去附會老子。肉體和精神這兩個部分是構成人之所以爲人的充分而且必要的條件，也卽是構成人的生命的充分而且必要的條件。有些人把「身」視爲「肉體」的同義字，再加上道學觀念和宗教思想的影響，認爲肉體是可卑的，遂有「忘身」的説法。

其次，老子所説的：「何謂貴大患若身？吾所以有大患者，爲吾有身，及吾無身，吾有何患！」這一問一答，老子的答詞是陳述的語句，並不是價值判斷的語句，而答詞的重點應是落在「身」字。老子只在於説「身」是一切的根源，大患的淵源也來自於「身」。從上下文看來，老子很明白地表示：如果「貴身」，自然可減除許多外患（外患的由來都在於「爲目」——縱情縱欲的貪求）；如果「貴身」，自然會漠視外在的寵辱毀譽。這樣的人，才能擔當大任。

十四章

視之不見，名曰「夷」；聽之不聞，名曰「希」；搏之不得，名曰「微」〔一〕。此三者不可致詰〔二〕，故混而爲一。其上不皦〔三〕，其下不昧〔四〕，繩繩兮〔五〕不可名，復歸於無物〔六〕。是謂無狀之狀，無物之象，是謂惚恍〔七〕。迎之不見其首；隨之不見其後。執古之道，以御今之有〔八〕。能知古始〔九〕，是謂道紀〔一〇〕。

【注釋】

〔一〕「夷」、「希」、「微」：這三個名詞都是用來形容感官所不能把捉的「道」。

河上公注：「無色曰夷，無聲曰希，無形曰微。」

陳榮捷說：「『微』是道的重要角色，其重要性超過『顯』。相反地，儒家却强調顯，他們認爲：莫顯乎微，能認識自微之顯的人，『可與入德』。佛教徒和新儒家最後將它們綜合起來，説道『顯微無間』（程頤易傳序）。」

〔二〕致詰：究詰，追究。

釋德清說：「致詰，猶言思議。」

〔三〕皦：光明。

敦煌本、强思齊本「皦」作「皎」。「皦」「皎」二字可通用。説文：「皦，玉石之白。皎，月之白。」

〔四〕昧：陰暗。

〔五〕繩繩兮：形容紛芸不絕。王弼本無「兮」字，據景龍碑、傅奕本及多種古本補。

〔六〕復歸於無物：這和十六章「復歸其根」的意思相同。「復歸」，卽還原。「無物」不是一無所有，它是指不具任何形象的實存體。「無」是相對於我們的感官來説的，任何感官都不能知覺它（「道」），所以用個「無」字加以形容它的不可見。

〔七〕惚恍：若有若無，閃爍不定。

〔八〕有：指具體的事物。這裡的「有」字，不是老子的專有名詞，所以和一章的「有」不同。

〔九〕古始：宇宙的原始或「道」的端始。

〔一〇〕道紀：「道」的綱紀，卽「道」的規律。

【今譯】

看它看不見，名叫「夷」；聽它聽不到，名叫「希」；摸它摸不着，名叫「微」。這三者的形象無從究詰，它是渾淪一體的。它上面不顯得光亮，它下面也不顯得陰暗，它綿綿不絕而不可名狀，一切的運動都會還回到不見物體的狀態。這是没有形狀的形狀，不見物體的形象，叫它做「惚恍」。迎着它，看不見它的前頭；隨着它，却看不見它的後面。

把握着早已存在的道，來駕馭現在的具體事物。能够瞭解宇宙的原始，叫做道的規律。

【引述】

本章是描述道體的。

形而上的實存之道，和現實界的任何經驗事物不同，它不是一個有具體形象的東西。它既没有形體，當然也没有顏色，没有聲音。因此老子說：「視之不見」、「聽之不聞」、「搏之不得」，又說：「迎之不見其首」、「隨之不見其後」。這些都是形容道爲我們感官所無從認識的，它超越了人類一切感覺知覺的作用。難怪老子會說它不可思議（「不可致詰」）。

這個道，由於没有明確的形體，所以無法加以名狀。這個超乎聲色名相的道，並非空無所有。老子所說的「無物」，並不是指空無所有，而是指道不是普通意義的物。普通意義的物，是有形體可見的東西，道是「没有形體」可見的東西。

道是個超驗的存在體，老子用了一種特殊的方法去描述它。他將經驗世界的許多概念用上，然後一一否定它們的適當性，並將經驗世界的種種界限都加以突破，由此反顯出道的深微詭秘之存在。

十五章

古之善爲士者〔一〕，微妙玄通〔二〕，深不可識。夫唯不可識，故强爲之容：

豫兮若冬涉川〔三〕；

猶兮若畏四鄰〔四〕；

儼兮其若客〔五〕；

渙兮其若釋〔六〕；

敦兮其若樸；

曠兮其若谷；

混兮其若濁；

孰能濁以靜之徐清，孰能安以動之徐生〔七〕。

保此道者，不欲盈〔八〕。夫唯不盈，故能蔽而新成〔九〕。

【注釋】

〔一〕善爲士者：王弼本「士」，帛書乙本作「道」，同傅奕本，驗之郭店簡本（甲組），正作「士」，此證

「士」字更近古義。

〔二〕玄通：郭店簡本及帛書乙本作「玄達」。

〔三〕豫兮若冬涉川：「豫兮」，遲疑慎重之意。「若冬涉川」，形容小心翼翼，如履薄冰。

高亨説：「涉大川爲古人習用語，……涉大川者心必戒懼，行必徐遲，故曰『豫兮』。詩小旻：『戰戰兢兢，如臨深淵，如履薄冰。』若涉大川與如臨深淵同意。」

〔四〕猶兮若畏四鄰：「猶」，簡本及帛書乙本作「猷」。「猶兮」，形容警覺、戒惕的樣子。「若畏四鄰」，形容不敢妄動。

范應元説：「猶，獿屬，後事而疑，此形容善爲士者，謹於終而常不放肆。」

〔五〕儼兮其若客：「儼兮」，形容端謹莊嚴。「客」，王本作「容」。「容」字與「客」字形近而誤。河上本、景龍本、傅奕本作「客」，簡本及帛書本正同，據改正。

〔六〕渙兮其若釋：王弼本作「渙兮若冰之將釋」，帛書本作「渙呵其若凌澤」。「凌」、「冰」同義。簡本此句釋文作「渙兮其若釋」，無「冰」字，上下句句式一律，以簡本爲優，據改。

劉信芳説：「『如客』言其矜莊，『如釋』言其灑脱，『如樸』言其質素，『如濁』言其隨和（不清高）」（荆門郭店竹簡老子解詁）。

〔七〕孰能濁以靜之徐清，孰能安以動之徐生：誰能在動盪中安靜下來而慢慢地澄清，誰能在安定中變動起來而慢慢地趨進。

按：帛書甲、乙本並無「孰能」兩字。王弼本與簡本近同，簡本楚文字釋成今文爲：「孰能濁以靜者，將舍清；孰能安以動者，將舍生。」「舍」、「徐」音近通假（郭店楚墓竹簡整理者彭浩注釋）。王弼本「安以」下衍一「久」字。

〔八〕不欲盈：郭店簡本作「不欲尚呈」。「呈」，呈現、顯露之意。

〔九〕蔽而新成：去故更新的意思。

「而」王弼本原作「不」，「而」「不」篆文形近，誤衍。若作「不」講，則相反而失義。今據易順鼎之說改正。

易順鼎說：「疑當作『故能蔽而新成』。『蔽』者，『敝』之借字；『不』者，『而』之誤字也。『敝』與『新』對。『能敝而新成』者，即二十二章所云『敝則新』。」

高亨說：「易說是也。篆文『不』作[illegible]，『而』作[illegible]，形近故訛。墨子兼愛下：『不鼓而退也。』『而』乃『不』字之訛，可以互證。」

【今譯】

古時善於行道之士，精妙通達，深刻而難以認識。正因爲難以認識，所以勉强來形容他：

小心審慎啊，像冬天涉足江河；

警覺戒惕啊，像提防四周的圍攻；

拘謹嚴肅啊，像作賓客；
融和可親啊，像冰柱消融；
淳厚樸質啊，像未經雕琢的素材；
空豁開廣啊，像深山的幽谷；
渾樸純厚啊，像濁水一樣；
誰能在動盪中安靜下來而慢慢的澄清？誰能在安定中變動起來而慢慢的趨進？
保持這些道理的人，不肯自滿。只因他不自滿，所以能去故更新。

【引述】

本章是對體道之士的描寫。

道是精妙深玄，恍惚不可捉摸。體道之士，也靜密幽沉，難以測識。世俗的人，形氣穢濁，利欲熏心。莊子說：「嗜欲深者天機淺。」這班人，一眼就可以看到底。體道之士，則微妙深奧，所以說：「深不可識。」

老子對於體道之士的風貌和人格形態試圖作一番描述（「强爲之容」）：從「豫兮，若冬涉川」，到「混兮其若濁」這七句，寫出了體道者的容態和心境：慎重、戒惕、威儀、融和、敦厚、空豁、渾樸、恬靜、飄逸等人格修養的精神面貌。

「孰能濁以靜之徐清，孰能安以動之徐生」，這是説體道之士的靜定工夫和精神活動的狀況。「濁」和「清」對立，「安」（靜）和「生」（動）對立，一是説明動極而靜的生命活動過程，一是説明靜極而動的生命活動過程。「濁」是動盪的狀態，體道之士在動盪的狀態中，透過「靜」的工夫，恬退自養，靜定持心，轉入清明的境界，這是説明動極而靜的生命活動過程。在長久沉靜安定（「安」）之中，體道之士，又能生動起來，趨於創造的活動（「生」），這是説明靜極而動的生命活動過程。

老子在這裡對於體道之士的描寫，很自然地使我們聯想起莊子在大宗師對於「真人」的描寫。把他們心中的理想人物作一個比較，老子所描繪的人格形態，較側重於凝靜敦樸、謹嚴審慎的一面，莊子所描繪的人格形態，較側重於高邁凌越、舒暢自適的一面。莊子那種超俗不羈，「獨與天地精神往來」的人格型態是獨創一格的。在他筆下所構畫的那胸次悠然、氣象恢宏的真人，和老子所描繪的體道之士比較起來，顯得很大的不同。老子的描寫，素樸簡直，他的素材，都是日常生活和自然風物的直接表現；莊子則運用浪漫主義的筆法，甚至於發揮文學式的幻想，將一種特出而又突出的人格精神提昇出來。

十六章

致虛極，守靜篤〔一〕。

萬物並作〔二〕，吾以觀復〔三〕。

夫物芸芸，各復歸其根〔四〕。歸根〔五〕曰靜，靜曰〔六〕復命〔七〕。復命曰常〔八〕，知常曰明〔九〕。不知常，妄作凶。

知常容〔一〇〕，容乃公，公乃全〔一一〕，全乃天〔一二〕，天乃道，道乃久，沒身不殆。

【注釋】

〔一〕致虛極，守靜篤：形容心境原本是空明寧靜的狀態，只因私欲的活動與外界的擾動，而使得心靈蔽塞不安，所以必須時時做「致虛」「守靜」的工夫，以恢復心靈的清明。「虛」，形容心靈空明的境況，喻不帶成見。「致」，推致。「極」和「篤」意思相同，指極度、頂點。

范應元說：「致虛、守靜，非謂絕物離人也。萬物無足以撓吾本心者，此真所謂虛極、靜篤也。」

馮友蘭說：「老子所講的『爲學』的方法，主要的是『觀』。它說：『致虛極，守靜篤。萬物並作，吾以觀復。』『觀』要照事物的本來面貌，不要受情感欲望的影響，所以說：『致虛極，守靜篤』。這就是說，必需保持內心的安靜，才能認識事物的真相。」

按：今本「致虛極，守靜篤」，郭店簡本作「至虛，恒也；守中，篤也」。簡文「守中」與「致虛」對舉，「中」、「虛」皆指和諧心境而言（請參見拙文從郭店簡本看老子尚仁及守中思想，刊在道家文化研究）。

〔二〕作：生成活動。

吴澄說：「作，動也。植物之生長，動物之知覺，皆動也。」

〔三〕復：返，往復循環。

吴澄說：「復，反還也。物生，由靜而動，故反還其初之靜爲復；植物之生氣下藏，動物之定心內寂也。」

張岱年說：「宇宙是動的，一切都在變化之中，但變化的規律爲何？既承認變中有常，此變中之常爲何？中國哲人所講，變化的規律（卽『常』），便是反復。認爲一切都是依循反復的規律而變化。何謂反復？就是：事物在一方向上演變，達到極度，無可再進，則必一變而爲其反面，如是不已。事物由無有而發生，既發生乃漸充盈，進展以至於極盛，乃衰萎墮退而終於消亡；而終則有始，又有新事物發生。凡事物由成長而剥落，謂之反；而剥落之極，終而又始，則謂之復。反卽是否定。復亦卽反之反，或否定之否定。（但西洋哲學中所謂否定之否定，有正反之綜合之意；中國哲學所謂復，則主要是更新再始之義，無綜合意思，故與西洋哲學中所謂否定之否定不盡同。）一反一復，是事物變化之規律。」

〔四〕夫物芸芸，各復歸其根：「芸芸」，常用來形容草木的繁盛。

按：此句郭店簡本作：「天道員員，各復其堇（根）。」簡文「天道員員」，言天道環周。茲舉數說以供參考。

趙建偉說：「『天道』，帛本作『天物』，今本作『夫物』，莊子（在宥篇）、文子（上禮篇）作『萬物』。疑作『天道』。『員』同『運』（墨子非命上『譬猶運鈞之上而立朝夕者也』，非命中『運』作『員』），『員員』蓋卽運而不已之義。此言天道環周。」（郭店竹簡老子校釋，刊在道家文化研究第十七輯，下引同）

劉信芳說：「『天道員員』卽『天道圓圓』，是老子已經認識到事物發展的週期性循環規律。」（荊門郭店竹簡老子解詁）

魏啓鵬說：「『員』，古『圓』字。淮南子天文訓：『天道曰員，地道曰方。』同書原道訓：『員者常轉……自然之勢也。』『員員』：言其圓轉不已，周而復始，此卽天道環周之旨。」（楚簡老子柬釋）

丁原植說：「『員』字，疑與『運』字相通。墨子非命中：『若言而無義，譬猶立朝夕於員鈞之上也。』孫詒讓墨子閒詁：『員，上篇作「運」，聲義相近。』因此，『員員』或可解爲『循環的周轉』，

即『環周』。『天道』二字不誤，意指『天道的環周運作』。」（郭店竹簡老子釋析與研究，第一五四頁）

〔五〕歸根：回歸本原。

范應元說：「歸根者，反本心之虛靜也。」

〔六〕靜曰：王弼本及河上公本作「是謂」，據景龍碑、敦煌本、傅奕本及諸古本改，以與上下文例合。

奚侗說：「『靜曰』各本作『是謂』，與上下文例不合。」（老子集解）

蔣錫昌說：「諸本作『靜曰』，是也。二十五章『強爲之曰大，大曰逝，逝曰遠，遠曰反』，與此文『歸根曰靜，靜曰復命，復命曰常，知常曰明』之詞例一律；亦可證『是謂』係『靜曰』之誤也。」

〔七〕復命：復歸本原。

釋德清說：「命，人之自性。」

嚴靈峯說：「復其性命之本真，故曰：復命。」

蘇轍說：「命者，性之妙也。性猶可言，至於命，則不可言矣。」按：范應元曾對蘇轍的觀點加以質疑，他批評說：「讀老氏此經，惟言心，未嘗言性，而子由注此經，屢言性，何也？」老子「復命」的觀念對宋儒「復性」的思想頗有影響。然而這裡說「復命」即復歸本性，僅意指回復虛靜的本性。

盧育三說：「『命』，左傳成公十三年：『民受天地之中（中和之氣）以生，所謂命也。』禮記中庸篇：『天命之謂性。』命是萬物得以生的東西，在中國哲學中，命與性內容上基本一致，所不同的是在天曰命，在物曰性。在這裡，『命』指作爲生生之源的道。『復命』，又回到萬物的生生本原。」（老子釋義）

張松如說：「老子是以『歸根』一辭作爲『靜』的定義，又以『復命』一辭作爲『靜』的寫狀。如果說『並作』包含着『動』的意思，那末『歸』、『復』便屬於『靜』的境界。正是在這『靜』的境界中再孕育着新的生命，此卽所謂『靜曰復命』。」

〔八〕常：指萬物運動變化中的永恒規律。

張岱年說：「中國哲人都認爲變化是一根本的事實，然不止如此，更都認爲變化是有條理的。變化不是紊亂的，而有其不易之則。變化的不易之則，卽所謂常。常卽變中之不變之義，而變自身也是一常。常的觀念，初發自老子。」

〔九〕明：萬物的運動和變化都依循着循環往復的律則，對於這種律則的認識和瞭解，叫做「明」。

晨陽說：「老子認識觀察與思維的關係，應把感性認識上昇到理性認識，上昇到理性認識，叫『知』或『明』。」

〔一〇〕容：寬容，包容。

王弼注：「無所不包。」

〔一二〕全：周徧。「全」，王弼本作「王」。王注：「無所不周普。」可見原文並不是「王」字，如作「王」，文義不通。今本「王」字是「全」字的缺壞所誤，根據勞健的説法改正。

勞健説：「『知常容，容乃公』，以容、公二字爲韵。『天乃道，道乃久』，以道、久二字爲韻。『公乃全，全乃天』，全、天二字爲韻。獨『公乃王，王乃天』二句韻相遠。『王』字義本可疑，……此二句『王』字蓋皀『全』字之譌。『全』之壞字，『生』字尤形近於『全』，可爲蜕變之驗也。」（老子古本考）勞説確切。通行本誤傳已久，應據改正。王弼注云『周普』是也。今本『王』字，碑本『生』字，當並是

〔一三〕天：指自然的天，或爲自然的代稱。

【今譯】

致虚和守靜的工夫，做到極篤的境地。

萬物蓬勃生長，我看出往復循環的道理。

萬物紛紛芸芸，各自返回到它的本根。返回本根叫做靜，靜叫做回歸本原。回歸本原是永恒的規律，認識永恒的規律叫做明。不認識永恒的規律，輕舉妄動就會出亂子。

認識常道的人是能包容一切的，無所不包容就能坦然大公，坦然大公才能無不周遍，無不周遍才能符合自然，符合自然才能符合於道，體道而行才能長久，終身可免於危殆。

【引述】

本章强調致虛守靜的工夫。致虛卽是心智作用的消解，消解到沒有一點心機和成見的地步。一個人運用心機會蔽塞明澈的心靈，固執成見會妨礙明晰的認識，所以致虛是要消解心靈的蔽障和釐清混亂的心智活動。

致虛必守靜。透過靜的工夫，乃能深蓄厚養，儲藏能量。

本章還説到「歸根」「復命」。「歸根」就是要回歸到一切存在的根源。根源之處，便是呈虛靜的狀態。而一切存在的本性，卽是虛靜的狀況，還回到虛靜的本性，就是「復命」的思想。

「復命」的思想，可視爲宋學「復性」説之所本。莊子繕性篇所提出的「復初」的主張，乃是與「復命」「復性」同類的概念，和本章關係也很密切。老子復歸的思想，乃就人的內在之主體性、實踐性這一方向作回省工作。他們以爲人心原本清明透澈的，只因智巧嗜欲的活動而受騷亂與蒙蔽。故應捨棄智巧嗜欲的活動而復歸於原本的清淨透明的境地。

十七章

太上〔一〕，下知有之〔二〕；其次，親而譽之；其次，畏之；其次，侮之。信不足焉，有不信焉。

悠兮〔三〕其貴言〔四〕。功成事遂，百姓皆謂：「我自然〔五〕。」

【注釋】

〔一〕太上：最好，至上；指最好的世代。本章所說的「太上」、「其次」，是價值等級的排列，並不是一般舊注所謂的以時代先後爲序的排列。

吴澄說：「太上，猶言最上，最上謂大道之世，相忘於無爲。」

蔣錫昌說：「『太上』者，古有此語，乃最上或最好之誼。魏策：『故爲王計：太上，伐秦；其次，賓秦；其次，堅約而詳講與國，無相離也。』謂最好，伐秦也。襄二十四年傳：『太上，有立德；其次，有立功；其次，有立言。』謂最上，有立德者也。吕覽孟秋紀禁塞：『凡救守者，太上，以說；其次，以兵。』謂救守者，最好，以說也。有始覽謹聽：『太上，知之；其次，知其不知。』謂最好，知之也。……皆其證也。此文『太上』亦謂最好，係就世道升降之程度而言，猶謂最好之世也。王注：『太上謂大人也，大人在上，故曰太上。』河上公注：『太上，謂太古无名之君也。』自此二注出，後世解老者，卽皆以『太上』爲主，沿誤至今。」（老子校詁）

福永光司說：「太上，卽至高，最善的意思。次句『其次』，卽次善的意思。乃是價值的等級。」

〔二〕下知有之：人民只知道君主的存在而已。

「下」字吴澄本、明太祖本、焦竑本、鄧錡本、潘靜觀本、周如砥本都作「不」。本章最後一句：「百姓皆謂我自然。」就是「不知有之」（人民不知道有帝力）的一個説明。作「不知」意義較爲深長。唯驗之郭店簡本作「下知有之」，故仍從簡本與王本。

〔三〕悠兮：悠閒的樣子。河上公本、傅奕本、林希逸本、范應元本、吴澄本「悠」作「猶」。景龍及寇質才本「猶」字作「由」。按：猶、由、悠，古通假。

〔四〕貴言：形容不輕於發號施令。

吴澄說：「『貴』，寶重也。寶重其言，不肯輕易出口。蓋『聖人』不言無爲，俾民陰受其賜，得以各安其生。」

蔣錫昌說：「『貴言』卽二十三章『希言』之誼。彼此二『言』，均指聲教法令而言。」

〔五〕自然：自己如此。

吴澄說：「『然』，如此也。百姓皆謂我自如此。」

蔣錫昌說：「廣雅釋詁：『然，成也。』『自然』指『自成』而言。」

車載說：「老子全書談及『自然』一辭的文字，計有五處，……老子書提出『自然』一辭，在各方面加以運用，從來没有把它看着是客觀存在的自然界，而是運用『自然』一語，説明莫知其然而然的不加人爲任其自然的狀態，僅爲老子全書中心思想『無爲』一語的寫狀而已。」（論老子）

【今譯】

最好的世代，人民只是感覺到統治者的存在；其次，人民親近他而贊美他；再其次的，人民畏懼他；更其次的，人民輕侮他。　統治者的誠信不足，人民自然不相信他。

〔最好的統治者〕悠然而不輕於發號施令。　事情辦成功了，百姓都說：「我們本來是這樣的。」

【引述】

處身於權勢的暴虐中，脚踏於酷烈的現實上，老子嚮往着「帝力於我何有哉」的時代，嚮往着在那時代裡，没有横暴權力的干擾而人民自由自在的生活情境。

老子理想中的政治情境是：一、統治者具有誠樸信實的素養。二、政府只是服務人民的工具。三、政治權力絲毫不得逼臨於人民的身上。

老子將這種理想的政治情境，和德治主義與法治主義作了一個對比：用嚴刑峻法來鎮壓人民，這就是統治者誠信不足的一個表現。統治者誠信不足，人民自然產生「不信」的行爲。如此，統治者使用高壓政策，而走向了末途。老子强烈反對這種刑治主義。德治主義固然好，在老子看來，這已經是多事的徵兆了。統治者今天慰問，明天安撫（固然可博得稱譽），這已經是人民有傷殘欠缺的事端了。最美好的政治，莫過於「貴言」。在「貴言」的理想政治情況中，人民和政府相安無事，甚至於人民根本不知道統治者是誰（「不知有之」）；政權壓力完全消解，大家呼吸在安閒自適的空氣中。這是老子所理想的烏托邦政治情況。

十八章

大道廢，有仁義〔一〕；六親〔二〕不和，有孝慈；國家昏亂，有忠臣〔三〕。

【注釋】

〔一〕大道廢，有仁義：簡本及帛書乙本作「大道廢，安有仁義」。「安」，即「乃」，皆作「於是」解。

馮友蘭說：「『大道廢，有仁義』，這並不是說，人可以不仁不義，只是說，在『大道』之中，人自然仁義，那是真仁義。至於由學習、訓練得來的仁義，那就有模擬的成分，同自然而有的真仁義比較起來它就差一點次一級了。老子說：『上德不德，是以有德』，就是這個意思。」

按：「大道廢，有仁義」句下，帛書及通行本均衍「智慧出，有大僞」句，郭店簡本無此句，當據删。「智慧出，有大僞」之衍出，當在戰國中後期受到莊子後學中激烈派思想影響所致，妄增此句。則易使人將「仁義」與「大僞」並舉，從而導致對仁義行爲的否定。審察簡本原義，却非貶抑「仁義」、「孝慈」、「忠臣」。反之，認爲在最美好的原始情境發生變化，在人際關係中出現問題，這時仁義孝慈的美德及忠臣的節操，顯得難能可貴。郭店簡本本章爲三個對等句，下章亦同是三個對等句，從句型與句義看，郭店簡本較合祖本原貌。

〔二〕六親：父、子、兄、弟、夫、婦。

〔三〕忠臣：簡本作「正臣」，帛書及傅奕本作「貞臣」。

【今譯】

大道廢弛，仁義才顯現；家庭不和，孝慈才彰顯；國政昏亂，忠臣才見出。

【引述】

魚在水中，不覺得水的重要；人在空氣中，不覺得空氣的重要；大道興隆，仁義行於其中，自然不覺得有倡導仁義的必要。等到崇尚仁義的時代，社會已經是不純厚了。

某種德行的表彰，正由於它們特別欠缺的緣故；在動盪不安的社會情景下，仁義、孝慈、忠臣等美德，就顯得如雪中送炭。

十九章

絶智棄辯〔一〕，民利百倍；絶僞棄詐〔二〕，民復孝慈；絶巧棄利，盜賊無有。此三者〔三〕以爲文〔四〕，不足。故令有所屬〔五〕：見素抱樸〔六〕，少私寡欲。

【注釋】

〔一〕絶智棄辯：通行本「絶聖棄智」，郭店簡本作「絶智棄辯」，爲祖本之舊，當據改正。通觀老子全書，「聖人」一詞共三十二見，老子以「聖」喻最高人格修養境界，而通行本「絶聖」之詞，則與全書積極肯定「聖」之通例不合。「絶聖棄智」一詞，見於莊子後學胠篋、在宥篇，傳鈔者據以妄改所致。

〔二〕絶僞棄詐：通行本「絶仁棄義」，郭店簡本作「絶僞棄詐」，爲祖本之舊，當據改正。老子八章主張人與人交往要尚仁（「與善仁」），可見老子並無棄絶仁義之説，郭店簡本出土，始知爲人妄改。莊子胠篋有「攘棄仁義」之説，由此可窺見原本「絶僞棄詐」被臆改爲「絶仁棄義」，可能受到莊子後學激烈派思想影響所致。

裘錫圭先生説：「簡文此句似當釋爲『絶悥（僞）棄慮（詐）』。『慮』從『且』聲，與『詐』音

近。」（郭店楚墓竹簡注釋）

彭浩說：「『慮』，從且聲，讀作『衺』。……猶惡也。」（郭店楚簡老子校讀）

丁原植說：「帛書甲、乙與王弼本均作『絶仁棄義，民復孝慈』。簡文並無『絶仁棄義』這種激烈反對人文價值的思想，就老子哲學的發展來説，竹簡老子似屬較古文本。」（郭店竹簡老子釋析與研究）

按：簡本「慮」，從「且」聲，與「詐」音近。然學界多人以爲「慮」字宜釋爲「慮」，謀算之意，亦通。惟上海博物館所藏同時代（戰國中期）竹簡，亦出現「慮」（僞）、「慮」（詐）字樣，其楚文字字形與郭店老子簡文相同，故此處仍釋爲「絶僞棄詐」。

〔三〕此三者：指智辯、僞詐、巧利。

〔四〕文：文飾，浮文。

〔五〕屬：歸屬，適從。

〔六〕見素抱樸：簡本作「視素保樸」。「素」是没有染色的絲；「樸」是没有雕琢的木。「素」「樸」在這裡是異字同義。

【今譯】

抛棄巧辯，人民可以得到百倍的好處；棄絶僞詐，人民可以恢復孝慈的天性；抛棄巧詐和貨利，盜賊就自然會消失。〔智辯、僞詐、巧利〕這三者全是巧飾的，不足以治理天下。所以要使人有所歸屬：保持樸質，減少私欲。

【引述】

老子提出「見素抱樸」的主張，他認爲上層統治者若能在素樸、少私寡欲的政風下，進一步棄絶智辯、僞詐、巧利，則可使人民得以享受安定、孝慈，並生活在安寧的社會環境中。

本章和上章老子一再地肯定孝慈的德行，這和六十七章謂：「我有三寶：一曰慈……」是相應的。郭店簡本和通行本最大的差別便是「絶僞棄詐」被改成「絶仁棄義」。若依通行本「絶仁棄義」，則意爲仁義本來是用以勸導人的善行，如今却流於矯揉造作。有人更剽竊仁義之名，以要利於世。那些人奪取職位之後，摇身一變，儼然成爲一代道德大師，把仁義一類的美名放在口袋裏隨意運用。莊子沉痛地説：「爲之仁義以矯之，則並與仁義而竊之。竊國者爲諸侯，諸侯之門而仁義存焉。」這種情形，或許老子那時代還没有這般嚴重，但已經足以欺詐人民了。所以認爲不如抛棄這些被人利用的外殻，而恢復人們天性自然的孝慈。

流俗重「文」，老子重「質」。老子視「文」爲巧飾，違反了人性的自然。巧飾流行，更形成種種有形無形的制約，拘束着人性的自然。老子在本章中所流露的憤世之言，乃是針對虚飾的文明所造成的嚴重災害而發的。

二十章

絶學无憂〔一〕。唯之與阿〔二〕，相去幾何？美之與惡〔三〕，相去若何？人之所畏，不可不畏〔四〕。

荒兮，其未央哉〔五〕！

衆人熙熙〔六〕，如享太牢〔七〕，如春登臺〔八〕。

我〔九〕獨泊〔一〇〕兮，其未兆〔一一〕，如嬰兒之未孩〔一二〕；

儽儽兮〔一三〕，若無所歸。

衆人皆有餘〔一四〕，而我獨若遺〔一五〕。我愚人〔一六〕之心也哉！沌沌兮！

俗人昭昭〔一七〕，我獨昏昏〔一八〕。

俗人察察〔一九〕，我獨悶悶〔二〇〕。

澹兮其若海，飂兮若無止〔二一〕。

衆人皆有以〔二二〕，而我獨頑且鄙〔二三〕。

我獨異於人，而貴食母〔二四〕。

【注釋】

〔一〕絶學无憂：謂棄絶異化之學可無攪擾。「无憂」，卽無擾。

按：「絶學无憂」，郭店簡本接「爲學日益」章，但與通行本同，置於「唯之與阿」句前。

〔二〕唯之與阿：「唯」，恭敬的答應，這是晚輩回應長輩的聲音。「阿」，怠慢的答應，這是長輩回應晚輩的聲音。「唯」、「阿」都是回應的聲音，「阿」的聲音高，「唯」的聲音低，在這裡用以表示上下或貴賤的區別。

成玄英疏：「『唯』，敬諾也。『阿』，慢應也。」

〔三〕美之與惡：「美」，王弼本作「善」，傅奕本作「美」，簡本及帛書甲本正同，今據改。

易順鼎說：「王本作『美之與惡，相去何若』，正與傅奕本同。注云：『唯阿美惡，相去何若。』是其證也。今本非王本之舊。」（讀老子札記）

高亨說：「易說是也。二章曰：『天下皆知美之爲美，斯惡已。』亦『美』、『惡』對言，此『善』當作『美』之證。」（老子正詁）

張舜徽說：「此言唯與阿，美與惡，皆對立事物，究竟相去不甚遠，以明世俗之所謂順逆、美惡，未必皆可爲準式也。」

〔四〕人之所畏，不可不畏：帛書本作「人之所畏，亦不可以不畏人」。

劉殿爵說：「今本作『人之所畏，不可不畏』。帛書本作『人之所畏（甲本以上二字殘缺），亦不可以不畏人（甲本『可』字以下殘缺）』。下句句首多『亦』字，『可』下又多『以』字，而『畏』下多『人』字。今本的意思是，別人所畏懼的，自己也不可不畏懼。而帛書本的意思却是，爲人所畏懼的——就是人君——亦應該畏懼怕他的人。兩者意義很不同，前者是一般的道理，後者則是對人君者所說有關治術的道理。」（馬王堆漢墓帛書老子初探，一九八二年九月號明報月刊）

張舜徽說：「各本作『人之所畏，不可不畏』，語意不明，顯有缺奪，今據帛書乙本補正。此言人君爲衆人之所畏，人君亦不可不畏衆人也。」

〔五〕荒兮，其未央哉：精神包含廣遠而沒有邊際。「荒兮」，廣漠的樣子。「未央」，卽無盡的意思。

吴澄說：「『荒』，猶廣也。『央』，猶盡也。」

高亨說：「荒兮其未央，猶云茫茫其無極耳。」

王弼注：「嘆與俗相反之遠也。」

〔六〕熙熙：縱情奔欲，興高彩烈的樣子。

河上公注：「熙熙，淫放多情欲也。」

王弼注：「衆人迷於美進，惑於榮利，欲進心競。」

〔七〕享太牢：參加豐盛的筵席。「享」，作饗。「太牢」，指牛、羊、豕三牲。

〔八〕如春登臺：好像春天登臺眺望。

王弼本「如春登臺」，河上公本作「如登春臺」。

高亨說：「『如登春臺』是也，與『如享太牢』句法相同。」高說有理，然當從畢沅與俞樾之說。

畢沅說：「『如春登臺』，王弼、顧歡並同。明皇、易州石刻亦同。明正統十年道藏所刊明皇本始誤作『登春臺』，陸希聲、王真諸本並誤，今流俗本皆然矣。」

俞樾說：「按『如春登臺』與十五章『若冬涉川』一律，河上公本作『如登春臺』，非是。然其注曰：『春陰陽交通，萬物感動，登臺觀之，意志淫淫然。』是亦未嘗以『登春臺』連文，其所據，亦必作『春登臺』，今傳寫誤倒耳。」按俞樾根據河上注文，說明河上本原作「如春登臺」，證之帛書甲、乙兩本正作「春登臺」。

〔九〕我：這裡老子以第一人稱的方式，表達他的心境和精神意境。

福永光司說：「老子的『我』是跟『道』對話的『我』，不是跟世俗對話的『我』。老子便以這個『我』做主詞，盤坐在中國歷史的山谷間，以自語着人的憂愁與歡喜。他的自語，正像山谷間的松濤，格調高越，也像夜海的盪音，清澈如詩。」

〔一〇〕泊：淡泊，恬靜。

〔一一〕未兆：没有迹象，形容不炫耀自己。「兆」，眹兆，迹象。

〔一二〕孩：與「咳」同。說文：「咳，小兒笑也；從口，亥聲；孩，古文咳，從子。」「孩」、「咳」古字相同，卽嬰兒的笑。

傅奕本，范應元本「孩」作「咳」。

〔一三〕儽儽兮：儽儽卽磥磥、磊磊、硌硌、落落，皆雙聲近義詞。「磊磊兮」，謂落落不群，無所依傍。

范應元說：「儽儽兮，外無文飾。」

〔一四〕有餘：河上公說：「衆人餘財以爲奢，餘智以爲詐。」

〔一五〕遺：不足的意思。

奚侗說：「『遺』借作『匱』，不足之意。」

〔一六〕愚人：「愚」是一種淳樸、真質的狀態。老子自己以「愚人」爲最高修養的生活境界。

〔一七〕昭昭：光耀自衒的樣子。

釋德清注：「昭昭，謂智巧現於外也。」

〔一八〕昏昏：暗昧的樣子。

〔一九〕察察：嚴苛的樣子。

釋德清注：「察察，卽俗謂分星擘兩，絲毫不饒人之意。」

〔二〇〕悶悶：淳樸的樣子。

〔二一〕澹兮其若海，飂兮若無止：「澹」，澹泊，沉靜。「飂」，高風，形容形迹飄逸（王弼說：「無所繫縶」）。

〔二二〕衆人皆有以：「以」，用。皆欲有所施用（王弼注）。

〔二三〕頑且鄙：形容愚陋，笨拙。

「且」，王弼本原作「似」。王注文：「頑且鄙也。」蔣錫昌說：「『且』與『目』古『以』字，形近而誤。『以』『似』古通，遂由『且』誤『目』，由『目』誤『似』。」傅奕本、宋徽宗本、鄧錡本、邵若愚本、林希逸本、潘靜觀本「似」均作「且」。因據傅奕本與王弼注改正。

〔二四〕貴食母：以守道爲貴。「母」，喻道。「食母」，資養萬物的「道」。「食母」兩字，歷來各家解說紛紜，兹引數家以供參考：

王弼注：「食母，生之本也。」

河上公注：「食，用也。母，道也。」

范應元說：「食者，養人之物，人之所不可無者也。母者，指道而言也。」

吴澄說：「我之所貴者，則大道之玄德也。玄德者，萬物資之以養，所謂萬物之母也。故曰：『食母。』『食母』二字，見禮記内則篇，卽是乳母也。」

勞健說：「『食』音嗣，養也。『母』謂本也。……『貴食母』與『復守其母』，同是崇本之旨，『食母』『守母』，乃所以爲道。」

蔣錫昌說：「依河上訓『食』爲『用』，尚不如據莊子訓『食』爲『養』之尤合古誼。老子『食母』與莊子『食於天』誼同，皆謂養於道也。」

【今譯】

棄絶異化之學可無攪擾。應諾和呵聲，相差好多？美好和醜惡相差好多？衆人所畏懼的，我也不能不有所畏懼。

精神領域開闊啊，好像没有盡頭的樣子！

衆人都興高彩烈，好像參加豐盛的筵席，又像春天登臺眺望景色。

我却獨個兒澹泊寧静啊，没有形跡，好像不知嘻笑的嬰兒；

落落不群啊，好像無家可歸。

衆人都有多餘，唯獨我好像不足的樣子。我真是「愚人」的心腸啊！渾渾沌沌啊！

世人都光耀自炫，唯獨我暗暗昧昧的樣子。

世人都精明靈巧，唯獨我無所識别的樣子。

沉静的樣子，好像湛深的大海；飄逸的樣子，好像無有止境。

衆人都有所施展，唯獨我愚頑而拙訥。

我和世人不同，而重視進道的生活。

【引述】

在老子看來，貴賤善惡、是非美醜種種價值判斷都是相對形成的。人們對於價值判斷，經常隨着時代的不同而變換，隨着環境的差異而更改。世俗價值的判斷，如風飄蕩。所以老子感慨地說：「相去幾何！」世俗的價值判斷固然如此混淆，但豈可任意而行？不然。衆人所戒忌的，也不可不警惕，不必特意去觸犯！

接着，老子說明他在生活態度上，和世俗價值取向的不同：世俗的人，熙熙攘攘，縱情於聲色貨利；老子則甘守淡泊，澹然無繫，但求精神的提昇。在這裡，老子還顯示出和人羣的疏離感。

二十一章

孔〔一〕德〔二〕之容〔三〕，惟道是從。

道之爲物，惟恍惟惚〔四〕。惚兮恍兮，其中有象〔五〕；恍兮惚兮，其中有物。窈兮冥兮〔六〕，其中有精〔七〕；其精甚真〔八〕，其中有信〔九〕。

自今及古〔一〇〕，其名不去，以閱衆甫〔一一〕。吾何以知衆甫之狀哉！以此〔一二〕。

【注釋】

〔一〕孔：甚，大。

〔二〕德：「道」的顯現與作用爲「德」。

莊子天地說：「物得以生，謂之德。」按德乃指事物從道所得的特性。

管子心術上說：「德者道之舍，物得以生生。」

韓非說：「『德』者，『道』之功也。」（韓非子解老）

楊興順說：「『德』者是『道』的體現。『道』因『德』而得以顯現於物的世界。」

〔三〕容：運作，樣態。

王弼說：「動作從道。」

高亨說：「『容』疑借爲『搈』，動也。說文：『搈，動搈也。』動搈，疊韻連語，古以動容爲之。孟子盡心篇：『動容周旋中禮者，盛德之至也。』是其例。單言『搈』亦爲『動』義，廣雅釋詁：『搈，動也。』古亦以容爲之。禮記月令：『不戒其容止者。』鄭注：『容止，謂動靜也。』是其例。……王弼注：『動作從道。』似以『動』釋『容』。」

高明說：「『孔德之容，惟道是從』，言大德者之動惟從乎道也。王注曰『動作從道』正以『動』釋『容』。……『容』本有『動』義，古『容』、『動』二字音義皆通。」（帛書老子校注）

〔四〕道之爲物，惟恍惟惚：「道之爲物」，帛書甲、乙本作「道之物」。「恍惚」，猶「彷彿」。

釋德清說：「恍惚，謂似有若無，不可指之意。」

〔五〕象：迹象。

吳澄說：「形之可見者，成物；氣之可見者，成象。」

〔六〕窈兮冥兮：深遠暗昧。

嚴靈峯說：「『窈』，微不可見。『冥』，深不可測。」（老子章句新編，下引同）

吳澄說：「窈冥則昏昏昧昧全不見矣，此『道』之『無』也。」

〔七〕精：最微小的原質。

莊子秋水篇：「夫精，小之微也。」「小之微」，即是微小中最微小的。

朱謙之說：「管子內業篇：『精，氣之極也；精也者，氣之精也。凡人之生也，天出其精。』與此章『精』之意義相合。『精』爲古代之素樸唯物思想。」（老子校釋）

嚴靈峯說：「『精』就是 Essence，精力。它絕不是一個空洞的東西。」

一般的英譯本，都將「精」譯爲 essence，陳榮捷的英譯注說：「The word Ching (essence) also means intelligence, spirit, life-force.」林語堂也英譯爲「life-force」（生命力）。

〔八〕其精甚真：這最微小的原質是很真實的。

陳榮捷說：「就哲學而言，本章是全書裏面最重要的一章，『其精甚真』一語形成周敦頤（周濂溪，公元一〇一七—一〇七三年）太極圖說的骨幹——以『無極之真，二五之精』爲中心——而周敦頤的著作奠定了全部新儒家形上學的根基。當然，新儒家形上學的源頭，可說更直接來自周易，然而周易中『真』的概念與此篇所述，却極爲相似。」

按：「其精甚真」，嚴靈峯說：「次解本無此四字；疑係古文羼入正文；並脫去『冥兮窈兮』四字。蓋上文：『惚兮恍兮，其中有象；恍兮惚兮，其中有物。』則下當應之：『窈兮冥兮，其中有精；冥兮窈兮，其中有信。』則文例一律矣。」嚴說頗可供參考。

〔九〕信：信驗，信實。

〔一〇〕自今及古：通行本作「自古及今」，據帛書甲、乙本及傅奕本、范應元本改正。

范應元說：「『自今及古』，嚴遵、王弼同古本。」（老子道德經古本集注）

馬敍倫說：「各本作『自古及今』，非是。『古』、『去』、『甫』韻。」

高亨說：「按當作『自今及古』，因『其名』是指道的名。『道』這個物，是古時就有。『道』這個名，是老子今天給的。用『道』的名以稱古時的物，乃『自今及古』，不是『自古及今』，可見今本錯了。又此三句，古、去、甫三字押韻，若作『自古及今』，則失其韻。」（談馬王堆漢墓中的帛書老子，文物雜誌，一九七四年第十一期）

〔二〕以閱衆甫：以觀察萬物的起始。「衆甫」，帛書甲、乙本作「衆父」。

王弼注：「衆甫，物之始也。」

俞樾說：「按『甫』與父通。『衆甫』，衆父也。四十二章：『我將以爲教父。』河上公注曰：『父，始也。』而此注亦曰：『甫，始也。』然則『衆甫』卽『衆父』矣。」

張舜徽說：「老子所云『衆父』，以喻道也。言其爲萬事萬物之本，故曰衆父。以父喻道，猶以母喻道耳。」

〔三〕以此：「此」，指道。

張松如說：「我怎麼知道萬事萬物的終極原因是什麼樣子呢？就是根據其顯現爲道的運動變化的規律性。」

【今譯】

大德的樣態，隨着道爲轉移。

道這個東西，是恍恍惚惚的。那樣的惚惚恍恍，其中却有迹象；那樣的恍恍惚惚，其中却有實物；那樣的深遠暗昧，其中却有精質；那樣的暗昧深遠，其中却是可信驗的。

從當今上溯到古代，它的名字永遠不能消去，依據它才能認識萬物的本始。我怎麼知道萬物本始的情形呢！從「道」認識的。

【引述】

「孔德之容，惟道是從。」這是説明「道」和「德」的關係。「道」和「德」的關係是：

一、「道」是無形的，它必須作用於物，透過物的媒介，而得以顯現它的功能。「道」所顯現於物的功能，稱爲德。

二、一切物都由「道」所形成，内在於萬物的「道」，在一切事物中表現它的屬性，亦卽表現它的「德」。

三、形而上的「道」落實到人生層面時，稱之爲「德」。卽「道」本是幽隱而未形的，它的顯現，就是「德」。

本章和第十四章一樣，都是描述形上之「道」的。形上之「道」，恍惚無形，但在深遠暗昧之中，確是「有物」「有象」「有精」。「其中有象」、「其中有物」、「其中有精」，這都説明了「道」的真實存在性。

二十二章

曲則全，枉〔一〕則直，窪則盈，敝則新，少則得，多則惑。

是以聖人執一〔二〕爲天下式〔三〕。不自見〔四〕，故明〔五〕；不自是，故彰；不自伐，故有功；不自矜，故能長〔六〕。

夫唯不爭，故天下莫能與之爭。古之所謂「曲則全」者，豈虛言哉！誠全而歸之。

【注釋】

〔一〕枉：屈。

〔二〕執一：通行本爲「抱一」，帛書甲、乙本並作「執一」，帛本爲是。

按：「執一」，卽「執道」（見老子十四章、莊子天地篇及文子道原篇）。「執一」爲道家常用語詞，屢見於管子（心術篇、内業篇）等稷下道家之作，其後爲荀子（荀子堯問篇）與韓非子（韓非子楊權篇）引用。

〔三〕式：法式，範式。

〔四〕自見：自現，自顯於衆。

范應元說：「見，音現。」

吴澄說：「自見猶云自炫。」

〔五〕明：彰明。

按十六章「知常曰明」和五十二章「見小曰明」的「明」字，乃是老子的特殊用語。這裡的「明」字只是當作普通的用法。

〔六〕能長：通行本「長」上缺「能」字，據帛書本補。

【今譯】

委曲反能保全，屈就反能伸展，低窪反能充盈，敝舊反能生新，少取反能多得，貪多反而迷惑。

所以有道的人堅守這一原則作爲天下事理的範式。不自我表揚，反能顯明；不自以爲是，反能彰顯；不自己誇耀，反能見功；不自我矜恃，反能長久。

正因爲不跟人爭，所以天下没有人和他爭。古人所說的「委曲可以保全」等話，怎麽會是空話呢！它實實在在能够達到的。

【引述】

常人所見只是事物的表相，看不到事物的裡層。老子以其豐富的生活經驗所透出的智慧，來觀照現實世界中種種事象的活動。他認爲：一、事物常在對待關係中產生，我們必須對於事物的兩端都能加以徹察。二、我們必須從正面去透視負面的意義，對於負面意義的把握，更能顯現出正面的内涵。三、所謂正面與負面，並不是兩種截然不同的東西，它們經常是一種依存的關係，甚至於經常是浮面與根底的關係。常人對於事物的執取，往往急功近利，只貪圖眼前的喜好，老子則曉喻人們，要伸展視野，觀賞枝葉的繁盛，同時也應注視根底的牢固。有結實的根，才能長出豐盛的葉來。由於事物的這種依存關係，所以老子認爲：在「曲」裡面存在着「全」的道理；在「枉」裡面存在着「直」的道理；在「窪」裡面存在着「盈」的道理；在「敝」裏面存在着「新」的道理。因而，在「曲」和「全」，「枉」和「直」，「窪」和「盈」的兩端中，把握了其中之底層的一面，自然可以得着顯相的另一面。

常人總喜歡追逐事物的顯相，芸芸衆生莫不亟亟於求「全」求「盈」，或急急於彰揚顯溢，因而引起無數紛爭。求全之道，莫過於「不爭」。「不爭」之道，在於「不自見(現)」、「不自是」、「不自伐」、「不自矜」。而本章開頭所説的「曲」、「枉」、「窪」、「敝」，也都具有「不爭」的内涵。

二十三章

希言[一]自然。

故飄風[二]不終朝，驟雨[三]不終日。孰爲此者？天地。天地尚不能久，而況於人乎？

故從事於道者，同於道[四]；德者，同於德；失[五]者，同於失。

同於德者，道亦德之；同於失者，道亦失之[六]。

信不足焉，有不信焉[七]。

【注釋】

[一] 希言：按字面解釋是：少説話。深一層的意思是：不施加政令。「言」，指「聲教法令」。「希言」是合於自然的，和五章「多言數窮」成一個對比。「多言」（政令煩苛）是不合於自然的。「希言」和二章「行不言之教」的「不言」，意義相同。

蔣錫昌說：「『多言』者，多聲教法令之治；『希言』者，少聲教法令之治；故一卽有爲，一卽無爲也。」（老子校詁）

[二] 飄風：强風，大風。

吴澄說：「飄，狂疾也。」

王淮說：「『飄風』以喻暴政之號令天下，憲令法禁是也。」

〔三〕驟雨：急雨，暴雨。

吴澄說：「驟，急暴也。」

王淮說：「『驟雨』以喻暴政之鞭策百姓，賦税勞役是也。」

〔四〕故從事於道者，同於道：「同於道」三個字上面，原疊「道者」兩字，句作：「從事於道者，道者同於道。」今據帛書本及俞樾之說刪。

俞樾說：「按下『道者』二字衍文也。本作『從事於道者同於道』，其下『德者』、『失者』蒙上『從事』之文而省，猶云『從事於道者同於道，從事於德者同於德，從事於失者同於失』也。淮南子道應篇引老子曰：『從事於道者同於道』，可證古本不疊『道者』二字。」俞說是，帛書甲、乙本可證。

嚴復說：「道者同道，德者同德，失者同失，皆主客觀之同物相感者。」

〔五〕失：指失道，失德。

蔣錫昌說：「失則指『飄風』、『驟雨』之治而言。」

〔六〕同於德者，道亦德之；同於失者，道亦失之：此數句各本紛異，以帛書乙本爲優，據改。

〔七〕信不足焉，有不信焉：這二句已見於十七章。疑是錯簡重出，帛書甲、乙本並無此二句。

盧育三說：「馬敍倫、奚侗說：此句已見十七章，這裡重出，蓋錯簡所致，且與上文不相應，當删。陳柱、高亨、朱謙之從其説。帛書老子甲乙本均無此句，然它本均有，細究此章旨義，有此一句亦可説通。謂『信不足』，指失於道，違背『希言自然』，實行『多言』、『有爲』的政治，這與人事之飄風驟雨不能長久，正相應。」

【今譯】

少發教令是合於自然的。

所以狂風刮不到一早晨，暴雨下不了一整天。誰使它這樣的？是天地。天地的狂暴都不能持久，何況人呢？

所以從事於道的人，就合於道；從事於德的人，就合於德；表現失道失德的人，就會喪失所有。同於德的行爲，道會得到他；行爲失德的，道也會拋棄他。

統治者的誠信不足，人民自然不相信他。

【引述】

本章和十七章是相對應的。十七章揭示出嚴刑峻法的高壓政策，徒然使百姓「畏之侮之」，因而呼籲統治者莫若「貴言」，抽離政權壓力去輔助人民。在本章中，老子再標示出「希言」的政治理想，「希言」就是「少聲教法令之治」，即是行「清靜無爲」之政；以不擾民爲原則，百姓安然暢適，這才合乎自然。若以法戒禁令捆縛人民，苛捐雜税榨取百姓，這就如同狂風急雨般的暴政了。老子警戒着：暴政是不會持久的。

施政的後果，有如俗語所說的：「同聲相應，同氣相求。」統治者如果清靜無爲，則社會當有安寧平和的風氣以相應；統治者如果恣肆横行，則人民當有背戾抗拒的行爲以相應；統治者如果誠信不足，則百姓當有不誠信的態度以相應。

二十四章

企〔一〕者不立；跨〔二〕者不行；自見者不明；自是者不彰；自伐者無功；自矜者不長。其在道也，曰：餘食贅形〔三〕。物或惡之，故有道者不處。

【注釋】

〔一〕企：同「跂」，舉起脚跟；翹起脚尖。

〔二〕跨：躍，越，闊步而行。

〔三〕餘食贅形：剩飯贅瘤。

「贅形」，王弼本及其他通行古本都作「贅行」。「形」與「行」古字相通。但作「贅行」易生誤解，仍應改爲「贅形」。

吴澄説：「或曰『行』讀如『形』，古字通用。司馬氏曰：『棄餘之食，適使人惡，附贅之形，適使人醜。』蘇氏曰：『飲食有餘則病，四體有贅則累。』」

易順鼎説：「『行』疑通作『形』。『贅形』卽王注所云『肬贅』。『肬贅』可言形，不可言行也。」（讀老札記）易説有理：「贅」可言於形，不可言於「行」。莊子駢拇篇説過：「附贅縣疣，出乎形哉。」贅疣出乎形，則當以「贅形」連用。

潘靜觀本「贅行」正作「贅形」。

【今譯】

踮起脚跟，是站不牢的；跨步前進，是走不遠的；自逞己見的，反而不得自明；自以爲是的，反而不得彰顯；自己誇耀的，反而不得見功；自我矜恃的，反而不得長久。

從道的觀點來看，這些急躁炫耀的行爲，可說都是剩飯贅瘤，惹人厭惡。所以有道的人不這樣做。

【引述】

「企者不立，跨者不行。」就是自見、自伐、自矜的譬喻。這些輕躁的舉動都是反自然的行徑，短暫而不能持久。本章不僅說明躁進自炫的行爲不可恃，亦喻示着雷厲風行的政舉爲人所共棄。

二十五章

有物混成，先天地生〔一〕。寂兮寥兮〔二〕，獨立不改〔三〕，周行而不殆〔四〕，可以爲天下母〔五〕。吾不知其名，强字之曰「道」〔六〕，强爲之名曰「大」〔七〕。大曰逝〔八〕，逝曰遠，遠曰反〔九〕。

故道大，天大，地大，人亦大〔一〇〕。域中〔一一〕有四大，而人居其一焉。人法地，地法天，天法道，道法自然〔一二〕。

【注釋】

〔一〕有物混成：郭店簡本作「有䖵混成」。王弼本及各傳世本皆作「有物混成」，帛書甲、乙本同。「䖵」，楚簡整理小組以爲「疑讀作道」。裘錫圭先生認爲「依文義當讀爲『狀』」（見道家文化研究第十七輯郭店楚簡專號。下引同）。按當讀爲「狀」、「象」（詳見趙建偉郭店老子簡考釋）。簡本「有狀（象）混成」比今本「有物混成」更近老子哲學的始原意義（可參看丁原植郭店竹簡老子釋析與研究）。

張岱年說：「認天爲一切之最高主宰的觀念，爲老子所打破。老子年代本先於孟子，但孟子仍承受傳統觀念而修正發揮之，老子却作了一次徹底的思想革命。老子以爲天並不是最根本的，尚有爲天之根本者。老子說：『有物混成，先天地生。』最根本的乃是道，道才是最先的。」

〔二〕寂兮寥兮：「寂兮」，靜而無聲。「寥兮」，動而無形。（嚴靈峯說）

河上公說：「『寂』者，無聲音。『寥』者，空無形。」

〔三〕獨立不改：形容道的絕對性和永存性。「獨立不改」，簡本作「獨立不亥」。

〔四〕周行而不殆：簡帛本均無此句。「周行」，有兩種解釋：一、全面運行。「周」作周遍、周普講。王弼注：「周行，無所不至。」二、循環運行。「周」作環繞講。今譯從後者。「不殆」，不息。「殆」通「怠」。

〔五〕天下母：帛書本及范應元本作「天地母」。

范應元說：「『天地』字，古本如此；一作『天下母』，宜從古本。」然證之簡本作「天下母」，王弼本正同。

〔六〕强字之曰「道」：「字」上通行本缺「强」字。傅奕本、李約本、范應元本有「强」字。應據傅本補上。

范應元說：「王弼同古本，河上公本上句無『强』字，今從古本。」

劉師培說：「按韓非子解老篇：『聖人觀其玄虛，用其周行，强字之曰道。』則『字』上當有『强』字，與下『强爲之名曰大』一律，今本脱。」（老子斠補）

易順鼎說：「按周易集解卷十七引干寶曰：『老子曰：「吾不知其名，强字之曰道。」』『字』上有『强』字。」依上所說，王弼本原有「强」字，因抄寫缺漏，根據傅奕本「字」上補「强」字。

〔七〕大：形容「道」的沒有邊際，無所不包。

〔八〕曰逝：以下三個「曰」字，可作「而」或「則」字解。「逝」，指「道」的進行，周流不息。

王弼注：「逝，行也。」

吳澄說：「逝謂流行不息。」

張岱年說：「『大』即道，是所以逝之理，由大而有逝，由逝而愈遠，宇宙乃是逝逝不已的無窮的歷程。」（中國哲學大綱）

〔九〕反：老子書上的「反」字有兩種用法：「一作『返』；另一作『相反』，如七十八章：正言若『反』。」

本章屬前者。

車載說：「『反』的有兩個涵義，對立相反是『反』的一個涵義，復命歸根是『反』的另一個涵義，老子書對於『反』的這兩個涵義，都是加以重視的。」

錢鍾書說：「『反』有兩義。一、正反之反，違反也；二、往反（返）之反，回反（返）也（『回』亦有逆與還兩義，常作還義。）……老子之『反』融貫兩義，即正、反而合。」（管錐編第二册，四四五頁）

馮達甫說：「『大』、『逝』、『遠』、『反』是描述道的全部運行過程，就是『周行』。」（老子譯注）

陳榮捷說：「返本的思想在老子裏相當濃厚，它對普見於中國人的循環觀念，影響不可謂不大。依據此種觀念，道與歷史的運行，都是依照循環的方式。」

〔一〇〕人亦大：哲學家中最初明白地說人有卓越位置的，是老子（張岱年中國哲學大綱）。按王弼本「人亦大」原作「王亦大」。傅奕本、范應元本「王」均作「人」。

范應元說：「『人』字傅奕同古本，河上公本作『王』。觀河上公之意，以爲王者，人中之尊，固有尊君之義。然按後文『人法地』，則古本文義相貫。況人爲萬物之靈，與天地並立而爲三才，身任斯道，則人實亦大矣。」（老子道德經古本集注）

吳承志說：「據大部，『大，天大，地大，人亦大，故大象人形。』許所據古本，『王』作『人』。證以下文『人法地，地法天，天法道』，作『人』是矣。『人』古文作『三』，是以讀者或誤爲『王』。」

奚侗說：「兩『人』字各皆作『王』。淮南道應訓引亦作『王』，蓋古之尊君者妄改之，非老子本文也。……老子以道爲天地萬物之母，故先之以道大，若改『人』爲『王』，其誼太狹。幸下文『人法地』『人』字未改，益可資以證明。」（老子集解）

嚴靈峯說：「下文『而王其居一焉』，莊子秋水篇：『號物之數謂之萬，「人」處一焉。』則此『王』字，疑亦當作『人』。尚書泰誓篇：『惟人萬物之靈。』孝經云：『天地之性人爲貴。』抱朴子云：『有生最靈，莫過乎人。』人爲萬物之靈，當以『人』爲萬物之代表，不當以『王』爲代表也。范應元本、傅奕本『王』並作『人』，當據改。」（老子達解）

按：本章兩個「王」字應據傅奕本改正爲「人」。通行本誤爲「王」，原因不外如奚侗所説的「古之尊君者妄改之」，或如吴承志所説的「人」古文作「三」，使讀者誤爲「王」。況且，「域中有四大，而人居其一焉」，後文接下去就是「人法地，地法天，天法道」，從上下文的脈絡看來，「王」字均當改正爲「人」，以與下文「人法地」相貫。

〔二〕域中：空間之中，猶今人所稱宇宙之中。

湯一介説：「老子講的道是先於天地存在，只是説在時間上先於天地存在，而不是在邏輯上先於天地存在。老子講的『道』雖是無形無象，但不是超空間的，而是没有固定的具體的形象，這樣的『道』纔可以變化成爲有固定具體形象的天地萬物。

老子認爲『道』、『天』、『地』、『人』是宇宙間的『四大』，如果『道』和『天』、『地』、『人』是不同的實體，就不應當這樣放在一起稱之爲『四大』。而且，老子説『人法地，地法天，天法道，道法自然』也説明『人以地爲法則』和『天以道爲法則』没有什麼原則不同。雖然道是天地萬物產生的根源，但並不是説因此道就一定是超時空了。」（引自老子哲學討論集第一四九頁）

〔三〕道法自然：道純任自然，自己如此。

河上公注：「『道』性自然，無所法也。」

董思靖説：「『道』貫三才，其體自然而已。」（道德真經集解）

吴澄説：「『道』之所以大，以其自然，故曰『法自然』，非『道』之外别有自然也。」（道德真經

注）

車載說：「『道法自然』一語，是說『道』應以『無爲』爲法則的意思。」（論老子）

童書業說：「老子書裏的所謂『自然』，就是自然而然的意思，所謂『道法自然』就是說道的本質是自然的。」（先秦七子思想研究第一一三頁）

馮友蘭說：「『人法地，地法天，天法道，道法自然』（老子二十五章）。這並不是說，於道之上，還有一個『自然』，爲『道』所取法。上文說『域中有四大』，卽『人』、『地』、『天』、『道』，『自然』只是形容『道』生萬物的無目的、無意識的程序。『自然』是一個形容詞，並不是另外一種東西，所以上文只說『四大』，沒有說『五大』。老子的『道法自然』的思想跟目的論的說法鮮明地對立起來。」

【今譯】

有一個混然一體的東西，在天地形成以前就存在。聽不見它的聲音也看不着它的形體，它獨立長存而永不休止，循環運行而生生不息，可以爲天地萬物的根源。我不知道它的名字，勉强叫它作「道」，再勉强給它起個名字叫做「大」。它廣大無邊而周流不息，周流不息而伸展遥遠，伸展遥遠而返回本原。

所以說：道大，天大，地大，人也大。宇宙間有四大，而人是四大之一。

人取法地，地取法天，天取法道，道純任自然。

【引述】

本章對於道的體用有幾個重要的敍説：

一、「有物混成」，這説明道是渾樸狀態的。道並不是不同分子或各個部位組合而成的，它是個圓滿自足的和諧體，對於現象界的雜、多而言，它是無限的完滿，無限的整全。

二、道是個絶對體，它絶於對待；現象界的一切事物都是相對待的，而道則是獨一無二的，所以説：「獨立不改」。道是一個動體，周流不息（「逝」）地運轉着，但它本身不會隨着運轉變動而消失。

三、道是無聲無形的（寂兮寥兮）。王弼説得好：「名以定形，混成無形，不可得而定。」事實上是無法立名的，如今勉强給它立個名。

四、道不僅在時序上先於天地而存在，而且天下萬物也是道所產生的（「先天地生」「爲天下母」）。

五、道是循環運行的。它的運動終則有始，更新再始。

六、用「大」來勉强形容道（「强爲之名曰『大』」）。這個「大」，指幅度或廣度之無限延展。宇宙有四大：道之外，加上了天、地、人。這四大的可貴處，就在於體自然而行。所謂「道法自然」，就是説：道以自然爲歸；道的本性就是自然。「自然」這一觀念是老子哲學的基本精神。

二十六章

重爲輕根，靜爲躁君。

是以君子〔一〕終日行不離輜重〔二〕。雖有榮觀〔三〕，燕處〔四〕超然。奈何萬乘之主〔五〕，而以身輕天下〔六〕？

輕則失根〔七〕，躁則失君。

【注釋】

〔一〕君子：王弼本原作「聖人」。景龍本、傅奕本、蘇轍本、林希逸本、范應元本及多種唐宋古本均作「君子」。韓非子喻老篇亦作「君子」，與帛書甲本正同。

奚侗說：「『君子』謂卿大夫士也，說見禮記鄉飲酒義注，對下『萬乘之主』言。」

蔣錫昌說：「『聖人』乃理想之主，應深居簡出，以『無爲』化民，不當終日行道，常在軍中管理輜重之事。誼作『君子』爲是，當據諸本改正。」蔣說有理，因據韓非子及帛書本改爲「君子」。

〔二〕輜重：軍中載器械糧食的車。

嚴靈峯改「輜重」爲「靜重」，嚴先生說：「河上公注曰：『「輜」，靜也。聖人終日行道，不離其「靜」與「重」也。』甚得其義。河上公以『靜』、『重』對文是也。……按本章上下文，俱以『重』、『靜』，『輕』、『躁』對文，可證。疑古原作『靜』、『重』，因『靜』、『輕』音近；又上文『重爲輕根』句，遂誤爲『輕』。日本有木元吉本正作『輕』，源東菴本亦作『輕』。又以『輕』、『輜』形近，遂又改爲『輜重』。」嚴說可供參考。

〔三〕榮觀：指華麗的生活。「榮」，豪華、高大。「觀」，臺觀、樓觀。

〔四〕燕處：安居。

林希逸注：「『燕』，安也。『處』，居也。」

〔五〕萬乘之主：指大國的君主。「乘」是車數。「萬乘」指擁有兵車萬輛的大國。

〔六〕以身輕天下：任天下而輕用自己的生命。

河上公說：「王者至尊，而以身行輕躁乎？疾時王者奢恣輕淫也。」

蘇轍說：「人主以身任天下，而輕其身，則不足以任天下矣。」

吴澄注：「以身輕天下，謂以其身輕動於天下之上也。」

〔七〕根：王弼本原作「本」。河上公本及多種古本作「臣」。作「本」，可通。作「臣」，則誤。根據永樂大典和俞樾的說法改爲「根」。

俞樾說：「永樂大典作『輕則失根』，當從之。蓋此章首云：『重爲輕根，靜爲躁君。』故終之曰：『輕則失根，躁則失君。』言不重則無根，不靜則無君也。」俞說可從，當改「本」爲「根」，以便和首句相應。吳澄本、釋德清本正作「根」。

蔣錫昌說:「『輕則失根,躁則失君。』言人君縱欲自輕,則失治身之根;急功好事,則失爲君之道也。」

【今譯】

厚重是輕率的根本,靜定是躁動的主帥。

因此君子整天行走不離開載重的車輛。雖然有華麗的生活,卻安居泰然。爲什麼身爲大國的君主,還輕率躁動以治天下呢?

輕率就失去了根本,躁動就失去了主體。

【引述】

本章說「靜重」,評「輕躁」。輕躁的作風,就像斷了線的風箏一般,立身行事,草率盲動,一無效準。

老子有感於當時的統治者奢恣輕淫,縱欲自殘,所以感嘆地說:「奈何萬乘之主,而以身輕天下?」這是很沉痛的話。一國的統治者,當能靜重,而不輕浮躁動。

二十七章

善行無轍迹〔一〕；善言〔二〕無瑕謫〔三〕；善數〔四〕不用籌策〔五〕；善閉無關楗〔六〕而不可開；善結無繩約〔七〕而不可解。

是以聖人常善救人，故無棄人；常善救物，故無棄物。是謂襲明〔八〕。

故善人者，不善人之師；不善人者，善人之資〔九〕。不貴其師，不愛其資，雖智大迷，是謂要妙〔一〇〕。

【注釋】

〔一〕轍迹：「轍」，軌迹。「迹」，足迹，馬迹。

釋德清說：「轍迹，猶言痕迹。」

〔二〕善言：指善於行「不言之教」。

〔三〕瑕謫：過失，疵病。

范應元說：「『瑕』，玉病也。『謫』，罰也，責也。」

釋文、傅奕本、林希逸本及范應元本等古本「謫」作「讁」。

〔四〕數：計算。

河上公本、蘇轍本、林希逸本及吴澄本「數」作「計」。范應元説：「數，王弼同古本。」

〔五〕籌策：古時候計數的器具。

〔六〕關楗：栓梢。帛書本作「關籥」。

董思靖説：「楗，拒門木也。横曰『關』，竪曰『楗』。」

「楗」，多種古本作「鍵」，范應元和畢沅認爲仍應從「楗」。

范應元説：「『楗』，拒門木也；或從金傍，非也。横曰『關』，竪曰『楗』。」

畢沅説：「説文解字：『楗，限門也。』是應用『楗』，不得以車轄之『鍵』當之。」

〔七〕繩約：繩索；「約」也作繩、索講。

吴澄説：「繩約，索也。合之成體曰『繩』，用之而束物曰『約』。」

高亨説：「儀禮既夕記：『約綏約轡』，鄭注：『約，繩也』。」

〔八〕襲明：含藏着「明」。「襲」，承襲，有保持或含藏的意思。「明」是指了解道的智慧。「襲明」上句「常善救物，故無棄物」，帛書甲、乙本均作「物無棄財（材）」。

釋德清説：「承其本明，因之以通其蔽，故曰襲明。『襲』，承也，猶因也。」

奚侗説：「『襲』，因也。『明』卽十六章及五十五章『知常曰明』之『明』。『襲明』謂因順常道也。」

〔九〕資：取資，借資的意思。

〔一〇〕要妙：精要玄妙。

河上公注：「能通此意是謂知微妙要道也。」

吴澄説：「『要』猶云至極也。『妙』者玄不可測。妙不可測之至極，曰『要妙』。」

高亨説：「『要』疑讀爲『幽』，『幽妙』猶言深妙也。『要』『幽』古通用。」

劉臺拱説：「要妙卽幽妙。淮南本經『以窮要妙之望』，集注：『要妙，深遠貌。』」（引自朱謙之老子校釋）

福永光司説：「要妙，與窈眇同義，卽深奥的真理。」

【今譯】

善於行走的，不留痕迹；善於言談的，没有過失；善於計算的，不用籌碼；善於關閉的，不用栓梢却使人不能開；善於捆縛的，不用繩索却使人不能解。

因此，有道的人經常善於做到人盡其才，所以没有被遺棄的人；經常善於做到物盡其用，所以没有被廢棄的物。這就叫做保持明境。

所以善人可以作爲不善人的老師，不善人可以作爲善人的借鏡。不尊重他的老師，不珍惜他的借鏡，雖然自以爲聰明，其實是大迷糊。它真是個精要深奥的道理。

【引述】

本章是對於「自然無爲」思想的引申。「善言」、「善行」，就是指善於行不言之教，善於處無爲之政。「善數」、「善閉」、「善結」各句，都是意義相同的譬喻，意謂「以自然爲道，則無所容力，亦無所着迹」（引林希逸語）。且譬喻有道者治國，不用有形的作爲，而貴無形的因仍。有道者能够以本明的智慧，去觀照人與物，了解人各有才，物各有用。而做到人盡其才，各因其性以造就，所以說，「常善救人」、「無棄人」；且做到物盡其用，順物之性以展現其功能，所以說：「常善救物」「無棄物」。這是說明有道者的待人接物。

本章不僅寫出有道者順任自然以待人接物，更表達了有道者無棄人無棄物的心懷。具有這種心懷的人，對於善人和不善的人，都能一律加以善待。特別是對於不善的人，並不因其不善而鄙棄他，一方面要勸勉他，誘導他，另一方面也可給善人作一個借鑑。

二十八章

知其雄，守其雌〔一〕，爲天下谿〔二〕。爲天下谿，常德不離，復歸於嬰兒。知其白，〔守其黑，爲天下式。爲天下式，常德不忒，復歸於無極。知其榮〔三〕，〕守其辱，爲天下谷。爲天下谷，常德乃足，復歸於樸。

樸散則爲器〔四〕，聖人用之〔五〕，則爲官長〔六〕，故大制不割〔七〕。

【注釋】

〔一〕知其雄，守其雌：「雄」譬喻剛動、躁進；「雌」譬喻柔靜、謙下。

〔二〕谿：同「溪」，溪徑（亦作「蹊徑」）。言默守雌靜，當爲天下所遵循之蹊徑。

「谿」若如字訓「谿谷」，則與下之「谷」字義復。

〔三〕〔守其黑，爲天下式。爲天下式，常德不忒，復歸於無極。知其榮〕：這六句疑爲後人所竄入。

易順鼎說：「按此章有後人竄入之語，非盡老子原文。莊子天下篇引老聃曰：『知其雄，守其雌，爲天下谿。知其白，守其辱，爲天下谷。』此老子原文也。蓋本以『雌』對『雄』，以『辱』對『白』。『辱』有黑義，儀禮注：『以白造緇曰辱。』此古義之可證者。後人不知『辱』與『白』對，以爲必『黑』始可對『白』，必『榮』始可對『辱』；如是，加『守其黑』一句於『知其白』之下，加『知其榮』一句於『守其辱』之上，又加『爲天下式，爲天下式，常德不忒，復歸於無極』四句，以叶『黑』韻，而竄改之迹顯然矣。以『辱』對『白』，此自周至漢古義，而彼竟不知，其顯然者，一也。『爲天下谿』，『爲天下谷』，『谿』、『谷』同義，皆水所歸。『爲天下式』，則與『谿』、『谷』不倫，湊合成韻；其顯然者，二也。王弼已爲『式』字等句作注，則竄改卽在魏晉之初，幸賴莊子所引，可以考見原文，函當訂正，以存真面。」（讀老札記）

馬敍倫說：「易說是也。……古書『榮』『辱』字皆『寵』『辱』之借。本書上文『寵辱若驚』，不作『榮辱』；此作『榮』『辱』，亦妄增之證。然淮南道應訓已引『知其榮，守其辱，爲天下谷』，則自漢初已然矣。」（老子校詁）

高亨說：「按此文本作『知其雄，守其雌，爲天下谿。爲天下谿，常德不離，復歸於嬰兒。知其白，守其辱，爲天下谷。爲天下谷，常德乃足，復歸於樸』。其『守其黑，爲天下式，爲天下式，常德不忒，復歸於無極。知其榮』二十三字，後人所加也。請列六證以明之。老子本以雌對雄，以辱對白，辱卽後起黷字，玉篇：『黷，垢黑也。』四十一章曰『大白若辱』，亦白辱相對，卽其明證，則此以白對黑，決非老子舊文，其證一也。榮辱，老子作寵辱，十三章曰『寵辱若驚，』卽其明證。則此以榮對辱，亦決非老子舊文，其證二也。『爲天下谿』，『爲天下谷』，谿谷同義，皆水所歸，間以『爲天下式』句，則與谿谷不類，其證三也。『復歸於嬰兒』，『復歸於樸』，意怡相同。人性未漓爲嬰兒。木質未散爲樸。間以『復歸於無極』句，則與嬰兒及樸不類，其證四也。淮南子道應篇引老子曰：『知其雄，守其雌，爲天下谿。』又引老子曰：『知其榮，守其辱，爲天下谷。』而未引『知其白，守其黑，爲天下式』句，蓋淮南子所見本無此句也。且其所引『知其榮，守其辱』，原作『知其白，守其辱』。今作榮者，妄人依誤本老子改之耳。其文曰：『文王砥德脩政三年，而天下二垂歸之。紂聞而患之，拘文王於羑里，文王歸，乃爲玉門，築靈臺，相女童，鼓鐘鼓，以待紂之失也。紂聞之曰：「周伯昌改道易行，吾無憂矣。」乃爲炮烙，剔孕婦，殺諫者。文王乃遂其謀。故老子曰：「知其榮，守其辱，爲天下谷。」』按『砥德脩政』非榮字之意，乃白字之意，白者其行潔白也。『爲玉門，築靈臺，相女童，鼓鐘鼓』非辱字之意，乃黷字之意，黷者其行污黷也。文王之改道易行，正老子所謂『知其白，守其辱』也。若然，榮本作白，明矣。是淮南子所見本無『守其黑』二十三字，其證五也。莊子天下篇引老聃曰：『知其雄，守其雌，爲天下谿。知其白，守其辱，爲天下谷。』其文雖有裁省，而莊子所見本無『守其黑』二十三字，尤爲確的，其證六也。此采易順鼎、馬敍倫説而補成之。」（老子正詁）

張松如説：「按：易、馬、高所説極是。今帛書出，可見後人竄改之迹，非但不待魏晉，且復早於漢初，蓋自帛書已經有人染指了。不過帛書中尚未見『知其榮』句，而重見『知其白』句，其爲戰國末以至秦漢間人所增補，甚顯。此乃竄改之第一步，增加了二十七字。在輾轉傳抄中，方增一『黑』字與『白』對，增一『榮』字與『辱』對，兩段變成爲三段；在知白守黑一段，臆造出

『守其黑，爲天下式。爲天下式，恒德不忒。恒德不忒，復歸於無極』等語句，此爲竄改之第二步。到兩漢，尤其是東漢時，更將新增補之二十七字提前，如此，則『復歸於樸』句，與『樸散則爲器』句相銜接，更順當些，此爲竄改之第三步。於是遂爲魏晉以來之今本奠定了基礎。惟每段二十七字裁省爲二十三字，這是與帛書不同的。」（老子校讀）從以上各説，今譯從略。

〔四〕器：物，指萬物。二十九章河上公注：「器，物也。」

〔五〕之：指樸。

〔六〕官長：百官的首長，指君主。

〔七〕大制不割：帛書本作「大制無割」，完善的政治是不割裂的。

釋德清説：「不割者，不分彼此界限之意。」

高亨説：「大制因物之自然，故不割，各抱其樸而已。」

蔣錫昌説：「『大制』猶云大治，『無割』猶云無治。蓋無治，可以使樸散以後之天下復歸於樸，正乃聖人之大治也。」

【今譯】

深知雄强，却安於雌柔，作爲天下所遵循的蹊徑。作爲天下所遵循的蹊徑，常德就不會離失，而回復到嬰兒的狀態。

深知明亮，却安於暗昧，作爲天下的川谷。作爲天下的川谷，常德纔可以充足，而回復到真樸的狀態。

真樸的道分散成萬物，有道的人沿用真樸，則爲百官的首長。所以完善的政治是不割裂的。

【引述】

「知雄守雌」：在雄雌的對待中，對於「雄」的一面有透徹的了解，而後處於「雌」的一方。「守雌」的「守」，自然不是退縮或迴避，而是含有主宰性在裡面，它不僅執持「雌」的一面，也可以運用「雄」的一方。因而，「知雄守雌」實爲居於最恰切妥當的地方而對於全面境況的掌握。嚴復説：「今之用老者，只知有後一句，不知其命脈在前一句也。」這話説得很對，老子不僅「守雌」，而且「知雄」。「守雌」含有持靜、處後、守柔的意思，同時也含有内收、凝斂、含藏的意義。

「谿」「谷」卽是處下不爭的象徵。老子鑒於政風社情搶先貪奪，紛紜擾攘，所以主張「謙下涵容」，同時呼籲人們要返歸真樸。

二十九章

將欲取〔一〕天下而爲〔二〕之，吾見其不得已〔三〕。天下神器〔四〕，不可爲也，〔不可執也〔五〕。〕爲者敗之，執者失之。

故物或行或隨，或噓或吹〔六〕，或强或羸，或培或墮〔七〕。

是以聖人去甚，去奢，去泰〔八〕。

【注釋】

〔一〕取：爲，治，猶攝化。

蔣錫昌說：「廣雅釋詁三：『取，爲也。』國語：『疾不可爲也。』韋解：『爲，治也。』是『取』與『爲』通，『爲』與『治』通。」

〔二〕爲：指「有爲」，强力去做。

〔三〕不得已：不可得（蘇轍注）。「已」，語助（范應元注）。

高明說：「『不得已』，河上公謂爲『不得天道人心』，甚得其恉，猶今言無所得或無所獲。有人釋作『迫不得已』，失之遠矣。」

〔四〕天下神器：天下是神聖的東西。「天下」指天下人。

河上公注：「器，物也，人乃天下之神物也；神物好安靜，不可以有爲治。」

嚴靈峯說：「神器，猶神物也。言其至貴重者也。」

〔五〕〔不可執也〕：王弼本原缺這一句，根據劉師培的說法增補。

劉師培說：「王注：『萬物以自然爲性，故可因而不可爲，可通而不可執也。物有常性而造爲之，故必敗也。物有往來而執之，故必失矣。』案據王注觀之，則本文『不可爲也』下當有『不可執也』一語。文子引老子曰：『天下大器也，不可執也，不可爲也；爲者敗之，執者失之。』」（老子斠補）

易順鼎說：「按『不可爲也』下當有『不可執也』一句，請舉三證以明之。文選干令升晉記總論注引文子稱老子曰：『天下大器也；不可執也，不可爲也；爲者敗之，執者失之。』其證一。王注云：『故可因而不可爲，可通而不可執也。』王注有，則本文可知。其證二。下篇六十四章云：『爲者敗之，執者失之。是以聖人無爲，故無敗；無執，故無失。』『無爲』卽『不可爲』，『無執』卽『不可執』。彼文有，則此文亦有。其證三。蓋有『執者失之』一句，必先有『不可執也』一句，明矣。」（讀老札記）

馬敍倫說：「劉說是也。彭耜引黃茂材曰：『天下神器，不可爲也，不可執也；至於人身，獨非神器乎？』是黃見本有此一句。」

劉師培和易順鼎之説可信，因據文子和王弼注文，在「不可爲也」句下，增「不可執也」。

〔六〕或嘘或吹：「嘘」，王弼本作「歔」，河上公本作「呴」，景龍、敦煌丁本均作「嘘」。

易順鼎説：「按『歔』本字當作『嘘』。下文『或强或羸』，『强』與『羸』反，則『嘘』與『吹』反。玉篇引聲類云：『出氣急曰吹，緩曰嘘。』此『吹』、『嘘』之别，即老子古義也。」

〔七〕或培或墮：王弼本作「或挫或隳」，河上公本作「或載或隳」（河上公注：「『載』，安也。『隳』，危也。」）傅奕本、范應元本作「或培或墮」，帛書本同，據帛本改。按：「故物或行或隨」這一段文意，從高明帛書老子校注。

高明説：「王本誤『培』字爲『挫』。……甲、乙（帛書）本末句作『或培或墮』，與傅、范本同，老子原本當如是。兹據前舉古今各本勘校，此文當作：『故物或行或隨，或嘘或吹，或强或羸，或培或墮。』」王弼注：「凡此諸『或』，言物事逆順反復，不施爲執割也。聖人達自然之性，暢萬物之情，故因而不爲，順而不施。此之謂人事繁多，情性各異：有的行前，有的隨後；有的性緩，有的性急；有的剛强，有的柔弱；有的自愛，有的自毁。凡此皆明人事參差，聖人順而不施，因而不爲，任其自然。」

〔八〕去甚，去奢，去泰：「泰」，即太過。

河上公注：「甚謂貪淫聲音，奢謂服飾飲食，泰謂宫室臺榭。」

薛蕙説：「物各有自然之性，豈可作爲，以反害之邪！是以聖人去甚去奢去泰，惟因其自然而已。……漢書黃霸傳曰：『凡治道，去其泰甚者耳。』其言蓋本於此，而意實不同；事有太過者去之，若夫小而無害者，則因循不必改作，此漢儒之意也。物有固然，不可强爲，事有適當，不可復過，此老子之本意也。」

【今譯】

想要治理天下却用强力去做，我看他是不能達到目的了。「天下」是神聖的東西，不能出於强力，不能加以把持。出於强力的，一定會失敗；加以把持的，一定會失去。

世人情性不一，有的行前，有的隨後；有的性緩，有的性急；有的强健，有的羸弱；有的自愛，有的自毁。

所以聖人要去除極端的、奢侈的、過度的措施。

【引述】

本章爲老子對於「有爲」之政所提出的警告：治理國家，若以强力作爲或暴力把持，都將自取敗亡。世間的物性不同，人性各別，爲政者要能允許差異性與特殊性的發展，不可强行，否則就變成削足適履了！所以理想的政治應順任自然，因勢利導，要捨棄一切過度的措施，去除一切酷烈的政舉；凡是奢費的行徑，都不宜施張。

三十章

以道佐人主者，不以兵强天下。其事好還〔一〕。師之所處，荆棘生焉。〔大軍之後，必有凶年〔二〕。〕

善有果〔三〕而已，不敢〔四〕以取强。果而勿矜，果而勿伐，果而勿驕，果而不得已，果而勿强。

物壯〔五〕則老，是謂不道〔六〕，不道早已〔七〕。

【注釋】

〔一〕其事好還：用兵這件事一定會得到還報。簡本此句作「其事好」，且置於章末「果而不强」句後。

李息齋說：「殺人之父，人亦殺其父；殺人之兄，人亦殺其兄，是謂好還。」（道德真經義解）

林希逸說：「我以害人，人亦將以害我，故曰其事好還。」

朱謙之說：「『還』，釋文：『音旋。』『其事好還』謂兵凶戰危，反自爲禍也。」

〔二〕〔大軍之後，必有凶年〕：簡帛本及景龍本、次解本、唐人敦煌丁本均缺此二句。簡本並缺「師之所處，荆棘生焉」二句。

馬敍倫曰：「證弼注曰：『言師凶害之物也，無有所濟，必有所傷，賊害人民，殘荒田畝，故荆棘生焉。』是王亦無此兩句。成於此兩句無疏，則成亦無。蓋古注文所以釋上兩句者也。」勞健說：「漢書嚴助傳淮南王安上書云：『臣聞軍旅之後，必有凶年。』又云：『此老子所謂師之所處，荆棘生之者也。』按其詞意，軍旅凶年當别屬古語，非同出老子。又王弼注止云：『賊害人民，殘荒田畝，故曰荆棘生焉。』亦似本無其語。」上說甚是，當據簡帛本删。

〔三〕果：效果。有幾種解釋：一、救濟危難。如王弼注：「『果』猶『濟』也。言善用師者，趣以濟難而已矣。」二、完成。如司馬光說：「果，猶成也。大抵禁暴除亂，不過事濟功成則止。」三、勝；如王安石說：「『果』者，勝之辭。」高亨說：「爾雅釋詁：『果，勝也。』『果而已』猶勝而止。」

〔四〕敢：景龍碑缺「敢」字，俞樾認爲「敢」字是衍文。

俞樾說：「按『敢』字衍文。河上公注曰：『不以果敢取强大之名。』注中『不以』二字，卽本經文。其『果敢』字乃釋上文『果』字之義，非此文又有『果』字也。今作『不敢以取强』，卽涉河上注而衍。王注曰：『不以兵力取强於天下也。』亦『不以』二字連文，可證經文『敢』字之衍。唐景龍碑正作『不以取强』，當據以訂正。」按帛書本正是，甲、乙本同作「毋以取强」。

〔五〕壯：武力興暴。（王弼注）

〔六〕不道：不合於道。

景龍本、傅奕本及多種古本「不道」作「非道」。

〔七〕不道早已：「早已」，早死。

【今譯】

用道輔助君主的人，不靠兵力逞强於天下。用兵這件事一定會得到還報。軍隊所到的地方，荆棘就長滿了。〔大戰過後，一定會變成荒年。〕

善用兵的只求達到救濟危難的目的就是了，不借用兵力來逞强。達到目的却不矜恃，達到目的却不誇耀，達到目的却不驕傲，達到目的却出於不得已，達到目的却不逞强。

凡是氣勢壯盛的就會趨於衰敗，這是不合於道的，不合於道很快就會消逝。

【引述】

人類最愚昧最殘酷的行爲，莫過於表現在戰爭的事件上。戰爭的慘烈，令人觸目心驚：「師之所處，荆棘生焉。」這兩句話道盡了戰爭爲害的後果。

戰爭總是沒有好下場的，敗陣者傷殘累累，弄得國破家亡；勝利者所付的代價也是極其慘重的，而所得的結果僅僅是「口中含灰」而已。所以老子警惕着：「其事好還」——武力横行，終將自食其果；武力暴興，必定自取滅亡。

三十一章

夫兵者〔一〕，不祥之器，物或惡之，故有道者不處〔二〕。

君子居則貴左，用兵則貴右〔三〕。兵者不祥之器，非君子之器，不得已而用之，恬淡〔四〕爲上。勝而不美，而美之者，是樂殺人。夫樂殺人者，則不可得志於天下矣。

吉事尚左，凶事尚右。偏將軍居左，上將軍居右。言以喪禮處之。殺人之衆，以悲哀〔五〕泣〔六〕之，戰勝以喪禮處之。

【注釋】

〔一〕夫兵者：今本作「夫佳兵者」，帛書甲、乙本同作「夫兵者」，據帛書本訂正。

劉殿爵說：「『佳兵』，不成文義，所以王念孫據老子文例訂正『佳』字爲『唯』字。但『夫唯』是承上文詞，不應出現於章首，所以令人懷疑章中文句失次，現在帛書本作：『夫兵者不祥之器也（甲本『也』字殘缺），物或惡之（乙本『惡』作『亞』，『之』字殘缺）。』『兵』上只有『夫』字，可見今本之所以出現問題，是因爲『夫』下衍一字所致的。」（引自馬王堆漢墓帛書老子初探，一九八二年九月號明報月刊）

嚴靈峯說：「日本中井積德曰：『「佳」字疑衍。』說與帛書本合。」（馬王堆帛書老子試探）

〔二〕物或惡之，故有道者不處：帛書甲本作「或惡之，故有欲者弗居」（與二十四章經文相同）。帛書「欲」字在此假借爲「裕」，「有欲者」當作「有裕者」。「裕」字與「道」不僅義同，古音亦通（高明帛書老子校注）。

〔三〕君子居則貴左，用兵則貴右：古時候的人認爲左陽右陰，陽生而陰殺。後文所謂「貴左」、「貴右」、「尚左」、「尚右」、「居左」、「居右」都是古時候的禮儀。

〔四〕恬淡：簡本作「銛纏」，讀作「恬淡」（彭浩郭店楚簡老子校讀）。

吴澄說：「『恬』者不歡愉，『淡』者不濃厚。謂非其心之所喜好也。」

〔五〕悲哀：王弼今本作「哀悲」。傅奕本、河上公本及衆古本都作「悲哀」。

蔣錫昌說：「『哀悲』當據道藏王弼本改作『悲哀』。」

〔六〕泣：有兩種講法：一、哭泣。這是通常按字面的解釋。二、「泣」是「莅」字的誤寫。「莅」、「涖」、「溰」同字，莅臨，對待的意思。張運賢說：「『泣』當爲『溰』之訛。說文無『溰』字，蓋卽逮也。」（老子餘義，引自朱謙之老子校釋）按：帛書本作「立」，當是「涖」的省字。今譯從後者。

【今譯】

兵革是不祥的東西，大家都怨惡它，所以有道的人不使用它。

君子平時以左方爲貴，用兵時以右方爲貴。兵革是不祥的東西，不是君子所使用的東西。萬不得已而使用它，最好要淡然處之。勝利了也不要得意洋洋，如果得意洋洋，就是喜歡殺人。喜歡殺人的，就不能在天下得到成功。

吉慶的事情以左方爲上，凶喪的事情以右方爲上。偏將軍在左邊，上將軍在右邊，這是說出兵打仗用喪禮的儀式來處理。殺人衆多，帶着哀痛的心情去對待，打了勝戰要用喪禮的儀式去處理。

【引述】

「武力是帶來凶災的東西。」老子指出了戰爭的禍害，而表達了他的反戰思想。

用兵是出於「不得已」的——若是爲了除暴救民而用兵，也應該「恬淡爲上」，「戰勝了不要得意洋洋，得意洋洋就是喜歡殺人」。這話對於尚武者的心理狀態與行爲樣態，真是一語道破。他還說：如果不得已而應戰，要「以喪禮處之，殺人之衆，以悲哀泣之」。這是人道主義的呼聲。

本章亦爲對於當時武力侵略的一種沉痛的掊擊。

三十二章

道常無名、樸〔一〕。雖小〔二〕，天下莫能臣〔三〕。侯王若能守之，萬物將自賓〔四〕。天地相合，以降甘露，民莫之令而自均〔五〕。始制有名〔六〕，名亦既有，夫亦將知止〔七〕，知止可以不殆。譬道之在天下，猶川谷之於江海〔八〕。

【注釋】

〔一〕道常無名、樸：老子以「無名」喻「道」，如四十一章「道隱無名」。「樸」，乃無名之譬。木之未制成器者，謂之「樸」。（釋德清說）

「道常無名樸」，歷來有兩種斷句法：一爲「『道』常無名樸」；一爲「『道』常無名，樸（雖小）」。第二種斷句法，是將「樸」字屬下讀，但三十七章有「無名之樸」句，所以在這裡仍以「無名樸」斷句。

〔二〕小：「道」是隱而不可見的（「道隱無名」），所以用「小」來形容。

范應元說：「『道』常無名，固不可以小、大言之，聖人因見其大無不包，故强爲之名曰

『大』，復以其細無不入，故曰『小』也。」

張默生說：「『小』字，指『無名樸』說，亦卽指道體而言。道體是至精無形的，故可說是『小』。但此『小』字，不是普通大小之『小』，因有時從另一方面看，此『小』字又可說是『大』了。下章有云：『常無欲，可名於小，萬物歸焉而不爲主，可名爲大。』這都是形容道體的。莊子上說的『其大無外』，是就『大』一方面來說；『其小無內』，是就『小』一方面來說。」

按：通行本「雖小」，簡本作「唯妻」。「妻」，微、細之意。

〔三〕莫能臣：「臣」下王弼本有「也」字，傅奕本及唐宋諸本皆無，與簡帛本同，當據刪。

高亨說：「『也』字衍文，以『臣』『賓』均爲韻知之。」高說可從。

〔四〕自賓：自將賓服於「道」。

〔五〕民莫之令而自均：五十一章說「道」之生育畜養萬物時云「夫莫之命而常自然」，言無人指令而「道」能自然化育萬物。這是說人們無需指令而「道」之養物猶甘露之自然均普。

〔六〕始制有名：萬物興作，於是產生了各種名稱。「始」是指萬物的開始。「制」，作（林希逸注）。「始制有名」卽二十八章所說的「樸散爲器」。

王弼注：「始制，官長不可不立名分以定尊卑，故始制有名也。」

傅山說：「『始制有名』，『制』卽『制度』之『制』，謂治天下者初立法制，……後世之據崇高

者，只知其名之既立，尊而可以常有。天下者，非一人之天下，天下之天下也。」（讀老子，霜紅龕集卷三十二）

〔七〕知止：知道行事的限度。「止」，適可而止；卽行事有個限度。或「止」謂行止，指處身行事。

〔八〕譬道之在天下，猶川谷之於江海：蔣錫昌說：「此句倒文，正文當作『道之在天下，譬猶江海之與川谷。』蓋正文以江海譬道，以川谷譬天下萬物。」

【今譯】

道永遠是無名而樸質狀態的。雖然幽微不可見，天下却没有人能臣服它。侯王如果能守住它，萬物將會自然地歸從。

天地間〔陰陽之氣〕相合，就降下甘露，人們不須指使它而自然潤澤均匀。

萬物興作就產生了各種名稱，各種名稱已經制定了，就知道有個限度，知道有所限度，就可以避免危險。

道存在於天下，有如江海爲河川所流注一樣。

【引述】

老子用「樸」來形容道的原始無名的狀態，侯王若能持守無名之樸的道（亦卽是持守它那自然無爲的特性），人民當能安然自適，各遂其生。

道的功用，均調普及，「民莫之令而自均」。這具有一往平等的精神。

這原始樸質的道，向下落實使萬物興作，於是各種名稱就產生了：定名分，設官職，處身行事就有着適度規範了。

三十三章

知人者智，自知者明。
勝人者有力，自勝者强〔一〕。
知足者富。
强行〔二〕者有志。
不失其所者久。
死而不亡者〔三〕壽。

【注釋】

〔一〕强：含有果決的意思。這和五十二章「守柔曰强」的「强」字，都是老子的特殊用字，和七十六章「堅强者死之徒」的「强」字，用法不一樣。

〔二〕强行：勤勉力行。

嚴靈峯說：「……『强』，疑有誤。王注云：『勤能行之，其志必獲。』四十一章：『上士聞道，勤而行之。』王注云：『有志也。』莊子大宗師篇云：『而真人以爲「勤行」也。』是當作『勤』，蓋

『勤』、『强』音近，並涉上文『自勝者强』句而誤也。又疑『强』、『勤』二字，古相通假。陳景元曰：『「强行」者，謂「勤而行之」也。』」嚴説可供參考。

〔三〕死而不亡：身没而道猶存（王弼注）。

【今譯】

認識别人的是「智」，了解自己的才算「明」。
戰勝别人的是有力，克服自己的才算堅强。
知道滿足的就是富有。
努力不懈的就是有志。
不離失根基的就能長久。
身死而不朽的才是長壽。

【引述】

本章講個人修養與自我建立。一個能「自知」、「自勝」、「自足」、「强行」的人，要在省視自己，堅定自己，克制自己，並且矢志力行，這樣才能進一步開展他的精神生命與思想生命。在老子看來，知人、勝人固然重要，但自知、自勝尤爲重要。

三十四章

大道氾兮，其可左右。萬物恃之以〔一〕生而不辭〔二〕，功成而不有〔三〕。衣養〔四〕萬物而不爲主，〔常無欲〔五〕，〕可名於小〔六〕；萬物歸焉而不爲主，可名爲大。以其終不自爲大，故能成其大。

【注釋】

〔一〕以：王弼本作「而」字。傅奕本、景龍本、蘇轍本、林希逸本、范應元本及衆多古本「而」作「以」字，因據改。

〔二〕辭：有幾種解釋：一、言辭；稱説。二、推辭。三、止息。今譯從三。

〔三〕功成而不有：王弼本原作「功成不名有」。「名」字衍出。

易順鼎説：「辨命論注引作『功成而不有，愛養萬物而不爲主。』按下又連引王注，則所引爲王本無疑矣。今王本『功成不名有』當作『功成不有』，『名』字衍。」（讀老札記）

蔣錫昌説：「按『不有』二字見二章、十章、五十一章，可知二字爲老子習用之詞。『功成不名有』當作『功成而不有』，易説是也。」今據易順鼎之説删去「名」字，作「功成而不有」。

〔四〕衣養：傅奕本作「衣被」。范應元説：「『衣被』，猶覆蓋也。」「衣養」猶五十一章的「養之覆之」。

「衣」與「覆」，皆是護持之義。「衣養萬物」卽「護養萬物」。

〔五〕〔常無欲〕：這三字顧歡本、李榮本、敦煌丁本缺，略此，其上下文爲：「衣養萬物而不爲主，可名於小；萬物歸焉而不爲主，可名爲大。」兩句恰成對文。然帛書甲、乙本均有「恒無欲也」句。

〔六〕可名於小：王弼注：「萬物皆由『道』而生，既生而不知其所由。萬物各得其所，若『道』無施於物，故名於小矣。」

【今譯】

大道廣泛流行，無所不到。萬物依賴它生長而不止息，有所成就而不自以爲有功。養育萬物而不自以爲主，可以稱它爲「小」；萬物歸附而不自以爲主宰，可以稱它爲「大」。由於它不自以爲偉大，所以才能成就它的偉大。

【引述】

本章說明道的作用。道生長萬物，養育萬物，使萬物各得所需，各適其性，而絲毫不加以主宰。這裡，借道來闡揚順任自然而「不爲主」的精神。反觀基督教耶和華的作風則大不相同，耶和華創造萬物之後，長而宰之，視若囊中之物。老子所發揮的「不辭」、「不有」、「不爲主」的精神，消解領導者的佔有欲與支配欲，從「衣養萬物」中，我們還可以呼吸到愛與温暖的空氣。

三十五章

執大象〔一〕，天下往。往而不害，安平太〔二〕。樂與餌〔三〕，過客止。道之出口，淡乎其無味，視之不足見，聽之不足聞，用之不足既〔四〕。

【注釋】

〔一〕大象：大道。

河上公注：「『象』，道也。」

成玄英疏：「大象，猶大道之法象也。」

林希逸注：「大象者，無象之象也。」

〔二〕安平太：「安」，乃；王引之經傳釋詞：「安，猶於是也，乃也，則也。」「太」，同泰，安、寧的意思。

古本多作「泰」，如傅奕本、釋文、次解本、蘇轍本、林希逸本及衆多古本「太」均作「泰」。

蔣錫昌說：「奚侗云：『安寧，平和，通泰皆申言不害誼。』訓『安』爲安寧，非是。嚴復云：『安，自繇；平，平等；太，合羣也。』以今人所習用之新名詞，强合之老子，更非。」

〔三〕樂與餌：音樂和美食。

〔四〕用之不足既：帛書甲、乙本及河上本作「用之不可既」。裘錫圭說：「簡文本句與他本（包括帛書本）有一個重要的不同之處，即開頭無『用之』二字（今本有的無『之』字），而有『而』字。這也許合乎老子原貌。『不可既』指道之内蘊不可窮盡。」（郭店老子初探）

【今譯】

執守大「道」，天下人都來歸往。歸往而不互相傷害，於是大家都平和安泰。

音樂和美食，能使過路的人停步。而「道」的表述，却淡得没有味道，看它却看不見，聽它却聽不着，用它却用不完。

【引述】

仁義禮法之治有如「樂與餌」，不如行守自然無爲的大「道」——雖然無形無迹，但能使人民平居安泰。

三十六章

將欲歙〔一〕之〔二〕，必固〔三〕張之；將欲弱之，必固强之；將欲廢之，必固舉之〔四〕；將欲取之，必固與之〔五〕，是謂微明〔六〕。

柔弱勝剛强。魚不可脱於淵，國之利器不可以示人〔七〕。

【注釋】

〔一〕歙：斂，合。帛書甲本作「拾」。韓非喻老引作「翕」。「翕」和「歙」古字通用。

〔二〕之：作「者」（陳懿典老子道德經精解）。

〔三〕固：有「必然」、「一定」之義（徐志鈞老子帛書校注）。

〔四〕將欲廢之，必固舉之：「廢」，帛書甲、乙本作「去」。「舉」，通行本作「興」，帛書甲、乙本均作「與」。古「與」、「舉」字通，據勞健、高亨等説改。

勞健説：「『必固興（兴）之』之『興』當作『舉』（举），叶下句『必固與（與）之』，古與、舉字通，如禮運『選賢與能』，大戴禮記主言篇作『選賢舉能』是也。疑此字本亦作『與』，後人不識與、舉互通，又忽於老子之變文叶韻之例，乃循『廢』字臆改，故衆本相傳皆作『興』也。」

高亨說：「『與』當作『舉』，形近而僞。古書常『廢』『舉』對言。」

馮達甫說：「『興』爲『與』之僞，形近而誤。與、舉通用，勞氏、高氏之說甚是；帛書幸存其真。」按：勞健等説爲當，今用作「舉」。

〔五〕將欲取之，必固與之：「取」通行本作「奪」。惟韓非喻老篇引作「取」，范應元本及彭耜本亦作「取」。因據改正。

范應元說：「『取』，一作『奪』，非古也。」

蔣錫昌說：「史記管晏列傳云：『故曰知與之爲取，政之寶也。』索隱：『老子曰：將欲取之，必固與之。』看史記用『故曰』云云，疑『與之爲取』卽本之老子『將欲取之，必固與之』而來。是史記與索隱並作『取』也。證義，亦以作『取』爲是。當據韓非改正。」

張舜徽說：「要之此數句，乃闡明促使事物轉化之理。」

盧育三說：「這段話表明老子看到了歙張、弱强、廢舉、奪與之間的對立轉化。但在對待轉化的態度上却因人因事而異，對待自己，則防止事物發展到極端向對立方面轉化，守虛、守柔、守辱、守雌等則是防止事物向對立方面轉化的辨法；對待敵人，則促使事物發展到極端向對立方面轉化。這裡講的則是促使事物發展到極端向對立方面轉化的事例。」（老子釋義）

〔六〕微明：幾先的徵兆。

范應元説：「張之、强之、興之、與之之時，已有翕之、弱之、廢之、取之之幾，伏在其中矣。幾雖幽微，而事已顯明也。故曰：『是謂微明。』或者以此數句爲權謀之術，非也。聖人見造化消息盈虛之運如此，乃知常勝之道，是柔弱也。蓋物至於壯則老矣。」（老子道德經古本集注）

高延第説：「首八句卽福禍盛衰倚伏之幾，天地自然之運，似幽實明。『微明』謂微而顯也。」（老子證義）

高亨説：「此諸句言天道也。或據此斥老子爲陰謀家，非也。老子戒人勿以張爲可久，勿以强爲可恃，勿以舉爲可喜，勿以與爲可貪耳。故下文曰：『柔弱勝剛强』也。」

〔七〕國之利器不可以示人：「利器」，有幾種説法：一説利器指權道（如河上公）；一説利器指賞罰（如韓非）；一説利器指聖智仁義巧利（如范應元）。按本章「利器」指權柄軍力。「示」，炫耀。

薛蕙説：「利器者，喻國之威武權勢之屬。示，觀也，猶春秋傳所云觀兵黷武也。剛强者，危亡之道也；柔弱者，安存之道也。有國家者豈可以强大而自恃乎？今夫魚能深潛則常活，不可躁動而脱於淵，不爾則爲人所制，而災害及之矣。譬國能守柔則常安，不可矜其威力以觀示於天下，不爾則勢窮力屈，而國家不可保矣。」（老子集解）

【今譯】

將要收合的，必先張開；將要削弱的，必先强盛；將要廢棄的，必先興舉；將要取去的，必先給與。

這就是幾先的徵兆。

柔弱勝過剛强。魚不能離開深淵，國家的利器不可以隨便耀示於人。

【引述】

一、「將要合起來，必先張開來。」（「將欲歙之，必固張之」），即是說在事物發展的過程中，張開來是閉合的一種徵兆。老子認爲事物在不斷對立轉化的狀態，當事物發展到某一個極限的時候，它必然會向相反的方向運轉，好比花朵盛開的時候，它就要萎謝了（花朵盛開是卽將萎謝的徵兆）；月亮圓滿的時候，它就要虧缺了（月亮圓滿是卽將虧缺的徵兆）。本章第一段乃是老子對於事態發展的一個分析，亦卽是道家「物極必反」、「勢强必弱」觀念的一種說明。不幸這段文字普遍被誤解爲含有陰謀的思想，而韓非是造成曲解的第一個大罪人，後來的注釋家也很少能把這段話解釋得清楚。然前人如董思靖、范應元、釋德清等對於這段文義都曾有精確的解說，下面引録董思靖與釋德清的解說以供參看：

董思靖說：「夫張極必歙，與甚必奪，理之必然。所謂『必固』云者，猶言物之將歙，必是本來已張，然後歙者隨之。此消息盈虛相因之理也。其機雖甚微隱而理實明者。」（道德眞經集解）

釋德清說：「此言物勢之自然，而人不能察，天下之物，勢極則反。譬夫日之將昃，必盛赫；月之將缺，必極盈；燈之將滅，必熾明。斯皆物勢之自然也。故固張者，翕之象也；固强者，弱之萌也；固興者，廢之機也；固與者，奪之兆也。天時人事，物理自然。第人所遇而不測識，故曰微明。」（老子道德經

解）

二、「勢强必弱」。在剛强和柔弱的對峙中，老子寧願居於柔弱的一端。老子對於人事與物性作深入而普遍的觀察之後，他了解到：看來柔弱的東西，由於它的含藏內斂，往往較富韌性；看來剛强的東西，由於它的彰顯外溢，往往暴露而不能持久。所以老子斷言「柔弱」的呈現勝於「剛强」的表現。（「柔弱勝剛强」的説法，見於四十三章與七十八章。）

三、「國之利器不可以示人。」這是説權勢禁令都是凶利之器，不可用來耀示威嚇人民。王弼説：「示人者，任刑也。」如果統治者只知用嚴刑峻法來制裁人民，就是用利器示人了。這就是「剛强」的表現，而逞强恃暴是不會持久的。

三十七章

道常無爲而無不爲〔一〕。侯王若能守之，萬物將自化〔二〕。化而欲作，吾將鎮之以無名之樸〔三〕。無名之樸，夫亦將不欲〔四〕。不欲以靜，天下將自正〔五〕。

【注釋】

〔一〕無爲而無不爲：「無爲」是順其自然，不妄爲（同二章注〔八〕）。「無不爲」是説没有一件事不是它所爲的，這是由於「無爲」（不妄爲）所産生的效果。「無爲而無不爲」即是不妄爲，就没有什麽事情做不成的。王弼注：「順自然也。」「道常無爲而無不爲」，郭店簡本作「道恒無爲」，帛書甲、乙本作「道恒无名」。

范應元説：「虚靜恬淡，『無爲』也。天、地、人、物得之以運行生育者，無不爲也。」

馮友蘭説：「老子認爲，從道分出萬物，並不是由於『道』的有目的、有意識的作爲；道是無目的、無意識的。他稱這樣的程序爲『無爲』，他説：『道常無爲而無不爲。』（老子三十七章）就其生萬物説，『道』是『無不爲』；就其無目的、無意識説，『道』是『無爲』。」（中國哲學史新編）

張岱年説：「道是自然的，故常無爲。道生成一切，故又無不爲。」（中國哲學大綱）

胡適說：「『道常無爲而無不爲』，這是自然主義宇宙觀的中心觀念。這個觀念又是一種無爲放任的政治哲學的基石。」（中國哲學中的科學精神與方法）

〔二〕自化：自我化育，自生自長。

〔三〕吾將鎮之以无名之樸：「鎮」，簡本作「貞」。「貞」，正、安之意。

丁原植說：「『鎮』字的意含恐非指約束性的『壓制』。廣雅釋詁一：『鎮』，安也。」（郭店竹簡老子釋析與研究）

〔四〕无名之樸，夫亦將不欲：簡本不叠「无名之樸」句，「夫亦將不欲」，簡文作「夫亦將知足」。

〔五〕不欲以靜，天下將自正：簡本作「智（足）以靜，萬物將自定」。

【今譯】

道永遠是順任自然的，然而沒有一件事不是它所爲。侯王如果能持守它，萬物就會自生自長。自生自長而至貪欲萌作時，我就用道的真樸來安定它。用道的真樸來安定它，就會不起貪欲。不起貪欲而趨於寧靜，天下便自然復歸於安定。

【引述】

本章提示出理想的政治在於無爲而自化（Self-transform）——讓人民自我化育，自我體現。

「靜」、「樸」、「不欲」都是「無爲」的内涵。 統治者自身如能做到清靜、真樸、不貪欲，對人民如能做到不騷擾、不侈靡、不擴張私人意欲，百姓的生活自然可以獲得安寧。

老子一再强調統治者的態度應出於「無爲」——順任自然而不加以干預——讓人民自我發展，自我完成，同時要養成真樸的民風，這樣的社會才能趨於安定。

三十八章

上德不德〔一〕，是以有德；下德不失德〔二〕，是以無德。

上德無爲而無以爲〔三〕；〔下德無爲而有以爲〔四〕〕。

上仁爲之而無以爲；上義爲之而有以爲。

上禮爲之而莫之應，則攘臂而扔之〔五〕。

故失道而後德，失德而後仁，失仁而後義，失義而後禮〔六〕。

夫禮者，忠信之薄，而亂之首〔七〕。

前識者〔八〕，道之華〔九〕，而愚之始。是以大丈夫處其厚〔一〇〕不居其薄〔一一〕；處其實，不居其華。故去彼取此〔一二〕。

【注釋】

〔一〕上德不德：上德的人不自恃有德。

〔二〕下德不失德：下德的人，恪守着形式上的德。

林希逸注：「『不失德』者，執而未化也。」

〔三〕上德無爲而無以爲：上德的人順任自然而無心作爲。「以」，有心，故意。

林希逸注：「『以』者，有心也。『無以爲』是無心而爲之也。」

傅奕本、嚴遵本、范應元本「無以」作「無不」。

朱謙之說：「碑本作『無以爲』，是也。……『上德無爲而無以爲』，較之『上德無爲而無不爲』，於義爲優。」（老子校釋）朱說是。帛書乙本正作「上德無爲而無以爲」。

〔四〕〔下德無爲而有以爲〕：「有以爲」和「無以爲」說的是有没有模擬造作。有模擬造作就是「有以爲」，没有模擬造作就是「無以爲」。（馮友蘭中國哲學史新編）「下德無爲而有以爲」疑是衍文，帛書甲、乙本無此句。當從劉殿爵、高明之說，據帛本刪。

劉殿爵說：「帛書本作：『上德無爲而（甲本以上二字殘缺）無以爲也。上仁爲之而無（甲本以上二字殘缺）以爲也。上義（此字乙本經涂改）爲之而有以爲也。』王弼本作：『上德無爲而無以爲；下德爲之而有以爲；上仁爲之而無以爲；上義爲之而有以爲。』傅奕本作：『上德無爲而無（此字原脱，據馬校補）不爲，下德爲之而無以爲。上仁爲之而無以爲，下義爲之而有以爲。』帛書本是三分，上德、上仁、上義，文中『無爲』與『爲之』相對，『無以爲』與『有以爲』相對。上德居上，既『無爲』又『無以爲』；上仁次之，雖不能『無爲』尚能『無以爲』；上義居下，既不能『無爲』又不能『無以爲』。上、中、下層次分明。王弼本加上『下德』作四分，結果『下德爲之而有以爲』與『上義爲之而有以爲』相重複。傳本『上德』句作『無爲而無不爲』，『下德』句作『爲之而無以爲』又與『上仁』句相重複，這樣顯見老子文句原來是如帛書本作『三分』的，後人改作『四分』時，改得不得其法，便陷於重複。原來都是句與句之間相對，但傳本改『無以爲』作『無不爲』便與上文『無爲』相對，成爲句中相對而與全文體例不合。要之，作『無爲而無不爲』不論是在傳本抑在韓非都顯然是後人所改。」

高明說：「帛書甲、乙本無『下德』一句，世傳本皆有之。此是帛書與今本重要分歧之一。老子原本當如何？從經文分析，此章主要講論老子以道觀察德、仁、義、禮四者之不同層次，而以德爲上，其次爲仁，再次爲義，最次爲禮。德仁義禮不僅遞相差次，每況愈下，而且相繼而生。如下文云：『失德而後仁，失仁而後義，失義而後禮。夫禮者，忠信之薄而亂之首也。』德仁義禮之間各自差距如何？老子用『無爲』作爲衡量四者的標準，以『無爲而無以爲』最上，『爲之而無以爲』其次，『爲之而有以爲』再次，『爲之而莫之應，則攘臂而扔之』最次。據帛書甲、乙本分析，德仁義禮四者的差別非常整齊，邏輯意義也很清楚。今本衍『下德』一句，不僅詞義重疊，造成内容混亂，而且各本衍文不一，衆議紛紜。如王弼諸本衍作『下德爲之而有以爲』，則同『上義爲之而有以爲』相重；傅奕諸本衍作『下德爲之而無以爲』，則同『上仁爲之而無以爲』相重。由此可見，『下德』一句在此純屬多餘，絕非老子原文所有，當爲後人妄增。驗之韓非子解老篇，亦只言『上德』、『上仁』、『上義』、『上禮』，而無『下德』，與帛書甲、乙本相同，

足證老子原本卽應如此，今本多有衍誤。」（帛書老子校注）

按：劉、高之説甚是。當從韓非及帛本作四分法，卽「上德……上仁……上義……上禮……」，「下德無爲而有以爲」爲漢時（帛本之後）所衍入。

道家對世風的序次皆爲四層，卽「太上」、「其次」、「其次」（或「其下」）、「其下」（或「太下」），秦漢前無此「五分法」。

與十七章參讀：「上德無爲而無以爲」卽「太上不知有之」，「上仁爲之而無以爲」卽「其次親而譽之」，「上義爲之而有以爲」卽「其次畏之」，「上禮爲之而莫之應」卽「其下侮之」。

〔五〕攘臂而扔之：伸出手臂來使人們强就。

林希逸説：「『扔』，引也。民不從强以手引之，强掣拽之也。只是形容强民之意，故曰『攘臂而扔之』。」

〔六〕失道而後德，失德而後仁，失仁而後義，失義而後禮：韓非子解老作：「失道而後失德，失德而後失仁，失仁而後失義，失義而後失禮」，文義較完。今譯從。

〔七〕禮者，忠信之薄，而亂之首：「薄」，衰薄，不足。「亂之首」，禍亂的開端。

張舜徽説：「在階級社會中，統治者多爲之方以困折人。凡所立制度儀節，皆所以屈抑群下使伏事己也。禮文繁縟，衆所不堪。……禮文大備，則統治者控馭被統治者之具愈密。民不堪命，則群起而攻殺之。」

〔八〕前識者：「前識」，指預設種種禮儀規範。「者」，提頓，無義。

范應元說：「前識猶言先見也。謂制禮之人，自謂有先見，故爲節文，以爲人事之儀則也，然使人離質尚文。」

〔九〕華：虚華，非實質的。禮儀規範乃道之「其次」者，故曰「華」。

〔一〇〕處其厚：立身敦厚。

河上公注：「『處其厚』者，處身於敦樸。」

〔一一〕薄：澆薄，指「禮」。

〔一二〕去彼取此：舍棄薄華的禮，采取厚實的道與德。

【今譯】

上德的人不自恃有德，所以實是有德；下德的人刻意求德，所以没有達到德的境界。

上德的人順任自然而無心作爲；上仁的人有所作爲却出於無意；上義的人有所作爲且出於有意。上禮的人有所作爲而得不到回應，於是就揚着胳臂使人强從。

所以喪失道就會失去德，失了德就會失去仁，喪失了仁就會失去義，失了義就會失去禮。

禮，標誌着忠信的不足，而禍亂的開端。

預設的種種規範，不過是道的虚華，是愚昧的開始。因此大丈夫立身敦厚，而不居於澆薄；存心篤實，而不居於虛華。所以捨棄薄華而採取厚實。

【引述】

本章立論的動機，實有感於人際關係愈來愈外在化，而自發自主的精神已逐漸消失，僅靠一些規範把人的思想行爲定着在固定的形式中。老子的感言是十分沉痛的。

老子從居心上來分「道」、「德」、「仁」、「義」、「禮」這幾個層次。無形無迹的道顯現於物或作用於物是爲德（道是體，德是用，這兩者的關係其實是不能分離的）。老子將德分爲上下：上德是無心的流露，下德則有了居心。「仁義」是從下德産生的，屬於有心的作爲，已經不是自然的流露了。到了禮，就注入勉强的成分，禮失而後法（古時候「法」實内涵於「禮」），人的内在精神全然被斲傷。

在老子那時代，禮已演爲繁文縟節，拘鎖人心，同時爲爭權者所盜用，成爲剽竊名位的工具，所以老子抨擊禮是「忠信之薄而亂之首」。老子一方面批評禮對於人性的拘束，另方面嚮往於道的境地——自然流露而不受外在制約的境地。

三十九章

昔之得一〔一〕者：天得一以清；地得一以寧；神得一以靈；谷得一以盈；萬物得一以生〔二〕；侯王得一以爲天下正〔三〕。

其致之也〔四〕，謂〔五〕天無以清，將恐裂；地無以寧，將恐廢〔六〕；神無以靈，將恐歇；谷無以盈，將恐竭；萬物無以生，將恐滅；侯王無以正〔七〕，將恐蹶。

故貴以賤爲本，高以下爲基。是以侯王自稱〔八〕孤、寡、不穀〔九〕。此非以賤爲本邪？非乎？故至譽無譽〔一〇〕。是故不欲琭琭如玉，珞珞如石〔一一〕。

【注釋】

〔一〕得一：卽得道（四十二章：「道生一」）。

林希逸注：「『一』者，道也。」

嚴靈峯說：「一者，『道』之數。『得一』，猶言得道也。」（老子達解）

〔二〕萬物得一以生：按：帛書甲、乙本無此句。高明以爲此句與下文「萬物無以生將恐滅」對文，是在河上公注釋之後增入的。高說可存。

〔三〕正：王弼本作「貞」。河上公、景龍、景福、嚴遵及顧歡等多種古本皆作「正」。帛書甲、乙本俱作「正」。

范應元說：「『貞』，正也，王弼、郭雲同古書。一本『貞』作『正』，亦後人避諱也。」

勞健說：「按道藏御注、御疏本原作『正』，疏云：『本或作貞字，貞卽正也。』開元石刻乃改從『貞』，范云『後人避諱』非也。」

高亨說：「四十五章曰：『清靜爲天下正』，義同。呂氏春秋執一篇：『執一爲天下正。』句法並與老子同。」勞健及高亨爲是。

〔四〕其致之也：推而言之。『也』字，今本缺，依帛書本補。

高亨說：「『致』猶推也，推而言之如下文也。」（老子正詁）

〔五〕謂：今本無「謂」字，據帛書本補。帛書甲、乙本「謂」省作「胃」。

張松如說：「『其致之也』，似是啓下，非總上，高說是。」

〔六〕廢：王弼本原作「發」。據嚴靈峯之說改正。

劉師培說：「『發』讀爲『廢』。……『恐發』者，猶言將崩圮也，卽地傾之義。『發』爲『廢』字之省形。」（老子斠補）

嚴靈峯說：「劉說是也。惟老子文作『廢』不作『發』。如十八章『大道「廢」』，三十六章『將欲「廢」之』，作『發』者，因『廢』字闕壞，失去『广』旁致誤也。呂氏春秋恃君覽篇云：『天固有衰嗛廢伏。』是天固有『廢』矣。因改『發』爲『廢』，以復其舊。」

〔七〕正：王弼本原作「貴高」。范應元及趙至堅本作「貞」。

易順鼎說：「當作『侯王無以貞，將恐蹶。』『貞』誤爲『貴』。後人見下文『貴以賤爲本，高以下爲基』二句，以爲承上文而言，妄爲『貴』下又加『高』字，遂致踵訛襲謬，而義不可通矣。」（讀老子札記）

嚴靈峯說：「易說是也。程大昌本作『侯王無以爲天下貞將恐蹶』，范應元本作『爲貞』，趙至堅本正作『貞』。作『貞』是矣，正應上文『侯王得一以爲天下貞』。因據趙至堅本改正。」按：范應元作「貞」，范說：「古本如此。」「貞」、「正」古字通用，上文「侯王得一以爲天下正」，爲求文例一律，改「貞」爲「正」（參看注〔三〕）。

〔八〕自稱：王弼本原作「自謂」。范應元本、林希逸本、焦竑本「謂」作「稱」。

易順鼎說：「按『自謂』當作『自稱』。四十二章云：『人之所惡，唯孤寡不穀，而王公以爲稱。』則此亦必作『稱』也。淮南高注正作『稱』。文選丘希範與陳伯之書注引作『王侯自稱孤寡不穀』，皆可證。」按：戰國策齊策引正作「稱」。

〔九〕孤、寡、不穀：都是王侯的謙稱。「孤」、「寡」是謙虛的說自己孤德、寡德。「不穀」有不善的意思。

范應元說：「穀，善也。又百穀之總名也。春秋王者多稱不穀。」

〔一〇〕至譽無譽：最高的稱譽是無須誇譽的。

「至譽無譽」，王弼今本原作「致數輿無輿」。「輿」可解作「譽」之借字（張松如校讀）。

按：傅奕本、次解本、王雱本、范應元本、呂惠卿本及吳澄本，「輿」均作「譽」。莊子至樂篇：「故曰：『至譽無譽。』」「故曰」乃引老子的話，「至譽無譽」或是老子原文。

范應元說：「譽，稱美也，王弼同古本。陳碧虛云：『依古本作譽。』」（老子道德經古本集注）

陶邵學說：「吳澄本作『至譽無譽』，義似可通。」（校老子）

高延第說：「『至譽無譽』，河上本作『致數車無車』，王弼本、淮南子道應篇作『致數輿無輿』，各爲曲說，與本文誼不相附。陸氏釋文出『譽』字，注『毁譽』也，是原本作『譽』。由『譽』訛爲『輿』，由『輿』訛爲『車』，後人反謂釋文爲誤，非也。莊子至樂篇：『至譽無譽』；下又云：『天無爲以之清，地無爲以之寧』云云，正引此章語，尤可證。」（老子證義）高說可信，因據莊子改爲「至譽無譽」。

〔一一〕是故不欲琭琭如玉，珞珞如石：「是故」兩字據帛書本補。「琭琭」，形容玉的華麗。「珞珞」，形容石塊的堅實。

高亨說：「琭琭，玉美貌。珞珞，石惡貌。……後漢書馮衍傳：『不碌碌如玉，落落如石。』李注：『玉貌碌碌，爲人所貴。石形落落，爲人所賤。』其訓近之矣。」

張松如說：「『不欲琭琭若玉，（而寧）珞珞若石。』這些都是老子心目中有道人君的性格形象。這裏所描繪的這種性格形象，自然折光反映着老子『無爲而治』與『致虛』、『守靜』的思想。」

【今譯】

從來凡是得到「一」（道）的：天得到「一」而清明；地得到「一」而寧靜；神得到「一」而靈妙；河谷得到「一」而充盈；萬物得到「一」而生長；侯王得到「一」而使得天下安定。

推而言之，天不能保持清明，難免要崩裂；地不能保持寧靜，難免要震潰；神不能保持靈妙，難免要消失；河谷不能保持充盈，難免要涸竭；萬物不能保持生長，難免要絶滅；侯王不能保持清靜，難免要顛覆。

所以貴以賤爲根本，高以下爲基礎。因此侯王自稱爲「孤」、「寡」、「不穀」。這不是把低賤當作根本嗎？豈不是嗎？所以最高的稱譽是無須誇譽的。因此不願像玉的華麗，寧可如石塊般的堅實。

【引述】

本章前半段講道的作用，説明道是構成一切天地萬物所不可或缺的要素。本章重點在講侯王的得道，所以後半段提示侯王應體道的低賤之特性。即是説爲政者要能處下、居後、謙卑。有道的人君應如大廈的基石，要有駱駝般的精神，要能「珞珞如石」，樸質堅忍。

四十章

反者道之動〔一〕；弱〔二〕者道之用。

天下萬物生於有〔三〕，有生於無〔四〕。

【注釋】

〔一〕反者道之動：反，通常有兩種講法：一、相反；對立面。二、返；如林希逸說：「反者，復也，靜也。」如高亨說：「反，旋也，循環之義。」王弼三十章注「還反無爲」和六十五章注「反其眞也」，都訓「反」爲「返」。在老子哲學中，講到事物的對立面及其相反相成的作用，亦講到循環往復的規律性。按此處之「反」，卽「返」。郭店簡本正是，謂「返也者，道僮（動）也」。

〔二〕弱：柔弱、柔韌。

〔三〕有：和一章「有名萬物之母」的「有」相同，但和二章「有無相生」及十一章「有之以爲利」的「有」不同。二章與十一章上的「有」，是指現象界的具體存在物；而本章的「有」是意指形上之「道」的實存性。

〔四〕有生於無：郭店簡本此句及上句爲：「天下之物生於有、生於無」。通行本「有生於無」的命題，疑爲後出。

馮友蘭說：「一物生，是一有；萬物生，是萬有。萬有生，涵蘊着首先是『有』。『首先』二字在這裡不是指時間上的『先』，而是指邏輯上的『先』。萬物的存在涵蘊『有』的存在。老子說『天下萬物生於有，有生於無』（第四十章），就是這個意思。

老子這句話，不是說，曾經有個時候只有『無』，後來有個時候『有』生於『無』。它只是說，我們若分析物的存在，就會看出，在能够是任何物之前，必須先是『有』。『道』是『无名』，是『無』，是萬物之所從生者。所以在是『有』之前必須是『無』，由『無』生『有』。這裡所說的屬於本體論，不屬於宇宙發生論。」（中國哲學簡史）

丁原植說：「若是以『德』爲本質的『有』，以『道』爲始源的『無』，萬物就應當說是『生於有，生於無』。所謂的『無』就不在『有』之先，而是與『有』共同作爲萬物存在的始源。」（郭店竹簡老子釋析與研究，第二一六頁）

趙建偉說：「簡本『天下之物生於有，生於無』：帛本、今本均作『天下之（萬）物生於有，有生於無』，較簡本多一『有』字。表面上看，或者是帛本、今本抄衍了一個『有』字，或者是簡本於『有』字下抄奪了一個重文號。

「但是仔細考察會發現帛本、今本重出的『有』字可能是有意識增出的，原本『有』字不重。

理由如下：首先，『天下之物』是兩個『生』字句的形式主語（卽『受事主語句』，也叫被動句，卽天下之物既被有生、又被無生），多一『有』字，則兩個『生』字句已被割裂。其次，如果是『天下之物生於有，有生於無』，便是有意將『有』降格，被『無』所領屬；而實際上老子明言『有無相生』（二章），二者是並列的。第三，老子說『無，名天地之始；有，名萬物之母』（一章），又說『天下有始，以爲天下母』，可知『始』與『母』是並列的，因此『無』與『有』也是並列的關係。另外，陳鼓應先生也撰文說簡本與帛本、今本『雖一字之差，但在哲學解釋上具有重大的差別意義。因爲前者是屬於萬物生成論問題，而後者是屬於本體論範疇。從老子整體思想來看，當以簡本爲是』。」（郭店竹簡老子校釋，刊在道家文化研究第十七輯）

【今譯】

道的運動是循環的；道的作用是柔弱的。

天下萬物生於有，有生於無。

【引述】

一、「反者道之動。」在這裡「反」字是歧義的（ambiguous）：它可以作相反講，又可以作返回講（「反」與「返」通）。但在老子哲學中，這兩種意義都被蘊涵了，它蘊涵了兩個觀念：相反對立與循環往復。這兩個觀念在老子哲學中都很重視的。老子認爲自然界中事物的運動和變化莫不依循着某些規律，其中的一個總規律就是「反」：事物向相反的方向運動發展；任何事物都在相反對立的狀態下形成的：任何事物都有它的對立面，也因它的對立面而顯現。他還認爲「相反相成」的作用是推動事物變化發展的力量。老子還認爲道體是恒動的，事物總是再始更新地運動發展着的。

二、「弱者道之用。」道創生萬物輔助萬物時，萬物自身並沒有外力降臨的感覺，「柔弱」即是形容道在運作時並不帶有壓力感的意思。

三、「天下萬物生於有，有生於無。」這裡的「有」「無」即意指道，和第一章同義。「無」「有」乃是道產生天地萬物時由無形質落向有形質的活動過程。這裡是說明天下萬物生成的根源。

四十一章

上士聞道，勤而行之；中士聞道，若存若亡；下士聞道，大笑之。不笑不足以爲道。

故建言〔一〕有之：

明道若昧；

進道若退；

夷道若纇〔二〕；

上德若谷；

大白若辱〔三〕；

廣德若不足；

建德若偷〔四〕；

質真若渝〔五〕；

大方無隅〔六〕；

大器晚成；

大音希聲；

大象無形；

道隱無名。

夫唯道，善貸且成〔七〕。

【注釋】

〔一〕建言：立言。

林希逸說：「建言者，立言也，言自古立言之士有此數語。」

〔二〕夷道若纇：「夷道」，平坦的道。「纇」，不平。

張舜徽說：「說文：『纇，絲節也。』絲有節則不平，因引申爲不平之名。」

〔三〕大白若辱：「辱」，爲「黷」之假。傅奕本及范應元本正作「黷」（范應元說：「黷，黑垢也。古本如此。」）。

〔四〕建德若偷：「建」通「健」。「偷」作「惰」解。「建德若偷」，剛健的「德」好像懈怠的樣子。

俞樾說：「『建』當讀爲『健』。釋名釋言語曰：『健，建也。能有所建爲也。』是『建』『健』音同而義亦得通。『健德若偷』，言剛健之德，反若偷惰也。」

高亨說：「『建德若偷』，猶言强德若弱耳。」

〔五〕質真若渝：「渝」，變。

劉師培說：「上文言『廣德若不足，建德若偷。』此與並文，疑『真』亦當作『德』，蓋『德』字正文作『悳』，與『真』相似也，質德與廣德、建德一律。」姑備一說。

〔六〕大方無隅：最方正的却没有稜角。

〔七〕善貸且成：「貸」，施與。河上公本「善貸且成」，帛書乙本作「善始且善成」。

【今譯】

上士聽了道，努力去實行；中士聽了道，將信將疑；下士聽了道，哈哈大笑。——不被嘲笑，那就不足以成爲道！所以古時候立言的人說過這樣的話：

光明的道好似暗昧；
前進的道好似後退；
平坦的道好似崎嶇；
崇高的德好似低下的川谷；
最純潔的心靈好似含垢的樣子；
廣大的德好似不足；
剛健的德好似懦弱的樣子；

質性純真好似隨物變化的樣子；
最方正的好似没有稜角；
貴重的器物總是最後完成；
最大的樂聲反而聽來無音響；
最大的形象反而看不見形迹；
道幽隱而没有名稱。
只有道，善於輔助萬物並使它完成。

【引述】

道隱奥難見，它所呈現的特性是異常的，以致普通人聽了不易體會。

自「明道若昧」至「建德若偷」各句，乃是説明道德的深邃、内斂、冲虚、含藏。它的顯現，不是外炫的，而是返照的，所以不易爲一般人所覺察。「大音希聲」「大象無形」，卽是比喻大道幽隱未現，不可以形體求見。

四十二章

道生一，一生二，二生三，三生萬物〔一〕。萬物負陰而抱陽〔二〕，沖氣以爲和〔三〕。人之所惡，唯孤、寡、不穀，而王公以爲稱。故物或損之而益，或益之而損。人之所教，我亦教之。强梁者不得其死，吾將以爲教父。〔人之所教，我亦教之。〕

【注釋】

〔一〕道生一，一生二，二生三，三生萬物：這是老子著名的萬物生成論的提法，描述道生成萬物的過程。這一過程是由簡至繁，因此他用一、二、三的數字來代指。老子使用一二三的原義並不必然有特殊的指稱。正如蔣錫昌所說的：「老子一二三，只是以三數字表示道生萬物，愈生愈多之義。」（老子校詁）

這一章的道生萬物的過程，如果和四十章及一章相應的話，那末「道生一」就是以「無」釋道，以「有」釋「一」（如司馬光道德真經論所說：「道生一，自無入有。」），四十章的有、無（「天下萬物生於有，有生於無」）和一章的有、無（「無，名天地之始；有，名萬物之母。」）都是指稱道的。由此看來，本章的「二」，當指形而上之「無」、「有」而言（四十章說的道生萬物正是用「無」、

「有」來指稱形而上的道向下落實的活動過程)。當形而上之「無」、「有」向下落實而爲形而下之無、有時，則成爲二章所説的「有無相生」，所「生」者卽爲「三」。這樣的解釋雖然不够清楚，但較合老子原義。老子的時代對於階層或層次之分較爲簡單，如社會階層通常是二分而爲侯王和百姓，正如道和萬物的關係，也是缺乏一個中介，到莊子之後才出現氣化論來作爲道和萬物之間的承接物。事實上，以「無」、「有」來解釋一二三，在莊子齊物論中已經有所表露：「一與言爲二，二與一爲三，自此以往，巧歷不能得……故自無適有，以至於三。」齊物論這裡就以「自『無』適『有』」來解釋一二三。依此我們可以將四十二章這段文字表述爲：道是獨立無偶的(「道生一」)，渾沌未分的統一體蘊涵着「無」和「有」的兩面(「一生二」)，(道)由無形質落向有形質則有無相生而形成新體(「二生三」)，萬物都是在這種有無相生的狀況中產生的(「三生萬物」)。

歷代解老者，對於這一章的解釋衆説紛紜，但多用漢以後的觀念作解。例如以「元氣」解釋「一」，以天地或陰陽解釋「二」，以及用「和氣」來解釋「三」，這樣來説明萬物生成過程當然較爲清晰，但「元氣」與「和氣」都是漢人習用之詞(以天地所出的「陰陽」來解釋萬物的生成，則較早見於莊子)。漢代的淮南子曾針對四十二章做了較爲明確的解釋，天文篇説：「道始於一，一而不生，故分而爲陰陽，陰陽合和而萬物生，故曰『一生二，二生三，三生萬物』」。這裡淮南子用陰陽解釋「二」；用陰陽合和解釋「三」；「道始於一」，卽將道和「一」視爲同一概念。淮南子原道說：「所謂無形者，一之謂也，所謂一者，無匹合於天下者也。」原道明確以「一」釋無形之道，認爲道是獨立無偶的（「無匹合於天下」）。以「一」指稱道，屢見於老子（如十四章「混而爲一」、三十九章「天得一以清，地得一以寧」），蔣錫昌說：「一即道也，自其名而言之謂之道，自其數而言之謂之一。」以「一」之數表「道」較無疑義。但「二」之所指，則衆說不一。如上所論，采「無」、「有」爲說，雖合老子原義，但仍然無法圓滿地說明形而上的「無」、「有」如何能落實到形而下的無有。因爲「有無相生」的有、無已是現象界具體事物，它如何能從形而上的無形質的「無」、「有」中產生，却得不到具體的說明。所以多數學者仍依淮南子以「陰陽」來解釋。然而通觀老子，除了本章出現的「負陰而抱陽」文句之外，「陰陽」之詞從未他見（「陰陽」概念到莊子才大量出現），而「天地」一詞則屢見，而且將「天地」與道並舉，如六章「玄牝之門，是謂天地根」、二十五章「有物混成，先天地生」，因此，從老子的原著中也可找到以「天地」釋「二」的依據。至於「三」之數難以解釋，我們只好根據莊子田子方的說法：陰陽之氣是從天地中散發出來的。如此，我們還可以將四十二章這段文字今譯爲：道是獨立無偶的，這渾沌未分的統一體產生天地（「一生二」），天地產生陰陽之氣（「二生三」），陰陽兩氣相交而形成各種新生體（「三生萬物」）。

先秦道家各派在萬物生成論上，對老子四十二章接着講的，有如下幾種重要的言說，玆舉例如下以供參考：

一、莊子天地：「泰初有無，無有無名，一之所起，有一而未形，物得以生，謂之德；未形者有分，且然無間，謂之命；留動而生物，物成生理，謂之形。」這是以「無」釋道，「一而未形」，可見「一」仍是指無形之道。所謂沒有形質的「一」，開始「有分」（「未形者有分」），但天地篇作者並沒有説明「分」的是什麽。根據後人的解釋爲「分陰分陽」（如宣穎南華經解）。這種解釋在莊子田子方中是可以找到依據的。

二、莊子田子方：「至陰肅肅，至陽赫赫；肅肅出乎天，赫赫發乎地；兩者交通成和而物生焉。」這也很明顯的繼承着老子四十二章而立説。這裡認爲陰氣是出乎天，陽氣是發乎地，陰陽二氣（「二」）的「交通成和」，卽是老子所説的「沖氣以爲和」，萬物就是在這種情況下化生出來的。

三、帛書黄帝四經：「群群□□□□□□爲一囷。無晦無明，未有陰陽。陰陽未定，吾未有以名。今始判爲兩，分爲陰陽，離爲四【時】……」（十大經觀）這是戰國早中期道家黄老學派的説法，其萬物生成過程所表示的數字則爲一、二、四。淮南子天文訓則繼之而進一步描述爲：「陰陽之專精爲四時，四時之散精爲萬物。」

四、吕氏春秋大樂：「太一出兩儀，兩儀出陰陽，陰陽變化，一上一下，合而成章（高誘注：『章』猶形也）。」「太一」卽道，「兩儀」高誘注爲「天地」，陰陽出於天地，這和莊子的解釋一致。萬物的産生是在「陰陽變化，一上一下」，和合而成有形之物的。

〔二〕負陰而抱陽：背陰而向陽。

呂吉甫說：「凡幽而不測者，陰也；明而可見者，陽也。有生者，莫不背於幽而不測之陰，向於明而可見之陽，故曰：萬物負陰而抱陽。負則背之，抱則向之也。」

〔三〕沖氣以爲和：陰陽兩氣互相交沖而成均調和諧狀態。

「沖」，交沖，激盪。說文：「沖，涌搖也。」

「沖氣」，指陰陽兩氣相激盪。有許多解釋者將「沖氣」當作「虛氣」講，蔣錫昌認爲不妥。蔣說：「四章『道沖而用之或不盈』之『沖』當作『盅』，此『沖』當從本字。說文：『盅，器虛也』；『沖，涌搖也。』二誼不同。道之盈虛，譬之以器，故用『盅』；陰陽精氣，涌搖爲和，故用『沖』；此其別也。」

「和」，有兩種說法：一、指陰陽合和的均調狀態；如莊子田子方：「至陰肅肅，至陽赫赫；肅肅出乎天，赫赫出乎地；兩者交通成和而物生焉。」又如淮南子天文訓說：「道始於一，一而不生，故分而爲陰陽，陰陽合和而萬物生。」照這樣說來，「沖氣以爲和」應指陰陽合和的一種狀態。吴澄便說：「『和』，謂陰陽適均而不偏勝。」二、另一種說法認爲陰陽二氣之外，還有另一種氣，叫做「和氣」；如高亨說：「『沖氣以爲和』者，言陰陽二氣涌搖交蕩以成和氣也。」

【今譯】

道是獨立無偶的，渾沌未分的統一體產生天地，天地產生陰陽之氣，陰陽兩氣相交而形成各種新生體。萬物背陰而向陽，陰陽兩氣互相激盪而成新的和諧體。

〔人所厭惡的就是「孤」、「寡」、「不穀」，但是王公却用來稱呼自己。所以一切事物，減損它有時反而得到增加，增加它有時反而受到減損。別人教導我的，我也用來教導人。强暴的人不得好死，我把它當作施教的張本。〕

【引述】

本章爲老子宇宙生成論。這裡所說的「一」「二」「三」乃是指「道」創生萬物時的活動歷程。「混而爲一」的「道」，對於雜多的現象來說，它是獨立無偶，絕於對待的，老子用「一」來形容道向下落實一層的未分狀態。渾淪不分的道，實已稟賦陰陽兩氣，易傳所說一陰一陽之謂「道」。「二」就是指道所稟賦的陰陽兩氣，而這陰陽兩氣便是構成萬物最基本的原質。道再向下落漸趨於分化，則陰陽兩氣的活動亦漸趨於頻繁。「三」應是指陰陽兩氣互相激盪而形成的適均狀態，每個新的和諧體就在這種狀態中產生出來。

本章分兩段，後一段文字是：「人之所惡，唯孤、寡、不穀，而王公以爲稱。故物或損之而益，或益之而損。人之所教，我亦教之，强梁者不得其死，吾將以爲教父。」本章是説萬物的生成，和這一段文義並不相屬，疑是他章錯簡。蔣錫昌校詁已疑「上下文詞似若不接」。高亨、陳柱、嚴靈峯諸位疑爲三十九章文字移入。按：「人之所惡」數句在於提醒人不可驕矜恃氣，應謙虚自守。從文義上看，似爲三十九章錯移本章。

四十三章

天下之至柔，馳騁〔一〕天下之至堅。無有入無間〔二〕，吾是以知無爲之有益。不言之教，無爲之益，天下希〔三〕及之。

【注釋】

〔一〕馳騁：形容馬的奔走，這裡作「駕御」講。

〔二〕無有入無間：無形的力量能穿透没有間隙的東西。

「無有」（That-which-is-without form）指不見形相的東西。「無間」是没有間隙。「無有入無間」，淮南子作「出於無有，入於無間」。

〔三〕希：傅奕本作「稀」。

【今譯】

天下最柔軟的東西，能駕御天下最堅硬的東西。無形的力量能穿透没有間隙的東西，我因此知道無爲的益處。

不言的教導，無爲的益處，天下很少能够做得到的。

【引述】

水是最柔不過的東西，却能穿山透地。老子以水來比喻柔能勝剛的道理。「有爲」的措施乃是剛强的表現，是爲政者所應戒惕的。本章强調「柔弱」的作用與「無爲」的效果。

四十四章

名與身孰親？身與貨孰多〔一〕？得與亡〔二〕孰病？

甚愛必大費〔三〕；多藏必厚亡〔四〕。

故知足不辱〔五〕，知止不殆，可以長久。

【注釋】

〔一〕多：作重的意思。

奚侗說：「說文：『多，重也。』誼爲重疊之重，引伸可訓爲輕重之重。漢書黥布傳：『又多其材。』師古注：『多，猶重也。』」

〔二〕得與亡：「得」，指得名利。「亡」，指亡失生命。

〔三〕甚愛必大費：過於愛名就必定要付出很大的耗費。今本「甚愛必大費」句上原有「是故」兩字，依帛書甲本删。

張松如說：「景福道德經碑及河上公道德真經注、顧歡道德真經注疏、李榮道德真經義解、程大昌易老通言均如此。帛書甲本概同，惟只殘留首尾『甚』、『亡』兩字；乙本全部損掩。」

〔四〕多藏必厚亡：豐厚的藏貨就必定會招致慘重的損失。

釋德清說：「如斂天下之財，以縱鹿臺之欲，天下叛而臺已空，此藏之多，而不知所亡者厚矣。」

〔五〕故知足不辱：「故」字今本無，據帛書甲本補。

【今譯】

聲名和生命比起來哪一樣親切？生命和貨利比起來哪一樣貴重？得到名利和喪失生命哪一樣爲害？

過分的愛名就必定要付出重大的耗費；過多的藏貨就必定會招致慘重的損失。所以知道滿足就不會受到屈辱，知道適可而止就不會帶來危險，這樣才可以保持長久。

【引述】

常人多輕身而徇名利，貪得而不顧危亡。老子乃喚醒世人要貴重生命，不可爲名利而奮不顧身。「甚愛必大費，多藏必厚亡」，這是很有道理的話。放眼觀看，處處可以見到社會人羣在求奪爭攘的圈子裡翻來滾去，其間的得失存亡，其實是很顯然的。

四十五章

大成〔一〕若缺，其用不弊。

大盈若沖〔二〕，其用不窮。

大直若屈，大巧若拙〔三〕，大辯若訥。

躁勝寒，靜勝熱〔四〕。清靜爲天下正〔五〕。

【注釋】

〔一〕大成：最完滿的東西。

〔二〕沖：訓「虛」（參看四章注〔一〕）。

〔三〕大直若屈，大巧若拙：郭店簡本此處句序不同，無下句「大辯若訥」。

〔四〕躁勝寒，靜勝熱：疾動可以禦寒，安靜可以耐熱。

高明說：「『躁』乃疾急擾動，正與『靜』字相對。『躁』與『靜』是指人之體魄在不同環境下而表現的不同情緒或狀態。肢體運動則生暖，暖而勝寒；心寧體靜則自爽，爽而勝熱。」

〔五〕清靜爲天下正：簡本作「清清（靜）爲天下定」。

蔣錫昌說：「『正』者，所以正人也，故含有模範之義。」

【今譯】

最完滿的東西好像有欠缺一樣，但是它的作用是不會衰竭的。
最充盈的東西好像是空虛一樣，但是它的作用是不會窮盡的。
最正直的東西好像是彎曲一樣，最靈巧的東西好像是笨拙一樣，最卓越的辯才好像是口訥一樣。
疾動可以禦寒，安靜可以耐熱。清靜無爲可以做人民的模範。

【引述】

本章是對於「大成」「大盈」的人格形態的描述；「若缺」、「若沖」、「若屈」、「若拙」、「若訥」，都是說明一個完美的人格，不在外形上表露，而爲內在生命的含藏內斂。

「躁勝寒，靜勝熱，清靜爲天下正。」說明對反的事物可以相互制衡，而最後仍歸結到推崇清靜無爲的最高作用。

四十六章

天下有道，卻〔一〕走馬以糞〔二〕。天下無道，戎馬〔三〕生於郊〔四〕。

咎莫大於欲得；禍莫大於不知足〔五〕。故知足之足，常足矣〔六〕。

【注釋】

〔一〕卻：屏去，退回。

吳澄說：「却，退也。」

〔二〕走馬以糞：「糞」，耕種。傅奕本「糞」作「播」。二字古時通用。

高亨說：「此言天下有道，干戈不興，走馬不用於軍而用於田也。……孟子滕文公篇：『凶年糞其田而不足』，趙注：『糞治其田。』禮記月令：『可以糞田疇。』糞亦治田之義。」

〔三〕戎馬：戰馬。

〔四〕生於郊：字面的解釋是牝馬生駒犢於戰地的郊野。按：「生」，興。言大興戎馬於郊野，指興兵徵戰，「興戎馬」正與「却走馬」相對爲文。

吳澄說：「郊者，二國相交之境。」

鹽鐵論未通篇載：「聞往者未伐胡越之時，繇賦省而民富足；溫衣飽衣，藏新食陳；布帛充用，牛馬成群；農夫以馬耕載，而民莫不騎乘。當此之時，卻走馬以糞。其後師旅數發，戎馬不足，牸牝入陣，故駒犢生於戰地，六畜不育於家，五穀不殖於野，民不足於糟糠。」這爲「卻走馬以糞」和「戎馬生於郊」所舉的一個實例。

〔五〕咎莫大於欲得，禍莫大於不知足：王弼本作「禍莫大於不知足，咎莫大於欲得」，據郭店簡本上下句互移。此處文句，通行本與簡、帛本略異。帛書本爲：「罪莫大於可欲，禍莫大於不知足，咎莫憯於欲得」。簡本爲：「罪莫厚乎甚欲，咎莫僉（憯）乎欲得，禍莫大乎不知足」。簡本句序優於他本，因簡文第三句「禍莫大於不知足」，與下文「知足之足，此恒足矣」正相接連，文義較完整。

〔六〕故知足之足，常足矣：知道滿足的這種滿足，是永遠滿足的。

胡寄窗說：「寡欲的具體表現是『知足』。老子學派把知足看得非常重要，以爲知足可以決定人們的榮辱、生存、禍福……不僅此也，他們並將知足作爲從主觀上分辨貧富的標準。如知足，則雖客觀財富不多而主觀上亦可自認爲富有，『知足者富』，『富莫大於知足』。因爲知『足』之所以爲足，則常足矣，常足當然可以看作是富裕。反之，客觀財富雖多，由於主觀的不知足，貪得無饜，能釀成極大的禍害。從這裏可以看出老子的財富觀決定於主觀的知足與不知足，亦卽決定於『欲不欲』，所以帶有唯心主義色彩。但他們很重視客觀刺激對産生欲望之作用。如他們說『樂與餌，過客止』。寡欲與知足是不可分割的，未有能寡欲而不知足者，亦未有不寡欲而能知足者。老子提出寡欲、知足，對當時當權貴族的無饜欲求是一個强烈的抗議。」（中國經濟思想史上，第二〇九頁）

【今譯】

國家政治上軌道，把運載的戰馬還給農夫用來耕種。國家政治不上軌道，便大興戎馬於郊野而發動徵戰。

禍患沒有過於不知足的了；罪過沒有過於貪得無厭的了。所以懂得滿足的這種滿足，將是永遠的滿足。

【引述】

戰爭的起因，大半由於侵略者的野心勃勃，貪得而不知止足，結果侵人國土，傷人性命，帶來無窮的災難。老子指陳統治者多欲生事的爲害，警惕爲政者當清靜無爲，收斂侵佔的意欲。

「天下無道，戎馬生於郊。」也可反映出當時兵馬倥傯，互相殺伐的慘烈情況。本章和三十章、三十一章都含有反戰思想，沉痛捛擊當時的武力侵略，給百姓帶來的災難。

四十七章

不出户，知天下；不闚牖，見天道〔一〕。其出彌遠，其知彌少。是以聖人不行而知，不見而明〔二〕，不爲〔三〕而成。

【注釋】

〔一〕天道：自然的規律。

〔二〕不見而明：「明」原作「名」，「名」與「明」古時通用。張嗣成本作「明」。蔣錫昌說：「『名』、『明』古雖通用，然老子作『明』不作『名』。二十二章『不自見，故明』，五十二章『見小曰明』，皆『見』、『明』連言，均其證也。此當據張本改。」按：「不見而明」，指不窺見而明天道，韓非喻老篇所引正作「不見而明」，當據以改「名」爲「明」。

〔三〕不爲：卽無爲。

【今譯】

不出門外，能够推知天下的事理；不望窗外，能够瞭解自然的法則。越向外奔逐，對道的認識也越少。

所以聖人不出行却能感知，不察看却能明曉，無爲而能成功。

【引述】

老子特重内在直觀自省。他認爲我們的心思如果一味向外奔馳將會使思慮紛雜，精神散亂。一個輕浮躁動的心靈，自然無法明澈地透視外界事物，所以老子説：「其出彌遠，其知彌少。」老子認爲世界上一切事物都依循着某種規律運行着，掌握着這種規律（或原則），當可洞察事物的真情實況。老子認爲我們應透過自我修養的工夫，作内觀返照，清除心靈的蔽障，以本明的智慧，虛靜的心境，去覽照外物，去瞭解外物運行的規律。

上面的觀點，不限於老子，莊子和佛學也持着相似的基本觀念（老子的説法没有莊子那樣明顯），我們還可以籠統地説東方型的思想都有這種基本的認定，這和西方思想家或心理分析學家的觀點迥異，他們認爲人類心靈的最深處是焦慮不安的，愈向心靈深處挖掘，愈會發覺它是暗潮洶湧，騰折不寧的。

四十八章

爲學日益〔一〕，爲道日損〔二〕。損之又損，以至於無爲。無爲而無不爲〔三〕。取〔四〕天下常以無事〔五〕，及其有事〔六〕，不足以取天下。

【注釋】

〔一〕爲學日益："爲學"是指探求外物的知識活動。

河上公注："『學』謂政教、禮樂之學也；『日益』者，情慾文飾，日以益多。"

蔣錫昌說："『爲學者日益』，言俗主爲有爲之學者，以情慾日益爲目的；情慾日益，天下所以生事多擾也。"

〔二〕爲道日損："爲道"是通過冥想或體驗以領悟事物未分化狀態的"道"。帛書乙本作"聞道者日損"。

張岱年說："主損的思想，創始於老子。老子是第一個分別損與益的人。"

馮友蘭說："『爲學』就是求對於外物的知識。知識要積累，越多越好，所以要『日益』。『爲道』是求對於道的體會。道是不可說、不可名的，所以對於道的體會是要減少知識，『見素抱樸，少私寡欲。』（十九章）所以要『日損』。……

老子並不完全不要知識，所以它還要用觀的方法去求對外界的知識。它認爲，爲道就要日損，爲學就要日益，但是所損所益並不是一個方面的事。日損，指的是欲望、感情之類；日益，指的是積累知識的問題。這兩者並不矛盾，用我的話説，爲道所得的是一種精神境界，爲學所得的是知識的積累，這是兩回事。一個很有學問的人，他的精神境界可能還是像小孩子一樣天真爛漫，用老子表達的方式，一個人也應該知其益，守其損。」（中國哲學史新編）

高明說：「『爲學』指鑽研學問，因日積月累，知識日益淵博。『聞道』靠自我修養，要求靜觀玄覽，……復返純樸。」

〔三〕無爲而無不爲：不妄爲，就没有什麽事情做不成的。

蔣錫昌說：「上行無爲，則民亦自正，而各安其業，故無不爲也。『無爲』者，言其因，『無不爲』者，言其果。」

〔四〕取：爲，治，猶攝化。

河上公注：「取，治也。」

蔣錫昌說：「廣雅釋詁：『取，爲也。』國語二十四：『疾不可爲也。』韋解：『爲，治也。』是『取』與『爲』通，『爲』與『治』通。故河上云：『取，治也。』」

〔五〕無事：卽是無擾攘之事。

〔六〕有事：政舉繁苛。這裡的「事」，猶如「惹事生非」的「事」。

【今譯】

求學一天比一天增加〔知見〕，求道一天比一天減少〔智巧〕。減少又減少，一直到「無爲」的境地。如能無爲那就没有什麽事情做不成的了。治理國家要常清靜不擾攘，至於政舉繁苛，就不配治理國家了。

【引述】

「爲學」是求外在的經驗知識，經驗知識愈累積愈增多。「爲道」是摒除偏執妄見、開闊心胸視野以把握事物的本根，提昇主體的精神境界。

「爲道」在於探討事物的本根，尤在提昇人的精神境界。當今哲學的工作，既需「爲學」，尤要「爲道」。

四十九章

聖人常無心〔一〕，以百姓心爲心。

善者，吾善之；不善者，吾亦善之；德〔二〕善。

信者，吾信之；不信者，吾亦信之；德信。

聖人在天下，歙歙焉〔三〕，爲天下渾其心〔四〕，百姓皆注其耳目〔五〕，聖人皆孩之〔六〕。

【注釋】

〔一〕常無心：今本作「無常心」，據帛書乙本改。

王安石說：「聖人無心……以『吉凶與民同患』故也。」

張純一說：「景龍本、顧歡本皆無『常』字，此文當作『常無心』。」（老子通釋）

嚴靈峯說：「張純一曰：『當作「常無心」。』張說是也。河上公注云：『聖人重改更，貴因循，若自「無心」。』嚴遵曰：『「無心」之心，心之主也。』劉進喜曰：『聖人「無心」，有感斯應。』李榮注曰：『聖人「無心」與天地合德。』王安石曰：『聖人「無心」，故無思無爲。』王雱注第二章云：『夫聖人「無心」，以百姓心爲心。』正引此章經文。是臨川王氏父子，俱作『無心』矣。

疑古本當作『無心』。……又：顧歡本、景龍本均無『常』字；正作『無心』。」證之帛書，嚴說正是。

張松如說：「『恒無心』，河、傅、王、范及唐宋以來諸本，大都誤作『無常心』，因在『常心』二字上大作文章，焦竑老子翼說：『無常心，心無所主也。』……獨景龍、敦煌、顧歡數本，則無『常』字或『恒』字，全句作『聖人無心，以百姓心爲心』。此證『常心』二字，並非老子專用術語。此句正宜從帛書作『恒無心』，或依今本寫作『常無心』。無心者，無私心也。」

〔二〕德：假借爲「得」。

「德」作「得」：景龍本、敦煌本、傅奕本、明太祖本、陸希聲本、司馬光本、嚴遵本、次解本、張嗣成本、林希逸本、吴澄本、王雱本，「德善」「德信」的「德」均作「得」。

〔三〕歙歙焉：「歙」，收歛，指收歛主觀的意欲。「焉」字今本缺，傅奕本、司馬光本、李約本、吴澄本、范應元本均有「焉」字。王弼注文：「是以聖人之於天下『歙歙焉』，心無所主也。」依注「歙歙」下當有「焉」字，兹據傅本及帛書本補。

范應元說：「歙：音吸，收歛也。」

劉師培說：「『歙』，乃歙閉之義也。此言聖人治天下，行治不尚侈張。」

徐復觀說：「歙歙，正形容在治天下時，極力消去自己的意志，不使自己的意志伸長出來作主，有如納氣入内（歙）。」（中國人性論史）

〔四〕渾其心：使人心思化歸於渾樸。

〔五〕百姓皆注其耳目：百姓都專注他們自己的耳目。指百姓競相用智，卽王弼注：「各用聰明。」在「各用聰明」的情形下，自然會產生各種的紛爭巧奪。

釋德清注：「百姓皆注其耳目者，謂注目而視，傾耳而聽，司其是非之昭昭。」

〔六〕聖人皆孩之：聖人孩童般看待他們。

徐復觀說：「聖人皆孩之的方法，亦只是聖人自己抱一守樸，不給百姓以擾動。亦卽是無爲而治。」

【今譯】

聖人沒有主觀成見，以百姓的心爲心。

善良的人，我善待他；不善良的人，我也善待他；這樣可使人人向善。

守信的人，我信任他；不守信的人，我也信任他；這樣可使人人守信。

聖人在位，收斂自己的主觀成見與意欲，使人心思化歸於渾樸，百姓都投注他們自己的耳目，聖人却孩童般看待他們。

【引述】

理想的治者，收斂自我的成見與意欲，不以主觀釐定是非好惡的標準，破除自我中心去體認百姓的需求，而敞開彼此隔閡的通路。

理想的治者，渾厚真樸，以善心去對待任何人（無論善與不善的人）；以誠心去對待一切人（無論守信與不守信的人）。這和「無棄人」「無棄物」（二十七章）的人道主義精神是一貫的。

五十章

出生入死〔一〕。生之徒〔二〕，十有三〔三〕；死之徒〔四〕，十有三；人之生〔生〕，動之於死地〔五〕，亦十有三。夫何故？以其生生之厚〔六〕。

蓋聞善攝生〔七〕者，陸行不遇兕〔八〕虎，入軍不被甲兵〔九〕；兕無所投其角，虎無所用其爪，兵無所容其刃。夫何故？以其無死地〔一〇〕。

【注釋】

〔一〕出生入死：人出世爲生，入地爲死。

這句通常有兩種解釋：一、人離開生路，就走進死路。王弼注：「出生地，入死地。」二、人始於生而終於死。吴澄説：「『出』則生，『入』則死；『出』謂自無而見於有，『入』謂自有而歸於無。」又如蔣錫昌説：「此言人出於世爲生，入於地爲死。」今譯從後者。

〔二〕生之徒：屬於長命的。「徒」，類，屬。

王弼注：「取其生道，全生之極。」

吴澄説：「凡不以憂思嗜欲損壽，不以風寒暑濕致疾，能遠刑誅兵爭壓溺之禍者，生之徒也。」

蔣錫昌說：「長壽之類。」（老子校詁）

〔三〕十有三：十分中有三分，卽十分之三。許多解釋者從韓非子的說法，把「十有三」解釋爲「四肢九竅」，這是錯誤的。

王弼注：「『十有三』，猶云十分有三分。」

司馬光注：「大約柔弱以保其生者三，剛强以速其死者三，雖志在愛生而不免於趨死者亦三。其所以愛生而趨死者，由其自奉養太厚故也。」（道德真經論）

楊興順說：「生死相循是『道』的自然法則之一。老子認爲：人類社會上有三分之一的人走向生的自然繁榮；有三分之一的人走向自然的死亡；還有三分之一的人由於違背了生的自然性，卽違背了『道』的法則，去做力所不逮的事，因而過早死亡了。」

〔四〕死之徒：屬於夭折的。

蔣錫昌說：「短命之類。」

高延第說：「『死之徒』謂得天薄者，中道而殀。」（老子證義）

〔五〕人之生（生），動之於死地：「人之生生」，王弼本作「人之生」，據傅奕本及帛書本改。「生生」是一動賓結構之短語，譯成今語則謂「過分地奉養生命」（高明說）。按上文「生之徒」、「死之徒」皆就長壽、短壽之自然性而言，此處「動之於死地」，則是人類反自然性的人爲而說「動」，爲，妄爲。這十分之九皆不在「善攝生」之列。另外的十分之一，則是不妄爲、任自然、注意「營魄合一」的形神修煉的「善攝生」者。

高延第說：「動而之死者，謂得天本厚，可以久生，而不自保持，自蹈死地。」

〔六〕生生之厚：厚自奉養以求生。

高亨說：「生生之厚者，逞欲於聲色等，是自傷其生而動之死地矣。」

高延第說：「『生生之厚』，謂富貴之人，厚自奉養，服食藥餌，以求長生，適自蹈于死地，此卽動之於死地者之端。緣世人但知戕賊爲傷生，而以厚自奉養者爲能養生，不知其取死者同也，故申言之。」

〔七〕攝生：養生。攝，調攝，養護。

〔八〕兕：犀牛。

〔九〕入軍不被甲兵：戰爭中不會受到殺傷。

馬總說：「不好戰殺。」（老子意林）

蔣錫昌說：「廣雅釋詁二：『被，加也。』『遇』『被』皆爲受動詞。……其入軍也，不至敵人戒線之內，故決不爲甲兵所加。」

〔一〇〕無死地：沒有進入死亡的領域。

【今譯】

人出世爲生，入地爲死。屬於長壽的，佔十分之三；屬於短命的，佔十分之三；人的過分地奉養生命，妄爲而走向死路的，也佔了十分之三。爲什麽呢？因爲奉養太過度了。

聽説善於養護生命的人，在陸地上行走不會遇到犀牛和老虎，在戰爭中不會受到殺傷；犀牛用不上牠的角，老虎用不上牠的爪，兵器用不上牠的刃。爲什麽呢？因爲他没有進入死亡的範圍。

【引述】

人生在世，大約有十分之三是長壽的，十分之三是短命的，這些都是屬於自然的死亡。另有十分之三的人，本來可以活得長久，但是貪饜好得，傷殘身體，而自己糟蹋了生命。只有極少數（十分之一）的人，善於護養自己的性命，能做到少私寡欲，過着清靜樸質、純任自然的生活。

五十一章

道生之，德畜之，物形之，勢成之〔一〕。

是以萬物莫不尊道而貴德。

道之尊，德之貴，夫莫之命而常自然〔二〕。

故道生之，德畜之；長之育之；亭之毒之〔三〕；養之覆之。生而不有，爲而不恃，長而不宰，是謂「玄德」〔四〕。

【注釋】

〔一〕道生之，德畜之，物形之，勢成之：「道」是萬物由以生成的究竟所以，而「德」是一物由以生成之所以（張岱年中國哲學大綱）。「勢」：有幾種解釋：一、環境；如蔣錫昌說：「『勢』，指各物所處之環境而言，如地域之變遷，氣候之差异，水陸之不同是也。」二、力；如陳柱說：「勢者，力也。」但陳柱並没有説明「力」是指潛在於物内的勢能或是指外在的自然力。若是指自然的力量（如河上公注：「寒暑之勢。」或如釋德清注：「勢者，凌逼之意。若夫春氣逼物，故物不得不生。秋氣逼物，故物不得不成。」），這種解釋就與前者相同；因爲寒暑氣候等自然力量的影響，就是屬於環境的因素。所以第二種解釋「勢」爲内在的勢能。三、對立；如林希逸説：「勢則有對矣，故曰：『勢成之。』陰陽之相偶，四時之相因，皆勢也。」又如嚴靈峯説：「彼、此相資，互爲利用，勢相依倚；故曰：『勢成之。』」今譯從一。

張岱年説：「老子説：『道生之，德畜之，物形之，勢成之。』一物由道而生，由德而育，由已有之物而受形，由環境之情勢而鑄成。道與德乃一物之發生與發展之基本根據。莊子天地説：『物得以生謂之德。』德是一物所得於道者。德是分，道是全。一物所得於道以成其體者爲德。德實卽是一物之本性。道與德是道家哲學之最根本的二觀念，故道家亦稱爲道德家。」

馮友蘭説：「老子認爲，萬物的形成和發展，有四個階段。首先，萬物都由『道』所構成，依靠『道』才能生出來（『道生之』）。其次，生出來以後，萬物各得到自己的本性，依靠自己的本性以維持自己的存在（『德畜之』）。有了自己的本性以後，再有一定的形體，才能成爲物（『物形之』）。最後，物的形成和發展還要受周圍環境的培養和限制（『勢成之』）。在這些階段中，『道』和『德』是基本的。没有『道』，萬物無所從出；没有『德』，萬物就没有了自己的本性；所以説：『萬物莫不尊道而貴德。』但是，『道』生長萬物，是自然而然如此的；萬物依靠『道』長生和變化，也是自然如此的；這就是説並没有什麼主宰使它們如此，所以説：『莫之命而常自然。』」

又，「勢成之」，帛書甲、乙本均作「器成之」。高明説：「按物先有形而後成器，老子第二十八章『朴散則爲器』，王弼注：『樸，真也。真散則百行出，殊類生，若器也。』二十九章『天下神器』，王弼注：『器，合成也。無形以合，故謂之神器也。』周易繫辭上『形乃謂之器』，韓康伯注：『成形曰器。』皆『形』、『器』同語連用。從而可見，今本中之『勢』應假借爲『器』，當從帛書甲、乙本作『器成之』。夫物生而後則畜，畜而後形，形成而爲器。其所由生者道也，所畜者德也，所形者物也，所成者器也。」

〔二〕莫之命而常自然：不加以干涉，而讓萬物順任自然。

蔣錫昌說：「道之所以尊，德之所以貴，卽在於不命令或干涉萬物，而任其自化自成也。」

張岱年說：「萬物皆由道生成，而道之生萬物，亦是無爲而自然的。萬物之遵循於道，亦是自然的。在老子的宇宙論中，帝神都無位置。」

〔三〕亭之毒之：有兩種解釋，一、作「安」「定」講；蒼頡篇：「亭，定也。」廣雅釋詁：「毒，安也。」「亭之毒之」，卽是定之安之。二、作「成」「熟」講；河上公本和其他古本「亭之毒之」多作「成之熟之」。高亭說：「『亭』當讀爲『成』，『毒』當讀爲『熟』，皆音同通用。」按：「毒」爲「恃」之借字。說文：「恃，保也，高土也，讀若毒。」「恃」是土堡，名動相因，故有「保安」之義。這句話的意思是使萬物安寧其心性。

傅山說：「『亭』『毒』兩字最要緊。『毒』字最好最有義，其中有禁而不犯之義，又有苦而使堅之義。」茲備一說。

〔四〕生而不有，爲而不恃，長而不宰，是謂「玄德」：這四句重見於十章。

馮友蘭說：「因爲『道』並不是有意識，有目的地創造萬物，所以老子又說：『生而不有，爲而不恃，長而不宰。』（老子十章亦有此文）就是說，『道』生長了萬物，却不以萬物爲己有；『道』使萬物形成，却不自己以爲有功；『道』是萬物的首長，却不以自己爲萬物的主宰。這些論點表明，萬物的形成和變化不是受超自然的意志支配的，也不是有某種預定的目的。這是一種唯物主義和無神論的思想。它不僅否定了上帝創世說和目的論，而且表明了『道』不是精神性的實體。」

【今譯】

道生成萬物，德畜養萬物，萬物呈現各種形態，環境使各物成長。

所以萬物没有不尊崇道而珍貴德的。

道所以受尊崇，德所以被珍貴，就在於它不加干涉，而順任自然。

所以道生成萬物，德畜養萬物；使萬物成長作育；使萬物安寧心性；使萬物愛養調護。生長萬物却不據爲己有，興作萬物却不自恃己能，長養萬物却不爲主宰，這就是最深的德。

【引述】

萬物成長的過程是：一、萬物由道產生；二、道生萬物之後，又內在於萬物，成爲萬物各自的本性

（道分化於萬物卽爲「德」）；三、萬物依據各自的本性而發展個別獨特的存在；四、周圍環境的培養，使各物生長成熟。「道德」的尊貴，在於不干涉萬物的成長活動，而順任各物自我化育，自我完成，絲毫不加以外力的限制與干擾。

道創造萬物並不含有意識性，也不帶有目的性，所以說：「生而不有，爲而不恃，長而不宰。」「生」「爲」「長」（生育、興作、長養）都是說明道的創造功能，「不有」「不恃」「不宰」都是說明道的不具佔有意欲。在整個道的創造過程中，完全是自然的，各物的成長活動亦完全是自由的。

本章說明道的創造性不含絲毫佔有性，並述及道與各物的自發性（Spontaneity）——這種自發性不僅是道所蘊含的特有精神，也是老子哲學的基本精神。

五十二章

天下有始〔一〕，以爲天下母〔二〕。既得其母，以知其子〔三〕；既知其子，復守其母，没身不殆。

塞其兑，閉其門〔四〕，終身不勤〔五〕。開其兑，濟其事〔六〕，終身不救。

見小曰明〔七〕，守柔曰强〔八〕。用其光，復歸其明〔九〕，無遺身殃〔一〇〕；是爲襲常〔一一〕。

【注釋】

〔一〕始：本始，指道。張岱年先生說：「在老子以前。似乎無人注意到宇宙始終問題；到老子乃認爲宇宙有始，是一切之所本。」（中國哲學大綱）

〔二〕母：根源，指道。

〔三〕子：指萬物。

〔四〕塞其兑，閉其門：塞住嗜欲的孔竅，閉起嗜欲的門徑。王弼說：「『兑』，事欲之所由生，『門』，事欲之所由從也。」奚侗說：「易說卦：『兑爲口。』引申凡有孔竅者可云『兑』。……塞兑，閉門，使民無知無欲。」

高延第說：「『兑』，口也，口爲言所從出，門爲人所由行，塞之閉之，不貴多言，不爲異行。」

〔五〕勤：勞。

馬敍倫說：「『勤』借爲『瘽』，說文曰：『病也。』」這裡的「勤」作普通「勤勞」講，含有勞擾的意思。不必從馬說。

〔六〕開其兑，濟其事：打開嗜欲的孔竅，增添紛雜的事件。

奚侗說：「『開其兑』，則民多智慧；益其事，則法令滋彰，天下因以煸亂。」

高延第說：「尚口者窮，多爲者敗，徒長詐僞，無益於事。」

〔七〕見小曰明：能察見細微的，才是「明」。

陳柱說：「見小則重分析，而見事理也明。」

〔八〕强：自强不息的「强」，健。

〔九〕用其光，復歸其明：「光」是向外照耀，「明」是向内透亮。

吴澄說：「水鏡能照物謂之『光』，光之體謂之『明』。用其照外之光，回光照内，復返而歸藏於其内體之明也。」

〔一〇〕無遺身殃：不給自己帶來災殃。

〔一一〕襲常：承襲常道。「襲」，通行本作「習」。傅奕本、蘇轍本、林希逸本、吴澄本、焦竑本及帛書甲本均作「襲」。

馬敍倫說：「『襲』『習』古通。周禮胥師注曰：『故書襲爲習。』是其例證。」

【今譯】

天地萬物都有本始，作爲天地萬物的根源。如果得知根源，就能認識萬物；如果認識萬物，又持守着萬物的根源，終身都没有危險。

塞住嗜欲的孔竅，閉起嗜欲的門徑，終身都没有勞擾的事。打開嗜欲的孔竅，增添紛雜的事件，終身都不可救治。

能察見細微的叫做「明」，能持守柔弱的叫做「強」。運用智慧的光，返照内在的明，不給自己帶來災殃；這叫做永續不絕的常道。

【引述】

本章重點：一、要人從萬象中去追索根源，去把握原則。二、要人不可一味奔逐物欲。肆意奔逐的結果，必將離失自我。三、在認識活動中，要去除私欲與妄見的蔽障，内視本明的智慧，而以明澈的智慧之光，覽照外物，當可明察事理（這觀念見前面四十七章引述，這裡僅誇稱内視的作用而已）。本章言外之意，還喻着世人好逞聰明，不知歛藏，老子遂懇切地喚醒人不可一味外溢，應知内蓄。

五十三章

使我〔一〕介然有知〔二〕，行於大道，唯施〔三〕是畏。

大道甚夷〔四〕，而人〔五〕好徑〔六〕。朝甚除〔七〕，田甚蕪，倉甚虛；服文綵，帶利劍，厭〔八〕飲食，財貨有餘；是謂盜夸〔九〕。非道也哉！

【注釋】

〔一〕我：指有道的治者。

王真說：「我者侯王也。」

范應元說：「使我者，老子託言也。」

〔二〕介然有知：微有所知；稍有知識。

「介」，微小。列子楊朱篇：「無介然之慮者。」釋文：「介，微也。」顧本成疏：「介然，微小也。」

〔三〕施：邪；斜行。

王念孫說：「『施』讀爲迆。迆，邪也。言行於大道之中，唯懼其入於邪道也。下文云：『大道甚夷，而民好徑。』河上公注：『徑，邪不正也。』是其證矣。說文：『迆，衺行也。』引禹貢：『東迆北會於匯。』孟子離婁篇：『施從良人之所之。』趙注曰：『施者，邪施而行，丁公著音迆。』淮南齊俗篇：『去非者非批邪施也。』高注曰：『施，微曲也。』要略篇：『接徑直施。』高注曰：『施，邪也。』是『施』與『迆』通。」（老子雜志，在讀書雜志內）

錢大昕說：「『施』古音斜字。史記賈生列傳：『庚子日施兮。』漢書作『斜』。『斜』『邪』音義同也。」（潛研堂文集卷九，引自蔣錫昌老子校詁）

〔四〕夷：平坦。

范應元本「夷」作「徺」。范說：「『徺』古本如此，說文云：『行平易也。』」

高亨說：「夷借爲徺，徺，道平也。」

〔五〕人：指人君。原作「民」。按下文義並據景龍本改。

景龍本、李約本、次解本，「民」作「人」。

嚴可均說：「而人好徑。」（老子唐本考異）

奚侗說：「『人』指人主言。各本皆誤作『民』，與下文誼不相屬。蓋古籍往往『人』『民』互用，以其可兩通。此『人』字屬君言，自不能借『民』爲之，茲改正。」

蔣錫昌說：「奚氏謂此『民』當改作『人』，指人主言，是也。景龍碑正作『人』，可謂奚證。」

〔六〕徑：邪徑。

河上公注：「『徑』，邪不正也。」

〔七〕朝甚除：朝廷非常敗壞。

「除」，有幾種解釋：一、〔宮殿〕整潔；如王弼注：「『朝』，宮室也。『除』，潔好也。」河上公注：「高臺榭，宮室修。」陸希聲說：「觀朝闕甚條除，牆宇甚雕峻，則知其君好土木之功，多嬉遊之娱矣。」二、廢弛，頹敗；嚴靈峯說：「『除』，猶廢也。言朝政不舉而廢弛也。」而馬敍倫說：「『除』借爲『污』。」今譯從後者。

〔八〕厭：飽足。

敦煌本「厭」作「饜」。「厭」，假借爲「猒」。說文：「猒，飽也，足也。」「饜」是「猒」的俗字。

〔九〕盗夸：大盗。

「盗夸」，韓非子解老篇作「盗竽」。

韓非說：「『竽』也者，五聲之長者也。故竽先，則鐘瑟皆隨；竽唱，則諸樂皆和。今大姦作則俗唱，俗唱則小盗必和。故服文采……而資貨有餘者，是之謂盗竽矣。」

高亨說：「『夸』、『竽』同聲系，古通用。據韓說，『盗竽』猶今言盗魁也。『竽』以樂喻，魁以斗喻，其例正同。」

嚴靈峯說：「『夸』，奢也；從大，亏聲；猶『大』也。『盗夸』，大盗也；猶『盗魁』也。」

【今譯】

假使我稍微有些認識，在大道上行走，担心惟恐走入了邪路。

大道很平坦，但是人君却喜歡走斜徑。朝政腐敗極了，弄得農田非常荒蕪，倉庫十分空虛；還穿着錦繡的衣服，佩帶鋒利的寶劍，飽足精美的飲食，搜刮足餘的財貨；這就叫做强盜頭子。多麽的無道呀！

【引述】

本章痛言當時政風的敗壞，爲政者挾持權威武力，搜刮榨取，侵公肥私，過着奢侈靡爛的生活，而下層民衆却陷於饑餓的邊緣。這種景況，無怪老子氣憤地斥罵當時的執政者爲「强盗頭子」。

五十四章

善建者不拔，善抱〔一〕者不脱，子孫以祭祀不輟〔二〕。

修之於身，其德乃真；修之於家，其德乃餘；修之於鄉，其德乃長〔三〕；修之於邦〔四〕，其德乃豐；修之於天下，其德乃普。

故以身觀身，以家觀家，以鄉觀鄉〔五〕，以邦觀邦，以天下觀天下。吾何以知天下然哉？以此。

【注釋】

〔一〕抱：有牢固的意思。

〔二〕子孫以祭祀不輟：世世代代都能遵守「善建」「善抱」的道理，後代的煙火就不會絶滅。

〔三〕長：盛大（吕覽知度注：「長，盛也。」）。

〔四〕邦：王弼本作「國」。傅奕本作「邦」，韓非子解老篇引同。漢人避高祖諱，所以本章「邦」字均改爲「國」。今據簡本、韓非解老、傅本及帛書甲本改正。

范應元本作「邦」，范説：「『邦』字，韓非與古本同。」

吴澄說：「『邦』，諸本作『國』。蓋漢避高祖諱改作『國』也。唐初聚書最盛，猶有未避諱以前舊本也。」

魏源說：「『拔』『脱』『輟』爲韻，『身』『真』爲韻，『家』『餘』爲韻，『鄉』『長』爲韻，『邦』『豐』爲韻，『下』『普』爲韻，皆古音也。諸本避漢諱改『邦』作『國』。」（老子本義）

按：帛書甲本作「邦」，乙本則避劉邦的諱俱改爲「國」，由此以證帛書甲、乙本抄寫年代的不同。高亨說：「甲本中所能辨得清的『邦』字二十二個，在乙本中俱改爲『國』字。漢高祖名邦，這充分說明乙本寫者有意避劉邦的諱，而甲本則不避。可證它是劉邦稱帝以前抄寫的。」（試談馬王堆漢墓中的帛書老子）

〔五〕以身觀身，以家觀家，以鄉觀鄉：以自身察照別人，以自家察照他家，以我鄉察照他鄉。

王弼注：「彼皆然也。」

林希逸注：「卽吾一身而可以觀他人之身，卽吾之一家而可以觀他人之家，卽吾之一鄉而可以觀他人之鄉。」

【今譯】

善於建樹的不可拔除，善於抱持的不會脱落，如果子孫能遵行這個道理則世世代代的祭祀不會斷絕。

拿這個道理貫徹到個人，他的德會是真實的；貫徹到一家，他的德可以有餘；貫徹到一鄉，他的德能受尊崇；貫徹到一國，他的德就會豐盛；貫徹到天下，他的德就會普遍。

所以要從〔我〕個人觀照〔其他的〕個人，從〔我〕家觀照〔其他人的〕家，從〔我的〕鄉觀照〔其他的〕鄉，從〔我的〕國觀照〔其他的〕國，從〔我的〕天下觀照〔其他的〕天下。我怎麽知道天下的情況呢？就是用這種道理。

【引述】

「修身」猶如鞏固根基，是建立自我與處人治世的基點。老子並强調由治身到治國的大小範圍內，修德的重要性。社會各階層中的德教，亦爲儒家所倡導，不過在程序推衍上各家觀點略有差別。例如管子牧民也提出家、鄉、國、天下之爲治的主張，但它認爲：「以家爲鄉，鄉不可爲也；以鄉爲國，國不可爲也；以國爲天下，天下不可爲也。以家爲家，以鄉爲鄉，以國爲國，以天下爲天下。」牧民的觀點與老子「以身觀身，以家觀家，以鄉觀鄉，以邦觀邦，以天下觀天下」相一致，兩者與大學修齊治平却有較大的不同，大學由修身到齊家之後，便由齊家急速推廣到治國。然而「家」與「國」不僅性質、領域不同，所處理的事物也各異，能齊家的未必能治國。不過，大學的夸夸其談，頗深入人心。

五十五章

含德之厚，比於赤子。蜂蠆虺蛇不螫〔一〕，攫鳥猛獸不搏〔二〕。骨弱筋柔而握固。未知牝牡之合而朘作〔三〕，精之至也。終日號而不嗄〔四〕，和之至也。知和曰常，知常曰明〔五〕。益生〔六〕曰祥〔七〕。心使氣曰强〔八〕。物壯〔九〕則老，謂之不道，不道早已。

【注釋】

〔一〕蜂蠆虺蛇不螫：「蠆」，蠍類。「虺」，毒蛇。「螫」，毒蟲用尾端刺人。

按此句河上公本、景福本、李約本、陸希聲本、司馬光本、蘇轍本、林希逸本、吴澄本及其他衆古本多作「毒蟲不螫」。毒蟲：指蜂、蠆、虺、蛇之類。王弼本與帛書甲、乙本同，當爲老子原文。

〔二〕攫鳥猛獸不搏：「攫鳥」，用脚爪取物如鷹隼一類的鳥。「攫」的用法和猛獸的「猛」用法一樣，都是形容凶惡的物類的。

此句王弼本作「猛獸不據，攫鳥不搏」，據簡本及帛書本改，以與上句對文。

〔三〕朘作：嬰孩生殖器舉起。「朘」，王弼本作「全」，嬰孩的生殖器。「作」，挺舉，翹起。

王本「全」，傅本及帛書乙本作「朘」，河上公本及多種古本作「峻」。范應元說：「『朘』，傅奕與古本同，今諸本多作『峻』。玉篇『朘』字注亦作『峻』『屡』，係三字通用，並子雷切，赤子陰也。」

易順鼎說：「『朘』『全』音近，故或假『全』爲之。」

〔四〕嗄：啞。河上公本作「啞」。

〔五〕知和曰常，知常曰明：郭店簡本作「和曰県，知和曰明」。

魏啓鵬說：「県讀爲同。素問上古天真論：『和於陰陽。』王冰注：『和謂同和。』此本老子『萬物負陰而抱陽，沖氣以爲和』之旨。（逸周書成開：『衆和乃同。』孔注：『同謂和同。』亦和、同互訓。）從深層意義上解讀，『和曰同』又指一種體道的境界。」（楚簡老子柬釋，刊在陳鼓應主編道家文化研究郭店楚簡專號）

〔六〕益生：縱欲貪生。

〔七〕祥：作妖祥、不祥解。

林希逸說：「祥，妖也。傳曰：『是何祥也。』即此『祥』字之意。」

范應元說：「祥，妖怪也。」

易順鼎說：「按『祥』卽不祥。書序云：『有祥桑穀共生於廟』，與此『祥』字同義。王注曰：『生不可益，益之則夭。』『夭』字當作『妖』，蓋以『妖』解『祥』字。」

蔣錫昌說：「素問六元正紀大論：『水乃見祥。』注：『祥，妖祥。』左氏僖十六年傳疏：『惡事亦稱爲祥。』道德真經取善集引孫登曰：『生生之厚，動之妖祥。』又引舒王曰：『此「祥」者，非作善之祥，乃災異之祥。』是『祥』乃妖祥。」

〔八〕强：逞强；暴。

〔九〕壯：强壯。三十章王弼注：「『壯』，武力興暴。」這裡的「壯」應指上句「强」（逞强）而言。

【今譯】

含德深厚的人，比得上初生的嬰兒。蜂蝎毒蛇不咬傷他，凶鳥猛獸不搏擊他。他筋骨柔弱拳頭却握得很牢固。他還不知道男女交合但小生殖器却自動勃起，這是精氣充足的緣故。他整天號哭，但是他的喉嚨却不會沙啞，這是元氣淳和的緣故。

認識淳和的道理叫做「常」，認識常叫做「明」。貪生縱欲就會有災殃，心機主使和氣就是逞强。過分的强壯就趨於衰老，這叫做不合於道，不合於道很快就會死亡。

【引述】

老子用赤子來比喻具有深厚修養境界的人，能返到嬰兒般的純真柔和。「精之至」是形容精神充實飽滿的狀態，「和之至」是形容心靈凝聚和諧的狀態。

五十六章

知者不言，言者不知〔一〕。

塞其兑，閉其門〔二〕，挫其鋭，解其紛，和其光，同其塵〔三〕，是謂「玄同」〔四〕。故不可得而親，不可得而疏；不可得而利，不可得而害；不可得而貴，不可得而賤〔五〕。故爲天下貴。

【注釋】

〔一〕知者不言，言者不知：郭店簡本作「智之者弗言，言之者弗智」。這裡按字面的解釋是：知道的人不説話，説話的人不知道。然「知者」疑作「智者」。

嚴靈峯説：「此兩『智』字，原俱作『知』；似當讀去聲，作『智慧』之『智』。陸德明釋文云：『「知」者，或並音「智」。』……河上公注『智者不言』句云：『知者貴行不貴言也。』王注云：『因自然也。』又河上注『言者不知』句云：『駟不及舌，多言多患。』王注云：『造事端也。』疑河上、王弼兩本『知』皆作『智』者。伊凡摩爾根（Evan Morgan）在其所著英文本淮南鴻烈書中引白居易讀老子詩云：『言者不智，智者默，此語吾聞諸老君；若道老君是智者，如何自著五千言？』並譯『智』作『Wise』。足證唐時所見古本亦有作『智』者。又，高麗版影印李朝道家論辨牟子理惑論引作：『智者不言。』而日本大藏經牟子理惑論引老子正作『智者不言，言者不智』。」今譯據嚴說。

「言」指聲教政令。見二章注〔九〕、十七章注〔四〕、二十三章注〔一〕。蔣錫昌說：「是『言』乃政教號令，非言語之意也。」

〔二〕塞其兑，閉其門：這二句已見於五十二章，參看該章注〔一〕。簡本此處作「閔其逸，賽（塞）其門」。「閔」乃「閉」字之异構。「逸」借爲「兑」，指人之孔竅（魏啓鵬説）。

〔三〕挫其鋭，解其紛，和其光，同其塵：不露鋒芒，消解紛擾，含斂光耀，混同塵世。這四句重見於四章。

馬敍倫說：「剉鋭解紛和光同塵，正説玄同之義，不得無此四句。」

〔四〕玄同：玄妙齊同的境界，即道的境界。

王純甫說：「玄同者，與物大同而又無迹可見也。」（引自老子億）

〔五〕不可得而親，不可得而疏；不可得而利，不可得而害；不可得而貴，不可得而賤：指「玄同」的境界超出了親疏利害貴賤的區别。

林希逸說：「言其超出於親疏利害貴賤之外也。」

釋德清注：「以其聖人跡寄寰中，心超物表，不在親疏利害貴賤之間，此其所以爲天下貴也。」

【今譯】

有智慧的人是不多言說的，多話的就不是智者。

塞住嗜欲的孔竅，閉起嗜欲的門徑，不露鋒芒，消解紛擾，含斂光耀，混同塵世，這就是玄妙齊同的境界。這樣就不分親，不分疏；不分利，不分害；不分貴，不分賤。所以爲天下所尊貴。

【引述】

理想的人格形態是「挫銳」「解紛」「和光」「同塵」，而到達「玄同」的最高境界。「玄同」的境界是消除個我的固蔽，化除一切的封閉隔閡，超越於世俗褊狹的人倫關係之局限，以開豁的心胸與無所偏的心境去待一切人物。

老子哲學和莊子哲學最大的不同處，便是老子哲學幾乎不談境界，而莊子哲學則着力於闡揚其獨特的人生境界。如果老子的哲學有所謂「境界」的話，勉强可以說「玄同」的觀念爲近似。

五十七章

以正〔一〕治國，以奇〔二〕用兵，以無事取天下〔三〕。吾何以知其然哉？以此〔四〕：天下多忌諱，而民彌貧〔五〕；民〔六〕多利器〔七〕，國家滋昏；人多伎巧〔八〕，奇物〔九〕滋起；法令滋彰〔一〇〕，盗賊多有。

故聖人云：「我無爲，而民自化〔一一〕；我好靜，而民自正；我無事，而民自富；我無欲，而民自樸。」

【注釋】

〔一〕正：指清靜之道。
釋德清說：「天下國家者，當以清靜無欲爲正。」

〔二〕奇：奇巧，詭秘；臨機應變。帛書本「奇」作「畸」。

〔三〕取天下：治理天下。
朱謙之說：「取天下者，謂得民心也。……荀子王制篇楊倞注：『取民謂得民心。』」

〔四〕以此：簡本及帛書本均無此二字。

〔五〕天下多忌諱，而民彌貧：郭店簡本作「天（下）多忌諱，而民彌畔（叛）」。

彭浩說：「『畔』借作『叛』，這兩句意爲：人主的禁忌越多，而人民多背叛。與下文的『邦滋昏』爲對文。」（郭店楚簡老子校讀）

〔六〕民：景龍本、唐玄宗本、强思齊本、王純甫本及多種古本則作「人」。

蔣錫昌說：「『民』當從諸本作『人』。蓋『天下多忌諱』、『人多利器』、『人多伎巧』、『法令滋彰』，四句皆指人主而言，以明有事之不足以治天下也。三十六章『國之利器，不可以示人』，亦指人主而言，可爲證也。」

嚴靈峯說：「潘靜觀本作『朝』。三十六章云：『國之利器。』五十三章云：『朝甚除。』似當作『朝』於義爲長。」

〔七〕利器：鋭利武器。一說喻權謀。

王純甫說：「利器，卽國之利器，智慧權謀之類也。」

〔八〕伎巧：技巧，卽智巧。

吕惠卿本、陳象古本、寇質才本、林希逸本及多種古本「伎」作「技」。次解本「伎」作「知」，帛書甲本同，趙至堅本則作「智」。傅奕本「伎巧」作「智慧」，范應元本則作「智惠」。參看各古本可見「伎巧」有智巧、機詐的意思。

王純甫說：「巧，巧詐，非止藝也。」

〔九〕奇物：邪事。簡本作「戓物」。「戓」，應讀爲苛刻、苛細之「苛」，「苛物」猶言「苛事」，「苛」字用法與「苛政」、「苛禮」之「苛」相類（裘錫圭說）。

范應元本作「衺事」。范說：「『衺』與『邪』同。不正之事。」

〔一〇〕法令滋彰：河上公本作「法物滋彰」，簡本及帛書乙本同。

河上公注：「『法物』好物也。珍好之物滋生彰者，則農事廢，飢寒並至，故盜賊多有也。」

〔一一〕我無爲，而民自化：「自化」，自我化育。

晨陽說：「這裏提出私有欲望問題，爲什麼當時周末社會被攪得很亂，無非是『天子』諸侯們互相爭奪，因『有欲』而動刀兵，天下因而多事，人民不得安寧。老子希望的是克制私欲，消滅剥削，滿足人們吃飽穿暖的要求，『甘其食，美其服，安其居，樂其俗』，反對『財貨有餘』，反對『貴難得之貨』，主張『去甚，去奢，去泰』，即去掉那些極端的、奢侈的、過分的。可見老子是反對不合理的剥削制度的。他把『無爲』與『無欲』連在一起。『無爲』是勿因爭奪而爲，『無欲』是不要有佔他人財物之欲。」（老子的哲學，河北師範大學學報，一九八一，三期）

【今譯】

以清靜之道治國，以詭奇的方法用兵，以不攪擾人民來治理天下。我怎麼知道是這樣的？從下面這些事端上可以看出：

天下的禁忌越多，人民越陷於貧困；人間的利器越多，國家越陷於昏亂；人們的技巧越多，邪惡的事情就連連發生；法令越森嚴，盜賊反而不斷地增加。

所以有道的人說：「我無爲，人民就自我化育；我好靜，人民就自然上軌道；我不攪擾，人民就自然富足；我没有貪欲，人民就自然樸實。」

【引述】

「天下多忌諱，而民彌貧；……法令滋彰，盜賊多有。」從這裡，不僅可以看到老子對於一切刑政的非議，也可體會出老子所生存的時代，戰亂及權力橫暴的地步，可見老子提倡「無爲」並非無的放矢。威廉詹姆士說：「自以爲有資格對別人的理想武斷，正是大多數人間不平等與殘暴的根由。」爲政者常自以爲是社會中的特殊角色，而依一己的心意擅自釐定出種種標準，肆意作爲，强意推行。老子的不干涉主義與放任思想是在這種情境中產生，當時「無爲」思想的提出，一方面要消解統治集團的强制性，另方面激勵人民的自發性。

本章和三十七章是相對應的，而且説得更爲具體。本章的結尾：「我無爲而民自化，我好靜而民自正，我無事而民自富，我無欲而民自樸。」這是老子「無爲政治」的理想社會情境的構想。

五十八章

其政悶悶〔一〕，其民淳淳〔二〕；其政察察〔三〕，其民缺缺〔四〕。

禍兮，福之所倚；福兮，禍之所伏。孰知其極？其無正也〔五〕。正復爲奇，善復爲妖〔六〕。人之迷，其日固久〔七〕。

是以聖人方而不割〔八〕，廉而不劌〔九〕，直而不肆〔一〇〕，光而不耀〔一一〕。

【注釋】

〔一〕悶悶：昏昏昧昧，含有寬厚的意思。二十章有「我獨悶悶」句，形容淳樸的樣子。

〔二〕淳淳：淳厚的意思。「淳淳」，帛書乙本作「屯屯」。

高亨說：「淳借爲惇，説文：『惇，厚也。』」

〔三〕察察：嚴苛（同於二十章注〔一八〕）。

林希逸説：「察察者，煩碎也。」

〔四〕缺缺：狡猾。

蔣錫昌說：「『缺缺』，機詐滿面貌。」

高亨說：「『缺缺』借爲獪，說文：『獪，狡獪也。』獪獪，詐也。」

〔五〕其無正：它們並沒有定準。指福、禍變換無端。

范應元說：「無正，猶言不定也。」

朱謙之說：「『其無正』，『正』讀爲『定』，言其無定也。玉篇：『正，長也，定也。』此作『定』解。言禍福倚伏，孰知其極？其無定，卽莫知其所歸也。」

〔六〕正復爲奇，善復爲妖：正再轉變爲邪，善再轉變爲惡。

嚴靈峯說：「『奇』，邪也。『妖』，不善，惡也。言正復轉爲邪，善復轉爲惡；福去禍來；禍、福又轉相乘也。」

童書業說：「老子至少已經知道矛盾統一的規律，相反的東西是可以相成的，例如沒有『有』，也就沒有『無』；沒有『難』，也就沒有『易』；沒有『長』，也就沒有『短』等等。同時他又知道相反的東西可以互相轉化，例如『美』可以轉成『惡』，『善』可以轉成『不善』。因爲每件事物之中，都包含有否定本身的因素，例如『禍』是『福之所倚』，『福』是『禍之所伏』；相反相成，變化發展，所以說：『孰知其極。』『正』可以變成『奇』，『善』可以變成『妖』。這種觀察事物的辯證方法，是老子哲學上的最大成就。」

〔七〕人之迷，其日固久：人們的迷惑，已經有長久的時日。

嚴靈峯說：「言人之迷惑於禍、福之門，而不知其循環相生之理者，其爲時日必已久矣。」

〔八〕方而不割：方正而不割傷人。

吴澄說：「『方』，如物之方，四隅有稜，其稜皆如刀刃之能傷害人，故曰『割』。人之方者，無旋轉，其遇事觸物，必有所傷害。聖人則不割。」

〔九〕廉而不劌：銳利而不傷害人。「廉」，利。「劌」，傷。

蔣錫昌說：「『廉』假爲『利』。國語晉語：『殺君以爲廉。』言殺君以爲利也。莊子山木篇：『成則毀，廉則挫。』言利則挫也。呂覽孟秋：『其器廉以深。』言器利以深也。禮記聘義鄭注：『劌，傷也。』『廉而不劌』，言利而不傷也。」

張松如說：「『廉而不劌』，此古語也，亦見荀子不苟篇，楊倞注：『廉，稜也。說文云：「劌，利傷也。」但有廉隅，不至於刉傷也。』」

〔一〇〕直而不肆：直率而不放肆。

吴澄說：「直者不能容隱，縱肆其言，以訐人之短。聖人則不肆。」

〔一一〕光而不耀：光亮而不刺耀。

吴澄說：「光者不能韜晦，炫耀其行，以暴己之長。聖人則不耀。」

【今譯】

政治寬厚，人民就淳樸；政治嚴苛，人民就狡猾。

災禍啊，幸福倚傍在它裡面；幸福啊，災禍藏伏在它之中。誰知道它們的究竟？它們並沒有一個定準！正忽而轉變爲邪，善忽而轉變爲惡。人們的迷惑，已經有長久的時日了。

因而有道的人方正而不割人，鋭利而不傷人，直率而不放肆，光亮而不刺耀。

【引述】

「其政悶悶」卽是指清靜「無爲」之政；「其政察察」卽是指繁苛「有爲」之政。老子崇尙「無爲」之政，認爲寬宏（「悶悶」）的政風，當可使社會風氣敦厚，人民生活樸實，這樣的社羣才能走向安寧平和的道路。老子所期望的是人民能享受幸福寧靜的生活，能過着安然自在的日子。如此看來，老子的政治理想却有積極拯救世亂的一面，僅是實行的方法和態度上與各家不同而已。由他所構畫的理想人格形態也可看出，他說：「聖人方而不割，廉而不劌，直而不肆，光而不耀。」「方」「廉」「直」「光」正是積極性的人格心態的描述，「不割」「不劌」「不肆」「不耀」乃是無逼迫感的形容。這是說有道的人爲政，有積極性的理想，而其作爲對人民並不構成逼迫感。

「禍兮福之所倚，福兮禍之所伏」，禍福之相因，很容易使我們聯想起塞翁失馬，焉知非福的故事。在日常生活上，福中常潛伏着禍的根子，禍中常含藏着福的因素，禍與福是相依相生的。事實上，正與邪，善與惡，亦莫不如此。甚至一切事象都在對立的情狀中反復交變着，而這種反復交變的轉化過程是無盡止的。這種循環倚伏之理，常令人迷惑不解。老子提示我們觀察事物，不可停留在表面，應從顯相中去透視裏層，作全面的了解。他向我們拉開了觀察事物的視野，使我們能超拔於現實環境的局限，使我們不致爲眼前的困境所陷住，也使我們不致爲當下的心境所執迷。

五十九章

治人事天〔一〕，莫若嗇〔二〕。

夫唯嗇，是謂早服〔三〕；早服謂之重積德〔四〕；重積德則無不克；無不克則莫知其極；莫知其極，可以有國；有國之母〔五〕，可以長久；是謂深根固柢，長生久視〔六〕之道。

【注釋】

〔一〕事天：保養天賦（嚴靈峯老子達解）。

「天」，有兩種解釋：一、作「自然」；成疏：「天，自然也。」二、作「身」；河上公注：「治身者當愛精氣不放逸。」今譯從後者。

王純甫說：「事天，謂全其天之所賦，卽修身之謂也。」

奚侗說：「呂覽先己篇：『所事者，末也。』高注：『事，治也。』又本生篇：『以全其天也。』高注：『天，身也。』……嗇以治人，則民不勞；嗇以治身，則精不虧。」

嚴靈峯說：「『天』，猶身性；以全其天也。『事天』，猶治身也。」

按：本章重點在於講「嗇」，「嗇」是「長生久視之道」。林希逸注文中說：「治國者如此，養生者亦如此，養生而能嗇，則可以長生。」「治國」「養生」，就是指「治人，事天」而說的。本章在於講怎樣來治國養生，對於如何去應對自然（天）則只字未提。所以「事天」當依林希逸作「養生」解。孟子盡心章也曾說：「存其心，養其性，所以事天也。」這是養生之所以爲「事天」解的一個有力的旁證。道家的「養生」着重在存心、養性上（保存靈明的本心、蓄養天賦的本性）。

〔二〕嗇：愛惜，保養。

高亨說：「説文：『嗇，愛濇也，從來從亩，來者亩而藏之，故田夫謂之嗇夫。』……是『嗇』本收藏之義，衍爲愛而不用之義。此『嗇』字謂收藏其神形而不用，以歸無爲也。」

〔三〕早服：「服」，通「備」，準備。「早服」，早作準備（任繼愈說）。郭店簡本「早服」正作「早備」。

姚鼐說：「『服』者，事也。嗇則時暇而力有餘，故能於事物未至，而早從事以多積其德，逮事之至而無不克矣。」

勞健說：「『早服』猶云早從事。」

〔四〕重積德：不斷的積蓄「德」。「重」，多，厚，含有不斷增加的意思。「德」，指嗇「德」。

〔五〕有國之母：「有國」，含有保國的意思。「母」，譬喻保國的根本之道。

〔六〕長生久視：長久維持；長久存在。「久視」，就是久立的意思。

【今譯】

治理國家、養護身心，沒有比愛惜精力更重要。

愛惜精力，乃是早作準備；早作準備就是不斷的積德；不斷的積德就沒有什麼不能勝任的；沒有什麼不能勝任就無法估計他的力量；無法估計他的力量，就可以擔負保護國家的責任；掌握治理國家的道理，就可以長久維持；這就是根深柢固、長生久視的道理。

【引述】

老子提出「嗇」這個觀念，並非專指財物上的，乃是特重精神上的。「嗇」卽是培蓄能量，厚藏根基，充實生命力。

本章還提出了發人深省的警句：「根深固柢，長生久視之道。」

六十章

治大國，若烹小鮮〔一〕。

以道莅〔二〕天下，其鬼不神〔三〕；非〔四〕其鬼不神，其神不傷人；非其神不傷人，聖人亦不傷人。夫兩不相傷〔五〕，故德交歸焉〔六〕。

【注釋】

〔一〕治大國，若烹小鮮：「小鮮」，小魚。

傅山説：「不多事瑣碎也。」（讀老子，霜紅龕集卷三二）

〔二〕莅：同「涖」，臨。

林希逸本「涖」作「莅」。帛書乙本「莅」省作「立」。

〔三〕其鬼不神：鬼不起作用。古人常用陰陽和順來説明國泰民安，古人以陰氣過盛稱「鬼」。「神」這裡作「伸」講。

范應元説：「鬼神，陰陽中之靈也。『鬼』，歸也；『神』，伸也。張子曰：『鬼神者，二氣之良能也。』朱文公曰：『以二氣言，則鬼者，陰之靈也；神者，陽之靈也。以一氣言，則至而伸者爲神。反而歸者爲鬼，其實一物而已。』然則聖人以道無爲，而臨天下，則陰陽和順，其歸於陰者，不伸於陽也。」高亨說：「此『神』字借爲『魋』。說文：『魋，神也，從鬼，申聲。』蓋鬼靈曰魋。其鬼不魋，猶言鬼不靈耳。」

〔四〕非：「不唯」二字之合音（高亨老子正詁）。

〔五〕兩不相傷：指鬼神和聖人不侵越人。

〔六〕德交歸焉：「交」，俱、共（王弼注）。「交歸」，會歸。韓非子說：「『德交歸焉』，言其德上下交盛而俱歸於民也。」

【今譯】

治理大國，好像煎小魚。

用道治理天下，鬼怪起不了作用；不但鬼怪起不了作用，神祇也不侵越人；不但神祇不侵越人，聖人也不侵越人。鬼神和有道者都不侵越人，所以德會歸於民。

【引述】

「治大國，若烹小鮮。」這個警句，在傳統中國的政治思想上產生了重大的影響。它喻示着爲政之要在安靜無擾，擾則害民。虐政害民，災禍就要來臨。若能「清靜無爲」，則人人可各遂其生而相安無事。

本章還排除一般人所謂鬼神作用的概念，說明禍患全在人爲。人爲得當，禍患則無由降生。

六十一章

大邦〔一〕者下流，天下之交，天下之牝〔二〕。牝常以靜勝牡，以靜爲下。

故大邦以下小邦，則取小邦；小邦以下大邦，則取大邦。故或下以取，或下而取〔三〕。

大邦不過欲兼畜人〔四〕，小邦不過欲入事人。夫兩者各得所欲，大者宜爲下。

【注釋】

〔一〕邦：今本作「國」，據帛書甲本改。下文「邦」字均依甲本改正。

〔二〕天下之交，天下之牝：帛書甲本作「天下之牝，天下之交也」。

張松如說：「『天下之牝』、『天下之交』，都是由『下流』一語所生發，其誼並同。」

〔三〕或下以取，或下而取：「下」，謙下。「取」，借爲「聚」。「以取」，以聚人；「而取」，聚於人。

本章四個「取」字都借爲「聚」。顧歡本、開元本、敦煌本、次解本、趙至堅本「取」都作「聚」。

張默生釋爲：「故或謙下以取得小國的信仰，或謙下而取得大國的信任。」

〔四〕兼畜人：把人聚在一起加以養護。「兼」是聚起來。「畜」是飼養。

【今譯】

大國要像居於江河的下流，處在天下雌柔的位置，是天下交匯的地方。雌柔常以靜定而勝過雄强，因爲靜定而又能處下的緣故。

所以大國對小國謙下，可以會聚小國；小國對大國謙下，就可以見容於大國。所以有時〔大國〕謙下以會聚〔小國〕，有時〔小國〕謙下而見容〔於大國〕。大國不過要聚養小國，小國不過要求容於大國。這樣大國小國都可以達到願望。大國尤其應該謙下。

【引述】

人類能否和平相處，係因於大國的態度。「大國者下流」，「大者宜爲下」，本章開頭和結語一再强調大國應謙下包容，不可自恃强大而凌越弱小。「謙下」以外，老子還説到雌靜，雌靜是針對躁動而提出的。躁動則爲貪欲所驅使而易産生侵略的行爲。

老子感於當時各國諸侯以力相尚，妄動干戈，因而呼籲國與國之間，當謙虚並容。特别是大國，要謙讓無爭，才能赢得小國的信服。

六十二章

道者萬物之奧〔一〕。善人之寶，不善人之所保〔二〕。

美言可以市，尊行可以加人〔三〕。人之不善，何棄之有？故立天子，置三公〔四〕，雖有拱璧以先駟馬〔五〕，不如坐進此道〔六〕。

古之所以貴此道者何？不曰：求以得〔七〕，有罪以免邪〔八〕？故爲天下貴。

【注釋】

〔一〕奧：藏，含有庇蔭的意思。帛書甲、乙本「奧」作「注」。注讀爲主，禮記禮運：「故人以爲奧也。」注：「奧猶主。」（見老子甲本釋文，馬王堆漢墓帛書整理小組編）

河上公注：「『奧』，藏也。」

王弼注：「『奧』猶暧也，可得庇蔭之辭。」

〔二〕不善人之所保：不善的人賴以保全。

河上公注：「『道』者，不善人之保倚也，遭患逢急，猶自知悔卑下。」

嚴遵本、景龍本、次解本、趙至堅本「保」作「不保」。

〔三〕美言可以市，尊行可以加人：嘉美的言詞可以用作社交，可貴的行爲可以見重於人。「市」，指交易的行爲。「加」，施。「加人」，對人施以影響。

吴澄說：「申言善人之寶。善人以道取重於人，嘉言可愛，如美物之可以鬻賣；卓行可宗，高出衆人之上。」

按通行本：「美言可以市，尊行可以加人。」淮南子道應訓及人間訓引作：「美言可以市尊，美行可以加人。」俞樾及奚侗以爲當從淮南子。然驗之帛書甲、乙本，正與王弼本及其他古本同。「蓋老子此二句，意在貶『美言』而褒『尊行』，可證經文無誤。」（黄釗帛書老子校注析）

〔四〕三公：太師，太傅，太保。

〔五〕拱璧以先駟馬：「拱璧」在先，「駟馬」在後，這是古時獻奉的禮儀。

蔣錫昌說：「古之獻物，輕物在先，重物在後。『拱璧以先駟馬』，謂以拱璧爲駟馬之先也。」

〔六〕不如坐進此道：不如用道來進獻。

〔七〕求以得：有求就得到。

王弼本作「以求得」。景龍本、傅奕本、敦煌本、嚴遵本、顧歡本、釋文、李約本、陸希聲本、蘇轍本、林希逸本、范應元本、吴澄本及其他衆多古本「以求」都作「求以」，帛書甲、乙本正同，因據改。

俞樾說：「唐景龍碑及傅奕本並作『求以得』，正與『有罪以免』相對成文，當從之。」

〔八〕有罪以免邪：這句正是前面「不善人之所保」一句的說明。即是說，有罪的人得到道可以免除罪，所以不善人也要對它加以保持。

【今譯】

道是萬物的庇蔭。善人的珍寶，不善的人所賴以保全。

嘉美的言詞可以用作社交，可貴的行爲可以見重於人。不善的人，怎能把道捨棄呢？所以立位天子，設置三公，雖然進奉拱璧在先、駟馬在後的禮儀，還不如用道來作爲獻禮。

古時候重視道的原因是什麼呢？豈不是說有求的就可以得到，有罪的就可以免除嗎？所以被天下人所貴重。

【引述】

本章在於闡揚道的重要性。天子三公，擁有拱璧駟馬，但仍不如守道爲要。

六十三章

爲無爲，事無事，味無味〔一〕。

大小多少〔二〕，〔報怨以德〔三〕。〕圖難於其易，爲大於其細；天下難事，必作於易，天下大事，必作於細。是以聖人終不爲大〔四〕，故能成其大。

夫輕諾必寡信，多易必多難。是以聖人猶難之，故終無難矣。

【注釋】

〔一〕味無味：把無味當作味。

王弼注：「以恬淡爲味，治之極也。」

〔二〕大小多少：大生於小，多起於少（嚴靈峯老子達解）。郭店簡本此句作「大小之」，其下徑接「多易必多難」，與各本不同。

按：通行本「大小多少」四字意義欠明，姚鼐等疑有脱字。姚鼐説：「『大小多少』下有脱字，不可强解。」奚侗説：「『大小多少』句，誼不可説，疑上下或有挩簡。」蔣錫昌亦認爲：「誼不可解，當有誤文。」

「大小多少」，有這幾種講法：一、大的看作小，多的看作少；如釋德清注：「世人皆以名位爲大，以利祿爲多而取之。然『道』至虛微淡泊無物，皆以爲小少。聖人去功與名，是去其大多，而取其小少。」這是指有道的人和一般人價值觀念的不同。二、以小爲大，以少爲多；如高亨的解釋：「『大小』者，大其小，小而以爲大也。多少者，多其少也，少而以爲多也。視星星之火，謂將燎原。覩涓涓之水，云將漂邑。卽謹小愼微之意。」三、林希逸解釋爲：「能大者必能小，能多者必能少。」

嚴靈峯根據韓非子喻老補成爲「大生於小，多起於少」（見老子達解），與下句「圖難於其易，爲大於其細」文義可相聯。

〔三〕報怨以德：這句和上下文似不相關聯，馬敍倫認爲當在七十九章「和大怨」上，嚴靈峯認爲當在七十九章「必有餘怨」句下，茲依嚴說移入七十九章，參看該章注釋〔一〕。

〔四〕不爲大：不自以爲大。

【今譯】

以無爲的態度去作爲，以不攪擾的方式去作事，以恬淡無味當作味。

大生於小，多起於少，〔用德來報答怨恨。〕處理困難要從容易的入手，實現遠大要從細微的入手；天下的難事，必定從容易的做起；天下的大事，必定從細微的做起。所以有道的人始終不自以爲大，因此能成就大的事情。

輕易允諾的一定會失信；把事情看得太容易一定會遭遇更多的困難。所以聖人總把事情看得艱難，因此終究沒有困難。

【引述】

「爲無爲」——立身處事應依客觀情狀而爲之，不宜主觀强制地妄爲，這是老子一再提示的治世宗旨。

有關大小難易的問題，道家常有許多精闢的慧見。老子說「道大」，還說「見小曰明」，大小宜兼顧。莊子也說：「自細視大者不盡，自大視細者不明。」老子申言「域中有四大」：「道大，天大，地大，人亦大。」他在開闢人的思想視野、提昇人的精神空間的同時，又提示人要知幾「微明」，大道及事理，往往「隱」「晦」而「希聲」，需知微者才能體味，見小者才能洞察。

難易問題，也和處事者態度有密切關係。老子提醒人處理艱難的事情，須先從細易處着手。面臨細易的事情，却不可輕心。「難之」是一種慎重的態度，謹密周思，細心而爲。本章格言，無論行事求學，都是不移的至理。

六十四章

其安易持〔一〕，其未兆易謀。其脆易泮〔二〕，其微〔三〕易散。爲之於未有，治之於未亂。合抱之木，生於毫末〔四〕；九層之臺，起於累土〔五〕；千里之行，始於足下。爲者敗之，執者失之。是以聖人無爲故無敗；無執故無失〔六〕。民之從事，常於幾成而敗之。愼終如始，則無敗事。是以聖人欲不欲，不貴難得之貨；學不學〔七〕，復衆人之所過，以輔萬物之自然而不敢爲。

【注釋】

〔一〕其安易持：本章見於郭店簡本，惟簡本分成兩章：「其安易持」至「千里之行，始於足下」爲一章，「爲者敗之」至「以輔萬物之自然而不敢爲」，簡本別爲一章，兩者章次不相接連。

〔二〕其脆易泮：脆弱的容易破裂。

傅奕本、范應元本及焦竑本「泮」作「判」。「泮」、「判」古通用。說文：「判，分也。」

河上公本、景龍本、敦煌本、嚴遵本、顧歡本、李約本、陸希聲本、陳景元本、呂惠卿本、林希逸本及多種古本「泮」作「破」。

〔三〕微：郭店簡本作「幾」。「幾」，説文：「微也。」易傳繫辭：「知幾」、「極深研幾」，「幾」成爲先秦哲學重要概念，或本於老學。

〔四〕毫末：指細小的萌芽。

〔五〕累土：有兩種解釋：一、低土；河上公注：「從卑至高。」「卑」指低地。嚴靈峯説：「累土，地之低者。」二、一堆土；林希逸説：「一簣之土。」高亨説：「『累』當讀蔂，土籠也。起於累土，猶言起於蔂土也。」土籠是盛土的用具，累土卽一筐土。

〔六〕爲者敗之，執者失之。是以聖人無爲故無敗；無執故無失：此處以下和上文意不相聯，疑是别章文字。按：「爲者敗之」以下，郭店簡本别爲一章。簡本由於字體和形制不同，整理者分爲甲、乙、丙三組，三組章次内容各不相復，僅本章文字重出於甲、丙組中，字句略异，可見乃出於不同傳本。

〔七〕學不學：郭店甲組簡文作「教不教」，言傚法人們未能傚法的大道（魏啓鵬説）。

【今譯】

局面安穩時容易持守，事變没有迹象時容易圖謀。事物脆弱時容易破開，事物微細時容易散失。要在事情没有發生以前就早作準備，要在禍亂没有産生以前就處理妥當。

合抱的大木，是從細小的萌芽生長起來的；九層的高臺，是從一筐筐泥土建築起來的；千里的遠行，是從脚下舉步走出來的。

强作妄爲就會敗事，執意把持就會失去。所以聖人不妄爲因此不會敗事，不把持就不會喪失。一般人做事，常在快要成功時遭致失敗。審慎面對事情的終結，一如開始時那樣慎重，那就不會失敗。

所以聖人求人所不欲求的，不珍貴難得的貨品；學人所不學的，補救衆人的過錯，以輔助萬物的自然變化而不加以干預。

【引述】

本章上段，全文意義完整而連貫。其大意爲：

一、注視禍患的根源。在禍亂發生之前，先作預防。

二、凡事從小成大，由近至遠；基層工作，十分重要。所謂「合抱之木，生於毫末；九層之臺，起於累土；千里之行，始於足下」。遠大的事情，必須有毅力和耐心一點一滴去完成；心意稍有鬆懶，常會功虧一簣。

六十五章

古之善爲道者，非以明〔一〕民，將以愚〔二〕之。

民之難治，以其智多〔三〕。故以智治國，國之賊；不以智治國，國之福。

知此兩者〔四〕亦稽式〔五〕。常知稽式，是謂「玄德」，玄德深矣，遠矣，與物反矣〔六〕，然後乃至大順〔七〕。

【注釋】

〔一〕明：精巧。

王弼注：「『明』謂多見巧詐，蔽其樸也。」

河上公注：「明，知巧詐也。」

〔二〕愚：淳樸，樸質。

王弼注：「『愚』謂無知，守其真順自然也。」

河上公注：「使樸質不詐僞也。」

范應元說：「『將以愚之』使淳樸不散，智詐不生也。所謂『愚之』者，非欺也，但因其自然不以穿鑿私意導之也。」

高一涵說：「何以說老子的政治哲學，是反抗當時政治社會情形的呢？因爲他看見當時年年打仗，百姓東跑西散所以才主張去兵。看見當時社會貧富不均，損不足以奉有餘，所以才主張尚儉。看見當時暴君污吏，以百姓爲土芥所以纔主張無爲。看見當時智巧日生，詐僞百出，所以才主張尚愚。這四個主張——去兵，尚儉，無爲，尚愚——就是造成老子理想國的入手辦法。」（老子的政治哲學，新青年雜誌六卷五號）

張默生說：「他（老子）是願人與我同愚，泯除世上一切階級，做到物我兼我的大平等，這樣自可減少人間的許多齟齬紛爭。」（老子第六〇頁）

〔三〕智多：多智巧僞詐。

王弼注：「多智巧詐。」

范應元說：「不循自然，而以私意穿鑿爲明者，此世俗之所謂智也。」

徐復觀說：「智多，卽多欲；多欲則爭奪起而互相陷於危險。老子始終認爲人民的所以壞，都是因爲受了統治者的壞影響。人民的智多，也是受了統治者的壞影響。」

景龍本、敦煌辛本「智多」作「多智」。

〔四〕兩者：指上文「以智治國，國之賊；不以智治國，國之福」而言。

〔五〕亦稽式：「亦」，乃也（訓見古書虛字集釋）；乃，爲。「稽式」，法式，法則。

景龍本、敦煌辛、壬本、河上公本、顧歡本、林希逸本及其他古本「稽式」多作「楷式」。

〔六〕與物反矣：有兩種解釋：一、「反」作相反講。解釋爲：「德」和事物的性質相反。如河上公注：「玄德之人，與萬物反異，萬物欲益己，玄德施與人也。」二、「反」借爲返。解釋爲：「德」和事物復歸於真樸。王弼注：「反其真也。」卽返歸於真樸。林希逸注：「反者，復也，與萬物皆反復而求其初。」「初」就是一種真樸的狀態。今譯從後者。

〔七〕大順：自然。

林希逸說：「大順卽自然也。」

【今譯】

從前善於行道的人，不是教人民精巧，而是使人民淳樸。

人民所以難治，乃是因爲他們使用太多的智巧心機。所以用智巧去治理國家，是國家的災禍；不用智巧去治理國家，是國家的幸福。

認識這兩種差別，就是治國的法則。常守住這個法則，就是「玄德」，「玄德」好深好遠啊！和事物復歸到真樸，然後才能達到最大的和順。

【引述】

本章强調爲政在於真樸。老子認爲政治的好壞，常繫於統治者的處心和做法。統治者若是真誠樸質，才能導出良好的政風，有良好的政風，社會才能趨於安寧；如果統治者機巧黠滑，就會産生敗壞的政風。政風敗壞，人們就互相僞詐，彼此賊害，而社會將無寧日了。居於這個觀點，所以老子期望統治者導民以真樸。

老子生當亂世，感於世亂的根源莫過於大家攻心鬬智，競相僞飾，因此呼籲人們揚棄世俗價值的紛爭，而返歸真樸。老子針對時弊，而作這種憤世矯枉的言論。

本章的立意被後人普遍誤解，以爲老子主張愚民政策。其實老子所説的「愚」，乃是真樸的意思。他不僅期望人民真樸，他更要求統治者首先應以真樸自礪。所以二十章有「我愚人之心也哉」的話，這説明真樸（「愚」）是理想治者的高度人格修養之境界。

六十六章

江海之所以能爲百谷王〔一〕者，以其善下之，故能爲百谷王。是以聖人〔二〕欲上民，必以言下之；欲先民，必以身後之。是以聖人處上而民不重〔三〕，處前而民不害。是以天下樂推〔四〕而不厭。以其不爭，故天下莫能與之爭。

【注釋】

〔一〕百谷王：百川所歸往。

「百谷」，卽百川。説文：「泉出通川爲谷。」所以「百谷」可作百川講。

「王」，説文：「王，天下所歸往也。」這裡的「王」有歸往的意思。

〔二〕聖人：王弼本缺此二字。景龍本、傅奕本、河上本及多種古本「是以」下有「聖人」二字，帛書本同，因依文例與諸古本補。

蔣錫昌説：「道藏王本有『聖人』二字，當據補入。」

〔三〕重：累，不堪。

高亨説：「民戴其君，若有重負以爲大累，卽此文所謂重。故重猶累也。而民不重，言民不以爲累也。詩無將大車：『無思百憂，祇自重兮。』鄭箋：『重，猶累也。』漢書荆燕吴王傳：『事發相重。』顔注：『重猶累也。』此『累』之證。」

〔四〕樂推：郭店簡本作「樂進」，簡本文義爲優。

【今譯】

江海所以能成爲許多河流所匯往的地方，因爲它善於處在低下的地位，所以能成爲許多河流所匯往。

所以聖人要爲人民的領導，必須心口一致的對他們謙下；要爲人民的表率，必須把自己的利益放在他們的後面。所以聖人居於上位而人民不感到負累；居於前面而人民不感到受害。所以天下人民樂於推戴而不厭棄。因爲他不跟人爭，所以天下没有人能和他爭。

【引述】

統治者權勢在握，容易給人民一種重壓感。一旦肆意妄作，人民就不堪其累了。基於此，本章提示在上者要儘量避免帶給人民負擔與累害。

老子深深感到那些站在上位的人，威勢凌人，對人民構成很大的壓力；那些處在前面的人，見利爭先，對人民構成很大的損害，因此唤醒統治者應處下退讓。這就是前面一再説過的「不爭」的思想（如八章、二十二章)。

本章開頭用江海作比喻,這和三十二章「譬道之在天下,猶川谷之於江海」的意思相同。老子喜歡用江海來比喻人的處下居後,同時亦以江海象徵人的包容大度。

六十七章

〔天下皆謂我：「『道』大，似不肖。」夫唯大，故似不肖。若肖，久矣其細也夫！〔一〕

我有三寶，持而保之。一曰慈，二曰儉〔二〕，三曰不敢爲天下先。

慈故能勇〔三〕；儉故能廣〔四〕；不敢爲天下先，故能成器長〔五〕。

今舍慈且〔六〕勇；舍儉且廣；舍後且先；死矣！

夫慈，以戰則勝〔七〕，以守則固。天將救之，以慈衛之。

【注釋】

〔一〕〔天下皆謂我：「『道』大，似不肖。」夫唯大，故似不肖。若肖，久矣其細也夫！〕：本章談「慈」，這一段和下文的意義似不相應，疑是他章錯簡。這段文字的今譯是：「天下人都對我說：『道』廣大，却不像任何具體的東西。正因爲它的廣大，所以不像任何具體的東西。如果它像的話，早就渺小了！」通行本首句「大」前有「道」字，帛書本及傅奕本則無。帛書乙本云：「天下皆謂我大，大而不肖。夫唯不肖，故能大。若肖，久矣其細也夫。」

〔二〕儉：有而不盡用。和五十九章「嗇」字同義。

胡寄窗說：「老子去奢寶儉的主張與其他先秦各學派思想比較雖無若何特殊之處，但這一主張的提出，至少也反映了老子對當時貴族階級窮奢極欲、殘酷剥削人民所持的反對態度。」（中國經濟思想史上，第二一〇頁）

〔三〕慈故能勇：慈愛所以能勇邁。這句話有孟子說「仁者無敵」的意思。

蔣錫昌說：「是『勇』謂勇於謙退，勇於防禦，非謂勇於爭奪，勇於侵略。」「『慈故能勇』言唯聖人抱有慈心，然後士兵能有防禦之勇也。」

〔四〕儉故能廣：儉嗇所以能厚廣。

韓非子解老篇說：「智士儉用其財則家富，聖人寶愛其神則精盛，人君重戰其卒則民衆，民衆則國廣。」

王弼注：「節儉愛費，天下不匱，故能廣。」

〔五〕器長：萬物的首長。「器」，物，指萬物。

〔六〕且：取。

〔七〕以戰則勝：傅奕本和范應元本作「以陳則正」。范應元說：「陳，音陣，軍師行伍之列也。」

【今譯】

我有三種寶貝，持守而保全着。第一種叫做慈愛，第二種叫做儉嗇，第三種叫做不敢居於天下人的前面。

慈愛所以能勇武；儉嗇所以能厚廣；不敢居於天下人的前面，所以能成爲萬物的首長。

現在捨棄慈愛而求取勇武，捨棄儉嗇而求取寬廣；捨棄退讓而求取爭先，是走向死路！

慈愛，用來征戰就能勝利，用來守衛就能鞏固。天要救助誰，就用慈愛來衛護他。

【引述】

本章所說的三寶：「慈」——愛心加上同情感，這是人類友好相處的基本動力；「儉」——意指含藏培蓄，不肆爲，不奢糜，這和五十九章「嗇」字同義；「不敢爲天下先」——卽是「謙讓」「不爭」的思想。

本章重點在於說「慈」。老子身處戰亂，目擊暴力的殘酷面，深深地感到人與人之間慈心的缺乏，因而極力加以闡揚。

六十八章

善爲士〔一〕者，不武；善戰者，不怒；善勝敵者，不與〔二〕；善用人者，爲之下。是謂不爭之德，是謂用人，是謂配天，古之極也〔三〕。

【注釋】

〔一〕爲士：「爲」，治理，管理。這裡作統率、率領講。「士」，士卒。統率士卒，指擔任將帥。

王弼說：「『士』，卒之帥也。」

〔二〕不與：不爭。

王弼注：「不與爭也。」

高亨說：「『與』猶『鬭』也，古謂對鬭爲『與』。」

〔三〕是謂不爭之德，是謂用人，是謂配天，古之極也：王弼本作「是謂不爭之德，是謂用人之力，是謂配天古之極」，據帛書乙本改。

許抗生說：「乙本作『是胃（謂）用人，是胃（謂）肥（配）天，古之極也』，傅奕本作『是謂用人之力，是謂配天，古之極也』。疑傅本『之力』兩字爲後人增之。今從乙本。」（帛書老子注譯與

研究）

高明說：「帛書甲、乙本無『之力』二字，作『是謂不爭之德，是謂用人，是謂配天，古之極也』。則『人』、『天』爲韵，『德』、『極』爲韵，前後皆爲韵讀。今本中間多出『之力』二字，格局全非。」

【今譯】

善做將帥的，不逞勇武；善於作戰的，不輕易激怒；善於戰勝敵人的，不用對鬪；善於用人的，對人謙下。這叫做不爭的品德，這叫做善於用人，這叫做合於天道，這是自古以來的最高準則。

【引述】

「武」「怒」乃是侵略的行爲，暴烈的表現。老子却要人「不武」「不怒」，意卽不可逞强，不可暴戾。在戰爭中講「不爭」，要人不可嗜殺，這和前章在戰亂中强調「慈」是相應的，這是古來的準則。

六十九章

用兵有言：「吾不敢爲主〔一〕，而爲客〔二〕；不敢進寸，而退尺。」是謂行無行〔三〕；攘無臂〔四〕；扔無敵〔五〕；執無兵〔六〕。

禍莫大於輕敵，輕敵幾喪吾寶。

故抗兵相若〔七〕，哀〔八〕者勝矣。

【注釋】

〔一〕爲主：進犯，採取攻勢。

河上公注：「『主』，先也，不敢先舉兵。」

吴澄説：「『爲主』，肇兵端以伐人也。」

〔二〕爲客：採取守勢；指不得已而應敵。

〔三〕行無行：「行」，行列，陣勢。「行無行」卽是説雖然有陣勢，却像没有陣勢可擺。

〔四〕攘無臂：攘臂是作怒而奮臂的意思。「攘無臂」卽是説雖然要奮臂，却像没有臂膀可舉。

〔五〕扔無敵：「扔」，因就。扔敵是就敵的意思。「扔無敵」卽是説雖然面臨敵人，却像没有敵人可赴。此句帛書甲、乙本均作「乃無敵」，並在「執無兵」句後。

〔六〕執無兵：「兵」指兵器。「執無兵」卽是說雖然有兵器，却像没有兵器可持。

范應元說：「苟無意於爭，則雖在軍旅，如無臂可攘，無敵可扔，無兵可執，而安有用兵之咎邪！」

〔七〕抗兵相若：兩軍相當。「若」字王弼本作「加」，據傅奕本、敦煌辛本及帛書本改。

張松如說：「敦煌唐寫本作『故抗兵相如』。『相如』，范與開元、河上、諸王本皆作『相加』。王弼注：『抗，舉也；加，當也。』蓋『加』、『如』字自古常互訛。敦煌又一本作『相若』，同傅與帛書，『若』亦當也。」

〔八〕哀：有「慈」的意思。說文：「哀，閔也。」「閔」，卽六十七章所說的「慈」。

林希逸說：「哀者戚然不以用兵爲喜，擊攻其鎧，踴躍用兵，則非哀者矣。」

【今譯】

用兵的曾說：「我不敢進犯，而採取守勢；不敢前進一寸，而要後退一尺。」這就是說：雖然有陣勢，却像没有陣勢可擺；雖然要奮臂，却像没有臂膀可舉；雖然面臨敵人，却像没有敵人可赴；雖然有兵器，却像没有兵器可持。

禍患没有再比輕敵更大的了，輕敵幾乎喪失了我的「三寶」。

所以，兩軍相當的時候，慈悲的一方可獲得勝利。

【引述】

基本上，老子是反戰的。不得已而捲入戰爭，應「不敢爲主而爲客，不敢進寸而退尺」——不挑釁，完全採取被動守勢；不侵略，無意於爭端肇事。所謂「行無行，攘無臂，扔無敵，執無兵」，卽意指有制敵的力量，但不輕易使用，這就是謙退無爭的思想。最後老子警告參戰者不可「輕敵」，輕敵是好戰的表現，出師輕敵則多殺，多殺則傷慈，所以老子說：「幾喪吾寶。」

本章和前面二章是相應的，闡揚哀慈，以明「不爭」之德。

七十章

吾言甚易知，甚易行。天下莫能知，莫能行。

言有宗〔一〕，事有君〔二〕。夫唯無知〔三〕，是以不我知。

知我者希，則〔四〕我者貴〔五〕。是以聖人被褐〔六〕懷玉。

【注釋】

〔一〕言有宗：言論有主旨。

呂吉甫説：「無爲而自然者，言之宗也。」

〔二〕事有君：行事有根據。「君」，有「主」的意思，「有君」指有所本。傅奕本「君」作「主」。

〔三〕無知：有兩種説法：一是指别人的不理解；一是指自己的無知。今譯取前者。

〔四〕則：法則。

釋德清注：「『則』，謂法則。言取法也。」（老子道德經解）

〔五〕貴：難得。

蔣錫昌説：「物以希爲貴，則『貴』亦希也。」

〔六〕被褐：「被」，着。褐，粗布。「被褐」，穿着粗衣。帛書甲、乙本「被褐」下有「而」字。

【今譯】

我的話很容易了解，很容易實行。大家却不能明白，不能實行。

言論有主旨，行事有根據。正由於不了解這個道理，所以不了解我。

了解我的人越少，取法我的就很難得了。因而有道的聖人穿着粗衣而內懷美玉。

【引述】

老子提倡虛靜、柔和、慈儉、不爭，這些都是本於人性自然的道理，在日常生活上最易實行，最見功效的。然而世人多惑於躁進，迷於榮利，和這道理背道而馳。

老子的思想企圖就人類行爲作一個根源性的探索，對於世間事物作一個根本性的認識，而後用簡樸的文字說出個單純的道理來。文字固然簡樸，道理固然單純，內涵却很豐富，猶如褐衣粗布裡面懷藏着美玉一般。可惜世人只慕戀虛華的外表，所以他感嘆地說：「知我者希。」

七十一章

知不知〔一〕，尚矣〔二〕；不知知〔三〕，病也。聖人不病，以其病病〔四〕。夫唯病病，是以不病〔五〕。

【注釋】

〔一〕知不知：這句話可以有好幾種解釋，最通常的解釋是：一、知道却不自以爲知道；二、知道自己〔有所〕不知道。

〔二〕尚矣：河上、王弼作「上」，缺「矣」字。「上」、「尚」古字通。

蔣錫昌說：「淮南道應訓引作『知而不知，尚矣；不知而知，病也』。文子符言篇作『知不知，上也；不知知，病也』。……王本文誼不顯，當據淮南爲正。」按帛書甲、乙本及傅奕本「上」作「尚矣」，與淮南道應訓所引同，據改。下句「病」字下據淮南補「也」字。

〔三〕不知知：不知道却自以爲知道。

〔四〕病病：把病當作病(who recognizes sick-minded as sick-minded)。

〔五〕聖人不病，以其病病。夫唯病病，是以不病：王弼本原作「夫唯病病，是以不病。聖人不病，以其病病，是以不病」。文句誤倒且複出，根據蔣錫昌的説法依御覽所引改正。蔣錫昌說：「御覽疾病部引作：『聖人不病，以其病病；夫唯病病，是以不病。』較諸本爲長，當據改正。蓋『夫唯』之句，常承上句之意而重言之，此老子特有文例也。今試以全書證之。二章：『功成而弗居。夫唯弗居，是以不去。』『夫唯』二句，係承上句『弗居』之意而重言之，例一。八章：『水善利萬物而不爭。……夫唯不爭，故無尤。』『夫唯不爭』二句，係承上文『不爭』之意而重言之，例二。十五章：『保此道者不欲盈。夫唯不盈，故能蔽不新成。』『夫唯不盈』二句，係承上句『不欲盈』之意而重言之，例三。七十二章：『無厭其所生。夫唯不厭，是以不厭。』『夫唯不厭』二句，係承上句『無厭』之意而重言之，例四。此文『夫唯病病，是以不病』二句，誤倒在『聖人不病，以其病病』二句上，又衍末句『是以不病』四字，致失古本之真也。」

【今譯】

知道自己有所不知道，最好；不知道却自以爲知道，這是缺點。有道的人没有缺點，因爲他把缺點當做缺點。正因爲他把缺點當做缺點，所以他是没有缺點的。

【引述】

本章是就不知的態度上來說的。

有些人只看到事物的表層，便以爲洞悉事物的真相；或一知半解，强不知以爲知。這在求知的態度上，欠缺真誠，所以説犯了謬妄的「病」。有道的人之所以不被視爲謬妄，乃是由於他能不斷地作自覺與自省的工作，能懇切的探尋「不知」的原因與根由，在不了解一件事情之前，也不輕易斷言。在求知的過程中，能做到心智上的真誠。

孔子説：「知之爲知之，不知爲不知，是知也。」蘇格拉底説：「知道自己不知道。」立意亦相同，要人有自知之明，並誠實地檢視自己，以求自我改進。

七十二章

民不畏威，則大威至〔一〕。

無狎〔二〕其所居，無厭〔三〕其所生。夫唯不厭，是以不厭〔四〕。

是以聖人自知不自見〔五〕；自愛不自貴〔六〕。故去彼取此〔七〕。

【注釋】

〔一〕民不畏威，則大威至：「畏威」的「威」作威壓講。「大威」的「威」指可怕的事，作禍亂講。

王弼注：「威不能復制民，民不能堪其威，則上下大潰矣。」

陳柱說：「民孰不樂生而畏死，然壓制之力愈强，則反抗之力愈猛，此專制政體之下，所以多暴也。」

張默生說：「專制政府用威權壓制人民，人民到了不能忍受的時候，便不惜輕死作亂。」

〔二〕狎：假爲「狹」。

奚侗說：「『狹』卽說文『陜』字，『隘』也，『隘』有『迫』誼。此言治天下者，無陜迫人民之居處，使不得安舒。」

河上公本、景龍本、顧歡本、敦煌庚、壬本及多種古本「狎」作「狹」。

〔三〕厭：壓。

奚侗說：「厭，說文：『笮也。』無厭笮人民之生活，使不得順適。」

〔四〕夫唯不厭，是以不厭：只是不壓榨〔人民〕，人民才不厭惡〔統治者〕。

高亨說：「上『厭』字卽上文『無厭其所生』之厭。下『厭』字乃六十六章『天下樂推而不厭』之厭。言夫唯君不厭迫其民，是以民不厭惡其君也。」

〔五〕不自見：「見」，音現，作表現講。「不自見」卽不自我表揚。參見二十二章注〔四〕。

〔六〕自愛不自貴：指聖人但求自愛而不求自顯高貴。

蔣錫昌說：「『自愛』卽清靜寡欲，『自貴』卽有爲多欲，此言聖人清靜寡欲，不有爲多欲。」

〔七〕去彼取此：指捨去「自見」「自貴」而取「自知」「自愛」。

【今譯】

人民不畏懼統治者的威壓，則更大的禍亂就要發生了。

不要逼迫人民的居處，不要壓榨人民的生活。只有不壓榨人民，人民才不厭惡〔統治者〕。

因此，有道的人但求自知而不自我表揚；但求自愛而不自顯高貴。所以捨去後者而取前者。

【引述】

暴政逼迫，使用恐怖手段壓制人民，人民到了無法安居、無以安生的時候，就會鋌而走險了。本章是對於高壓政治所提出的警告。

七十三章

勇於敢則殺，勇於不敢則活〔一〕。此兩者，或利或害〔二〕。天之所惡，孰知其故？〔是以聖人猶難之〔三〕。〕

天之道〔四〕，不爭而善勝，不言而善應，不召而自來，繟然〔五〕而善謀。天網〔六〕恢恢〔七〕，疏而不失〔八〕。

【注釋】

〔一〕勇於敢則殺，勇於不敢則活：勇於堅强就會死，勇於柔弱就可活。
蔣錫昌說：「七十六章：『堅强者死之徒，柔弱者生之徒。』『敢』即『堅强』，『不敢』即『柔弱』。」

〔二〕此兩者，或利或害：指勇於柔弱則利，勇於堅强則害。

〔三〕〔是以聖人猶難之〕：這句是六十三章的文字，重出於此。
景龍本、嚴遵本、次解本、敦煌辛本均無「是以聖人猶難之」一句，驗之帛書本正是，當據删。

奚侗說：「『是以』一句誼與上下文不屬，蓋六十三章文複出於此。」馬敍倫說：「『是以』一句乃六十三章錯簡複出者，易州無此句，可證也。」高亨說：「『是以聖人猶難之』句，嚴遵本、六朝寫本殘卷、景龍碑、龍興觀碑並無之。此句乃後人引六十三章以注此文者，宜據删。」

〔四〕天之道：自然的規律。

〔五〕繟然：坦然，安然，寬緩。

河上公注：「繟，寬也。」

嚴遵本、敦煌庚本、王雱本、吕惠卿本、林希逸本、吴澄本等古本「繟」作「坦」。

〔六〕天網：自然的範圍。

〔七〕恢恢：寬大，廣大。

〔八〕失：漏失。

【今譯】

勇於堅强就會死，勇於柔弱就可活。這兩種勇的結果，有的得利，有的遭害。天道所厭惡的，誰知道是什麼原故？

自然的規律，是不爭攘而善於得勝，不說話而善於回應，不召唤而自動來到，寬緩而善於籌策。自然的範圍廣大無邊，稀疏而不會有一點漏失。

【引述】

老子以爲自然的規律是柔弱不爭的，人類的行爲應取法於自然的規律而惡戒剛强好鬬。「勇於敢」，則逞强貪競，無所畏憚，「勇於不敢」，則柔弱哀慈，慎重行事。人類的行爲應選取後者而遺棄前者。

七十四章

民不畏死，奈何以死懼之？ 若使民常畏死，而爲奇〔一〕者，吾將得而殺之〔二〕，孰敢？ 常有司殺者〔三〕殺。 夫代司殺者〔四〕殺，是謂代大匠斲〔五〕。 夫代大匠斲者，希有不傷其手矣。

【注釋】

〔一〕奇：奇詭。「爲奇」，指爲邪作惡的行爲。

王弼說：「詭異亂羣謂之『奇』也。」

〔二〕吾將得而殺之：今本「得」上衍一「執」字，此句據帛書甲本改。

許抗生說：「此句乙本作『吾得而殺之』，傅奕本與乙本同。 然從上下文義看，應有『將』字較勝。 今從甲本。」

高明說：「傅本皆作『吾得執而殺之』，多一『執』字。 按『得』字本有執、捕之誼……此文當從帛書甲、乙本作『吾得而殺之』爲是。」

〔三〕司殺者：專管殺人的，指天道。

〔四〕代司殺者：代替專管殺人的。

張默生說：「『代司殺者』，指僞託天道。」

蔣錫昌說：「人君不能清靜，專賴刑罰，是代天殺。」

〔五〕斲（斫）：砍，削。

【今譯】

人民不畏懼死亡，爲什麼用死亡來恐嚇他？　如果使人民真的畏懼死亡，對於爲邪作惡的人，我們就可以把他抓來殺掉，誰還敢爲非作歹？

經常有專管殺人的去執行殺的任務。　那代替專管殺人的去執行殺的任務，這就如同代替木匠去斫木頭一樣。　那代替木匠斫木頭，很少有不砍傷自己的手的。

【引述】

人的生死本是順應自然的，如莊子所說的：人的生，適時而來；人的死，順時而去（「適來，時也；適去，順也」）。　人生在世，理應享盡天賦的壽命，然而極權者只爲了維護一己的權益，斧鉞威禁，私意殺人，使得許多人本應屬於自然的死亡（「司殺者殺」），却在年輕力壯時，被統治階層驅向窮途，而置於刑戮。

本章爲老子對於當時嚴刑峻法，逼使人民走向死途的情形，提出沉痛的抗議。

七十五章

民之饑，以其上食稅之多，是以饑。

民之難治，以其上之有爲〔一〕，是以難治。

民之輕死，以其上求生之厚〔二〕，是以輕死。

夫唯無以生爲〔三〕者，是賢〔四〕於貴生〔五〕。

【注釋】

〔一〕有爲：政令煩苛，强作妄爲。

林希逸說：「『有爲』言爲治者過用智術也。」

張松如說：「本章揭露了勞動人民與封建統治者之間階級矛盾的實質：人民的饑荒，是由統治者沉重的租稅造成的；人民的反抗，是統治者苛酷的措施造成的；人民的輕生，是統治者無厭的聚斂造成的。這種說法，當然同貫穿老子書中的『無爲』思想相通着。」

〔二〕以其上求生之厚：由於統治者奉養奢厚。

「上」字王弼本原闕，根據傅奕本補上。

嚴靈峯說：「『上』字原闕，傅奕本、杜道堅本俱有『上』字。王注云：『言民之所以僻，治之所以亂，皆由上，不由其下也；民從上也。』依注並上二句例，當有此一『上』字；因據傅本並注文補正。」

〔三〕無以生爲：不把厚生奢侈作爲追求的目標。即是不貴生；生活要能恬淡。

河上公注：「夫唯獨無以生爲務者，爵祿不干於意，財利不入於身。」

〔四〕賢：勝。

〔五〕貴生：厚養生命。

高亨說：「君貴生則厚養，厚養則苛斂。」

【今譯】

人民所以饑餓，就是由於統治者吞吃税賦太多，因此陷於饑餓。
人民所以難治，就是由於統治者强作妄爲，因此難以管治。
人民所以輕死，就是由於統治者奉養奢厚，因此輕於犯死。
只有清静恬淡的人，才勝於奉養奢厚的人。

【引述】

剥削與高壓是政治禍亂的根本原因。在上者橫徵暴歛，厲民自養，再加上政令繁苛，使百姓動輒得咎；這樣的統治者已經變成大吸血蟲與大虎狼。到了這種地步，人民自然會從饑餓與死亡的邊緣中挺身而出，輕於犯死了！

本章是對於虐政所提出的警告。

七十六章

人之生也柔弱〔一〕，其死也堅強〔二〕。草木〔三〕之生也柔脆〔四〕，其死也枯槁〔五〕。故堅強者死之徒〔六〕，柔弱者生之徒〔七〕。是以兵強則滅，木強則折〔八〕。強大處下，柔弱處上。

【注釋】

〔一〕柔弱：指人體的柔軟。

〔二〕堅強：指人體的僵硬。帛書甲、乙本「堅強」上有「筋肕」二字。

〔三〕草木：通行本「草木」上衍「萬物」二字，傅奕本、嚴遵本、王雱本、呂惠卿本、邵若愚本、彭耜本、董思靖本、范應元本、吴澄本、焦竑本均無「萬物」二字，據删。

蔣錫昌說：「諭誼，『萬物』二字當爲衍文。蓋『柔脆』與『枯槁』，均指草木而言也。」

嚴靈峯說：「『人』與『草木』皆屬『萬物』，則『萬物』二字當係衍文；因據傅本删。」

〔四〕柔脆：指草木形質的柔軟。

蘇轍本、葉夢得本「柔脆」作「柔弱」。

〔五〕枯槁：形容草木的乾枯。

〔六〕死之徒：屬於死亡的一類。

〔七〕生之徒：屬於生存的一類。

〔八〕兵强則滅，木强則折：王弼本作「兵强則不勝，木强則兵」，據列子黄帝篇、淮南子原道訓等書所引改正。

彭耜説：「黄茂材本『共』作『折』。」黄茂材説：「列子載老聃之言曰：『兵强則滅，木强則折。』列子之書，大抵祖述老子之意，且其世相去不遠。『木强則折』，其文爲順，今作『共』，又讀如『拱』，其説不通，當以列子之書爲正。」（道德真經集注）

俞樾説：「案『木强則兵』，於義難通。河上公本作『木强則共』，更無義矣。老子原文作『木强則折』。因『折』字闕壞，止存右旁之『斤』，又涉上句『兵强則不勝』而誤爲『兵』耳。『共』字則又『兵』字之誤也。列子黄帝篇引老聃曰：『兵强則滅，木强則折。』卽此章之文，可據以訂正。」（老子平議）

劉師培説：「案俞説是。淮南原道訓亦作：『兵强則滅，木强則折。』疑『不勝』係後人注文。」（老子斠補）

奚侗說：「木彊則失柔韌之性，易致斷折。『折』各本或作『共』，或作『兵』，皆非是。『折』以殘缺誤作『兵』，復以形近誤爲『共』耳。茲據列子黄帝篇、文子道原篇、淮南原道訓引改。」（老子集解）

蔣錫昌說：「列子『不勝』作『滅』，『兵』作『折』，當從。此文『滅』『折』爲韻。」（老子校詁）

按：帛書甲、乙本此文上句作「兵强則不勝」，與王本及諸傳本同。下句帛書甲本作「木强則恒」、乙本作「木强則競」，高明以爲：「嚴遵、傅奕諸本所云『木强則共』不誤。『共』字與『恒』、『競』古讀音相同，在此均當假借爲『烘』。爾雅釋言：『烘，燎也。』」

【今譯】

人活着的時候身體是柔軟的，死了的時候就變成僵硬了。
草木生長的時候形質是柔脆的，死了的時候就變成乾枯了。
所以堅强的東西屬於死亡的一類，柔弱的東西屬於生存的一類。
因此用兵逞强就會遭受滅亡，樹木强大就會遭受砍伐。
凡是强大的，反而居於下位，凡是柔弱的，反而佔在上面。

【引述】

老子從人類和草木的生存現象中，説明成長的東西都是柔弱的狀態，而死亡的東西都是堅硬的狀態。老子從萬物活動所觀察到的物理之恒情，而斷言：「堅强者死之徒，柔弱者生之徒。」他的結論還蘊涵着强悍的東西易失去生機，柔韌的東西則充滿着生機。這是從事物的内在發展狀況來説明的。若從它們外在表現上來説，堅强者之所以屬於死之徒，乃是因爲它的顯露突出，所以當外力衝擊時，便首當其衝了；才能外露，容易招忌而遭致掊擊，這正如高大的樹木容易引來砍伐。人爲的禍患如此，自然的災難亦莫不然；狂風吹颳，高大的樹木往往被摧折。小草由於它的柔軟，反而可以迎風招展。

本章爲老子貴柔戒剛的思想。「柔弱勝剛强」之説，見於三十六章、四十三章和七十八章。

七十七章

天之道，其猶張弓與？高者抑之，下者舉之；有餘者損之，不足者補之。天之道，損有餘而補不足。人之道〔一〕，則不然，損不足以奉有餘。孰能有餘以奉天下，唯有道者。是以聖人爲而不恃，功成而不處，其不欲見賢〔二〕。

【注釋】

〔一〕人之道：指社會的一般律則。

楊興順說：「在老子看來，損有餘而補不足，這是自然界最初的自然法則——『天之道』。但人們早已忘却『天之道』，代之而建立了人們自己的法則——『人之道』，它只有利於富人而有損於貧者。『天之道』，有利於貧者，給他們帶來寧靜與和平，而『人之道』則相反，它是富人手中的工具，使貧者瀕於『民不畏死』的絕境。」

〔二〕是以聖人爲而不恃，功成而不處，其不欲見賢：「爲而不恃，功成而不處」，帛書乙本作「爲而弗有，成功而弗居」。「其不欲見賢」句上帛書乙本有「若此」二字。「見」，卽現。「賢」，蔣錫昌依說文訓多財。

蔣錫昌說：「說文：『賢，多財也。』三章：『不尚賢，使民不爭。』謂不尚多財，使民不爭也。此『賢』亦訓多財，卽指上文之『有餘』而言。此言聖人爲而不恃有餘，功成而不處有餘，以其根本不欲見自己之有餘也。三句正承上文而言。」

馮達甫說：「賢，常訓爲聰明才智，通觀全章，以蔣說爲勝，本章先講自然規律，次說人世常情，再看有道者的選擇，末談聖人的自處。識得天之道，應知所去取。」

【今譯】

自然的規律，豈不就像拉開弓弦一樣嗎？弦位高了，就把它壓低，弦位低了就把它升高；有餘的加以減少，不足的加以補充。自然的規律，減少有餘，用來補充不足。人世的行徑，就不是這樣，卻要剝奪不足，而用來供奉有餘的人。

誰能夠把有餘的拿來供給天下不足的？這只有有道的人才能做到。

因此有道的人作育萬物而不自恃己能；有所成就而不以功自居，他不想表現自己的聰明才智。

【引述】

本章將自然的規律與社會的規則作一個對比說明。社會的規則是極不平的，所謂「朱門酒肉臭，路有凍死骨」，人間世上多少富貴人家不勞而獲，多少權勢人物苛歛榨取，社會上處處可看到弱肉强食的情形，正如老子所說的「剥奪不足來供奉有餘」。自然的規律則不然，它是拿有餘來補不足，而保持均平調和的原則。社會的規則應效法自然規律的均平調和，這就是老子人道取法於天道的意義。

老子所處的時代，正面臨着政治與社會大動盪的時代，貧富差距愈來愈懸殊，强豪兼併之風愈來愈熾盛，無怪乎老子慨嘆地問道：「世上人君，有誰肯把自己多餘的拿出來供給貧困者呢？」顯然，這期望是難以實現的。

七十八章

天下莫柔弱於水，而攻堅強者莫之能勝，以其無以易之〔一〕。弱之勝強，柔之勝剛，天下莫不知，莫能行。

是以聖人云：「受國之垢〔二〕，是謂社稷主；受國不祥〔三〕，是爲天下王。」正言若反〔四〕。

【注釋】

〔一〕以其無以易之：通行本「其」上脱「以」字，蔣錫昌說：「『以其』二字爲老子習用之語。」驗之帛書甲、乙本正是。

〔二〕受國之垢：承擔全國的屈辱。

〔三〕受國不祥：承擔全國的禍難。

蔣錫昌說：「凡老子書中所言：『曲』、『枉』、『窪』、『敝』、『少』、『雌』、『柔』、『弱』、『賤』、『損』、『嗇』、『慈』、『儉』、『後』、『下』、『孤』、『寡』、『不穀』之類，皆此所謂『垢』與『不祥』也。」

〔四〕正言若反：正道之言好像反話一樣。

河上公注:「此乃正直之言,世人不知,以爲反言。」

釋德清說:「乃合道之正言,但世俗以爲反耳。」

高延第說:「此語並發明上下篇玄言之旨。凡篇中所謂『曲則全,枉則直,洼則盈,敝則新』,柔弱勝强堅,不益生則久生,無爲則有爲,不爭莫與爭,知不言,言不知,損而益,益而損,言相反而理相成,皆正言若反也。」

張岱年說:「若反之言,乃爲正言。此亦對待之合一。」(中國哲學大綱)

【今譯】

世間没有比水更柔弱的,衝激堅强的東西没有能勝過它,因爲没有什麽能代替它。弱勝過强,柔勝過剛,天下没有人不知道,但是没有人能實行。因此有道的人説:「承擔全國的屈辱,才配稱國家的君主;承擔全國的禍難,才配做天下的君王。」正道説出來就好像是相反的一樣。

【引述】

老子以水爲例,説明柔克剛的道理。我們看看,屋簷下點點滴滴的雨水,由於它的持續性,經過長年累月可以把一塊巨石穿破;洪水泛濫時,淹没田舍,冲毁橋梁,任何堅固的東西都抵擋不了,所以老子說柔弱是勝過剛强的。由此可知，老子的「柔弱」，並不是通常所說的軟弱無力的意思，而其中却含有無比堅韌不拔的性格。

本章藉水來說明柔弱的作用。水性趨下居卑，老子又闡揚卑下屈辱的觀念，卑下屈辱乃是「不爭」思想引申出來的。而「不爭」思想卽是針對佔有意欲而提出的。

七十九章

和大怨，必有餘怨；〔報怨以德〔一〕，〕安可以爲善？

是以聖人執左契〔二〕，而不責〔三〕於人。有德司契，無德司徹〔四〕。

天道無親〔五〕，常與善人。

【注釋】

〔一〕報怨以德：這句原是六十三章文字，據陳柱、嚴靈峯之說移入此處。

嚴靈峯說：「『報怨以德』四字，係六十三章之文，與上下文誼均不相應。陳柱曰：『六十三章「報怨以德」句，當在「和大怨，必有餘怨」句上。』陳說是，但此四字，應在『安可以爲善』句上，並在『必有餘怨』句下；文作：『和大怨，必有餘怨；報怨以德，安可以爲善。』」按：嚴說可從，「報怨以德」原在六十三章，但和上下文並無關聯，疑是本章的錯簡，移入此處，文義相通。本段的意思是說：和解大怨，必然仍有餘怨，所以老子認爲以德來和解怨（報怨），仍非妥善的辦法，最好是根本不和人民結怨。如何才能不和人民結怨呢？莫若行「清靜無爲」之政——卽後文所說的「執左契而不責於人」，這樣就不至於構怨於民。如行「司徹」之政——向人民榨取，就會和人民結下大怨了。到了那時候，雖然用德來和解，也非上策。

〔二〕左契：「契」卽券契，就像現在所謂的「合同」。古時候，刻木爲契，剖分左右，各人存執一半，以求日後相合符信。左契是負債人訂立的，交給債權人收執，就像今天所說的借據存根。

高亨說：「說文：『契，大約也。券，契也。』古者契券以右爲尊。禮記曲禮：『獻粟者執右契。』鄭注：『契，券要也，右爲尊。』商子定分篇：『以左券予吏之問法令者。主法令之吏，謹藏其右券木柙。以室藏之。』戰國策韓策：『操右契而爲公責德於秦魏之王。』並其證也。聖人所執之契，必是尊者，何以此文云執左契，今諭三十一章曰：『吉事尚左，凶事尚右。』用契券者，自屬吉事，可證老子必以左契爲尊，蓋左契右契孰尊孰卑，因時因地而異，不盡同也。說文：『責，求也。』凡貸人者執左契，貸於人者執右契。貸人者可執左契以責貸於人者令其償還。聖人執左契而不責於人，卽施而不求報也。」

按：通行本「左契」，帛書甲本作「右契」。高明認爲當從甲本。高明說：「從經義考察，甲本是『是以聖人執右契，而不以責於人』，乃謂聖人執右契應責而不責，施而不求報。正與老子所講『生而弗有，長而弗宰』之玄德思想一致。乙本『執左契』義不可識，雖經歷代學者旁徵博引，多方詮釋，仍不合老子之旨。據此足證帛書甲本當爲老子原本舊文，乙本與世傳今本皆有訛誤。今據上述古今各本勘校，老子此文當訂正爲：『是以聖人執右契，而不以責於人。』右契位尊，乃貸人者所執。左契位卑，爲貸於人者所執。聖人執右契而不以其責於人，施而不求報也。」

〔三〕責：索取償還；即債權人以收執的左券向負債人索取所欠的東西。

〔四〕司徹：掌管税收。「徹」是周代的税法。

〔五〕天道無親：天道没有偏愛。和五章「天地不仁」的意思相同。

高明説：「老子用一句古諺『夫天道無親，恒與善人』結束全篇。類似之語亦見於周書蔡仲之命，作『皇天無親，唯德是輔』。善者德之師也，彼此用語雖同，則意義有别。老子用古諺中的『天道』説明自然界之規律，非若周書中的『天命』。」

【今譯】

調解深重的怨恨，必然還有餘留的怨恨；〔用德來報答怨恨，〕這怎能算是妥善的辦法呢？

因此聖人保存借據的存根，但是並不向人索取償還。有德的人就像持有借據的人那樣寬裕，無德的人就像掌管税收的人那樣苛取。

自然的規律是没有偏愛的，經常和善人一起。

【引述】

本章在於提示爲政者不可蓄怨於民。用税賦來榨取百姓，用刑政來箝制大衆，都足以構怨於民。

理想的政治是以「德」化民——輔助人民，給與而不索取，決不騷擾百姓，這就是「執左券而不責於人」的意義。

「天道無親」，和「天地不仁」（五章）的觀念是一致的，都是非情的自然觀。人的心裡常有一種「移情作用」，心情開朗時，覺得花草樹木都在點頭含笑；心情抑悶時，覺得山河大地都在哀思悲愁，這是將人的主觀情意投射給外物，把宇宙加以人情化的緣故。老子却不以人的主觀情意附加給外物，所以說自然的規律是沒有偏愛的感情（並非對那一物有特別的感情，花開葉落都是自然的現象，不是某種好惡感情的結果）。所謂「天道無親，常與善人」，並不是說有一個人格化的天道去幫助善人，而是指善人之所以得助，乃是他自爲的結果。

八十章

小國寡民〔一〕。使有什伯人之器〔二〕而不用；使民重死而不遠徙〔三〕。雖有舟輿，無所乘之；雖有甲兵，無所陳之。使民〔四〕復結繩而用之。

甘其食，美其服，安其居，樂其俗。鄰國相望，雞犬之聲相聞，民至老死，不相往來。

【注釋】

〔一〕小國寡民：這是老子在古代農村社會基礎上所理想化的民間生活情景。

童書業說：「這實際上是一種理想化的小農農村，保持着古代公社的形式。有人說，老子企圖恢復到原始社會，這種說法并不妥。因爲老子還主張有『國』，有統治；這種社會裏還有『甲兵』，而且能够『甘其食，美其服』，這些都不像是原始社會的現象。老子只是企圖穩定小農經濟，要統治者不干擾人民，讓小農經濟自由發展，這就達到了他的目的。」（先秦七子研究第一三五頁）

馮友蘭說：「老子第八十章描繪了它的理想社會的情況。從表面上看起來，這好像是一個很原始的社會，其實也不盡然。它說，在那種社會中，『雖有舟輿，無所乘之。雖有甲兵，無所陳之。使人復結繩而用之』。可見，在這種社會中，並不是沒有舟輿，不過是沒有地方用它。並不是沒有甲兵，不過是用不着把它擺在戰場上去打仗。並不是沒有文字，不過是用不着文字，所以又回復到結繩了。老子認爲，這是『至治之極』。這並不是一個原始的社會，用老子的表達方式，應該説是知其文明，守其素樸。老子認爲，對於一般所謂文明，它的理想社會並不是爲之而不能，而是能之而不爲。

有人可以説，照這樣理解，老子第八十章所説的並不是一個社會，而是一種人的精神境界。是的，是一種人的精神境界，老子所要求的就是這種精神境界。」（中國哲學史新編）

〔二〕什伯人之器：王弼本及諸本均作「什伯之器」。嚴遵本、河上公本作「什伯人之器」，帛書甲、乙本同。依胡適、高明之説，當從河上本。

胡適云：「『什』是十倍，『伯』是百倍。文明進步，用機械之力代人工，一車可載千斤，一船可裝幾千人，這多是『什伯人之器』。下文所説『雖有舟輿，無所乘之；雖有甲兵，無所陳之』，正釋這一句。」

高明説：「『十百人之器』，係指十倍百倍人工之器，非如俞樾獨謂兵器也。經之下文云：『雖有舟輿，無所乘之；雖有甲兵，無所陳之。使人復結繩而用之。』『舟輿』代步之器，跋涉千里可爲十百人之工；『甲兵』爭戰之器，披堅執鋭可抵十百人之力。可見『十』乃十倍，『百』乃百倍，『十百人之器』係指相當於十、百倍人工之器。」

〔三〕不遠徙：帛書本作「遠徙」。

許抗生說：「『遠徙』，甲本作『遠送』，乙本作『遠徙』。今從乙本。其他諸本皆作『不遠徙』，『不』字疑爲後人增。『重』與『遠』爲對文，皆爲動詞。遠徙，卽把遷徙看成很遠當作不應做的事，意卽不隨便遷徙，把搬遷的事看得很重。」

〔四〕民：王弼本作「人」，莊子胠篋篇：「民結繩而用之。」是作「民」。帛書乙本、傅奕本、景龍本、河上公本及其他古本「人」都作「民」。當據改，以求與上文一律。

【今譯】

國土狹小人民稀少。卽使有十倍百倍人工的器械却並不使用；使人民重視死亡而不向遠方遷移。雖然有船隻車輛，却没有必要去乘坐；雖然有鎧甲武器，却没有機會去陳列。使人民回復到結繩記事的狀況。

人民有甜美的飲食，美觀的衣服，安適的居所，歡樂的習俗。鄰國之間可以互相看得見，鷄鳴狗吠的聲音可以互相聽得着，人民從生到死，互相不往來。

【引述】

「小國寡民」乃是基於對現實的不滿而在當時散落農村生活基礎上所構幻出來的「桃花源」式的烏

托邦。在這小天地裡，社會秩序無需鎮制力量來維持，單憑各人純良的本能就可相安無事。在這小天地裡，没有兵戰的禍難，没有重賦的逼迫，没有暴戾的空氣，没有凶悍的作風，民風淳樸真實，文明的污染被隔絕。故而人們没有焦慮、不安的情緒，也没有恐懼、失落的感受。這單純樸質的社區，實爲古代農村生活理想化的描繪。中國古代農業社會，是由無數自治自尚的村落所形成。各個村落間，由於交通的不便，經濟上乃求自足自給，所以這烏托邦亦爲當時封建經濟生活分散性的反映。

八十一章

信言不美，美言不信〔一〕。

善者不辯，辯者不善〔二〕。

知者不博，博者不知。

聖人不積，既以爲人己愈有，既以與人己愈多。

天之道，利而不害；人之道〔三〕，爲而不爭。

【注釋】

〔一〕信言不美，美言不信：「信言」，真話，由衷之言。「美言」，華美之言，乃巧言（釋德清注）。

張松如說：「本章開頭提出了美與信、善與辯、知與博諸範疇，實際上是提出了真假、善惡、美醜等矛盾對立的一系列問題，説明某些事物的表面現象和内在實質往往不一致。這中間包含着豐富的辯證法思想。」

〔二〕善者不辯，辯者不善：帛書甲本缺字，乙本保存完好，作「善者不多，多者不善」。甲、乙本此句均在「知者不博，博者不知」句後。

〔三〕人之道：今本作「聖人之道」，據帛書乙本改。

【今譯】

真實的言詞不華美，華美的言詞不真實。
行爲良善的人不巧辯，巧辯的人不良善。
真正了解的人不廣博，廣博的人不能深入瞭解。
有道的聖人不私自積藏，他儘量幫助別人，自己反而更充足；他儘量給與別人，自己反而更豐富。
自然的規律，利物而無害；人間的行事，施爲而不爭奪。

【引述】

本章的格言，可作爲人類行爲的最高準則。前面三句格言在於提示人要信實、訥言、專精。後面四句，在於勉勵人要「利民而不爭」。

信實的話，由於它的樸直，所以並不華美。華美之言，由於它的動聽，往往虛飾不實。善者的言論，止於理，符於實，所以不必立辭巧說；善者的行爲，真誠不妄，正直不欺，所以不必自作辯解。反之嘵嘵巧辯的人，乃是由於言行的欠虧而求自我掩飾。

「知者不博，博者不知。」這話運用到現代學術界的情形，的確如此。現代的知識活動愈來愈專精，

「一事不知，儒者之恥」的時代早已經過去了。以博學自居的人，對於任何一門學問，往往只是略知皮毛而已。所以爲學如果博雜不精，則永遠無法進入知識的門牆。

「聖人不積，既以爲人己愈有，既以與人己愈多。」這是一種最偉大的愛的表現。佛洛姆（Erich Fromm）說：「愛是培養給與的能力。」「爲人」「與人」便是給與能力的一種表現。「聖人」的偉大，就在於他的不斷幫助別人，而不私自佔有，這也就是「爲而不爭」的意義。老子深深地感到世界的紛亂，起於人類的相爭——爭名、爭利、爭功……無一處不在伸展私己的意慾，無一處不在競逐爭奪，爲了消除人類社會的糾結，乃提出「不爭」的思想。老子的「不爭」，並不是一種自我放棄，並不是消沉頹唐，他却要人去「爲」，「爲」是順着自然的情狀去發揮人類的努力，人類努力所得來的成果，却不必擅據爲己有。這種貢獻他人（「爲人」「與人」「利萬物」）而不和人爭奪功名的精神，亦是一種偉大的道德行爲。

歷代老子注書評介

自先秦以降，有關老子的注疏解說，多達數百種。以下評介自漢至明各家注書，選自嚴靈峯所編老子集成叢書。

一　先秦至六朝

韓非　解老

在現存解釋老子思想的著作中，這是最古的一篇文字。這篇文字見於韓非子書上。

解老一文，對於老子以下各章作了一個闡解：一章，十四章，三十八章，四十六章，五十章，五十三章，五十四章，五十八章，五十九章，六十章，六十七章。在韓非所闡解的章次和他的內容上，可以看出一個特色，就是在道德經上下篇中，韓非較重視下篇(三十八章以前爲上篇，三十八章以後爲下篇)。而且，韓非更重視老子的人生哲學和政治哲學。在解老的文字中，並不重視老子的形而上學的思維。韓非重功效，所以在解老中發揮了老子這一面的思想。

解老有一處顯著的曲解，有一處顯著的誤解，分別在下面指出來：

(1)韓非說：「治大國而數變法，則民苦之。是以有道之君，貴虛靜而重變法。」韓非認爲老子主張

「重變法」，顯然是曲解。王力在老子研究中已有所評說：「非言『重變法』，頗迕老聃之旨。本已無法，奚待重變？」

（2）韓非將五十章「生之徒十有三，死之徒十有三」的「十有三」解釋爲四肢與九竅。他以爲「四肢與九竅」中的數字「四」和「九」加起來剛好十三，於是產生這種錯誤的解釋。「十有三」就是指十分中有三分，卽十分之三。王弼的注是正確的，王注：「十有三，猶云十分有三分。」

另一處，韓非說：「道譬諸若水，溺者多飲之卽死，渴者適飲之卽生。……故得之以死，得之以生；得之以敗，得之以成。」在老子書上，只說過得到「道」，萬物可以生可以成，却沒有說過得到「道」會「死」「敗」的。韓非這段話只能當作他自己的說法，與老子思想無關。

解老中有許多精到的解釋。這裡只舉出韓非對「道」和「德」的解說：

（1）關於「道」，韓非說：「『道』者，萬物之所然也，萬理之所稽也。……萬物各異理，而『道』盡稽萬物之理。」這是說「道」爲萬物共同的理，也卽是指萬物普遍的原理或律則。韓非這裡所說「道」，應指規律性的「道」。

又說：「『道』者萬物之所以成也。」這個「道」是指萬物所由以生成的「道」，也就是指形而上的實存之「道」。

（2）關於「德」，韓非說：「『德』者，『道』之功。」卽是說「德」是「道」的作用。這種解釋，簡捷明了。

此外，韓非對於五十九章「嗇」字的解釋也至爲恰當。他說：「嗇之者，愛其精神。……聖人之用神也靜。靜則少費，少費之謂嗇。」老子「嗇」和「儉」這兩個觀念是相通的，乃意指寶愛精神而不耗費精力。韓非的解釋遠勝於後人的注解。後人常把「嗇」「儉」誤爲專指節儉錢財而言。

韓非　喻老

大抵説來，解老的文字還值得一讀，喻老一文則盡多誤説。所以有人懷疑這兩篇文字不是出於一人之手（王力説：「解老多精到語，喻老則粗淺而失玄旨，疑出二人手筆。」）。喻老全用歷史故事去附會老子。王力曾説：「韓非喜刑、名、法、術之學，故任權威。其作喻老也，以是附會老子。」全篇最嚴重的曲解有下面幾段文字：

（1）「制在己曰重，不離位曰靜。重則能使輕，靜則能使躁。……無勢之謂輕，離位之謂躁，是以生幽而死。故曰：『輕則失臣，躁則失君。』主父之謂也。」這是曉喻人君不要離位，不要失勢。

（2）「勢重者，人君之淵。君人者，勢重於人臣之間，失則不可復得也。……賞罰者，邦之利器也。在君則制君，在臣則勝君。君見賞，臣則損之以爲德；君見罰，臣則益之以爲威。」這是曉喻人君賞罰爲治國的利器，不可輕易示人。

（3）「越王入宦於吳，而觀之伐齊以弊吳。吳兵既勝齊人於艾陵，張之於江、濟，强之於黄池，故可制於五湖。故曰：『將欲翕之，必固張之；將欲弱之，必固强之。』晉獻公將欲襲虞，遺之以璧馬，知伯將襲仇由，遺之以廣車。故曰：『將欲取之，必固與之。』」這是説要滅人之國，必先使對方「張」「强」暴露，自己則隱蔽起來，示弱於人。又說要取人之國，可先賂送財物，以示友好，乘其不備而攻取。

（4）「周有玉版，紂令膠鬲索之，文王不予；費仲來求，因予之。是膠鬲賢而費仲無道也。周惡賢者之得志也，故予費仲。文王舉太公於渭濱者，貴之也；而資費仲玉版者，是愛之也。故曰：『不貴其師，不愛其資，雖知大迷。是謂要妙。』」這是說要滅人國，須先打擊對方的賢臣，而討好對方的佞臣。

以上是韓非假借老子所引申出來的幾種法術，都是講求駕馭陰謀的詐術，完全曲解老子的原意。老子思想可說没有一點兒權謀詐術的成分在內，老子是最反對機智巧詐的。很不幸，這點却造成後人普遍的誤解，而喻老作者則是誤解老子的第一人（錢穆先生在莊老通辨中反覆誤解老子講權謀，這都是没有深究老學的緣故，只是對老子所使用的特設語句作字面的猜認，而且對於老子整個哲學系統及其建構哲學的立意未深入了解所致）。

嚴遵　道德指歸論

嚴遵是漢成帝時候的人，指歸可說是相當古老的一本解老的書。

指歸原作共十三卷，分論道篇和論德篇。陳、隋時代論道篇全部遺失，僅存論德篇七卷。嚴靈峯根據陳景元道德真經藏室纂微篇録出上篇（論道篇）佚文。

指歸以黄老思想解老。

嚴遵　老子注

嚴遵老子注早已散失，嚴靈峯根據陳景元道德真經藏室纂微篇、李霖道德真經取善集、劉惟永道德真經集義、范應元道德經古本集注等書有關嚴注文字輯校成册。

嚴遵將老子分成七十二章，所依據的理由是：「上經配天，下經配地；陰道八，陽道九。以陰行陽，故七十有二首；以陽行陰，故分上下。以五行八，故上經四十而更始；以四行八，故下經三十有二而終矣。」

嚴遵注老，語多乖謬，例如說：

「神明得位，與虛無通，魂休魄息，各得所安，志寧氣順，血脈和平也。」（注解「歸根曰靜，靜曰復命」）

「信不足謂主身也，有不信謂天人也。」（注解「信不足有不信」）

「天地生於太和，太和生於虛冥。」（注解「天下之物生於有，有生於無」）

嚴遵注老，可窺見漢代老學的一種觀點。

谷神子　道德指歸論注

谷神子輯録嚴遵指歸之文並加注釋，對老子原文也略加注解。

葛玄　老子節解

葛玄號葛仙公，爲道教方士之流人物。所學爲是神仙、導引、服氣、養生一類法術。葛玄注老，語多扭曲。茲舉數例爲證：

「使民不爲盜」，葛注：「謂邪氣不來，盜賊不入，行一握固，則邪氣去也。」

「天長地久」，葛注：「天長者，謂泥丸也，地久者，謂丹田也。泥丸下至絳宴，丹田上昇行一，上下元炁，流離百節，浸潤和氣，自生大道畢矣，故曰長生。」

「上善若水」，葛注：「善者謂口中津液也。以口漱之則甘泉出；含而咽之下列萬神。子欲行之，常以晨朝漱華池，會津液滿口，卽昂頭咽之，以利萬神而益精炁。」

「窈冥中有精」，葛注：「謂腦中元氣化爲精也。」

全書注說多養生吐納之言。

王弼　道德真經注

毫無疑問的，王弼的注是古注中第一流的作品。王弼注很能掌握老子「自然」的主旨。他扣緊了老子哲學上的幾個基本觀念，並加以闡釋。王弼所採用的方法，就是魏晉玄學家所通用的「辨名析理」的方法。所謂「辨名」就是分辨一個名詞的意義。一個名詞，有它所代表的概念，分析這些概念，就是「析理」。王弼運用這種方法，不僅精確地解釋老子哲學名詞的原意，並且也精闢地發揮了老子哲學的義涵。讓我們先看看王注的優點和特色，下面抽引一些王弼的注文，並略作說明：

「常使民無知無欲。」（三章）王注：「守其真也。」

憑字面的解釋，很容易使人誤會老子要人民無知無欲是一種愚民政策。其實老子這裡所說的「知」和「欲」都有特定的意義：他所謂的「知」乃意指僞詐的心智，他所謂的「欲」乃意指爭盜的欲念。老子認爲這種「知」「欲」是產生一切巧詐紛爭的根源，「無知無欲」，就是消解巧僞的心智活動與爭奪的欲念心理，而保持天真爛漫、純真樸質的生活。王弼用一個「真」字，極其簡明的把握了老子「使民無知無欲」的意義。

「天地不仁。」（五章）王注：「天地任自然，無爲無造，萬物自相治理，故不仁也。仁者必造立施化，有恩有爲；造立施化，則物失其真……。」

在這裡，可以看出王弼很能發揮老子純任自然、自由發展的基本精神。

「無狀之狀，無物之象。」（十四章）王注：「欲言『無』邪！而物由以成；欲言『有』邪！而不見其形。故曰：『無狀之狀，無物之象也。』」

這一章是談「道」的。「無」「有」乃是指稱「道」的。王弼不僅簡明地解釋了「無」「有」的概念，而且也說出了老子用「無」「有」這兩個概念的原因。依王弼這注解，我們很清楚的知道：由於「道」的「不見其形」，所以用「無」來形容它；而這個不見其形的「道」却又能產生天地萬物（「物由以成」），所以又用「有」來指稱它。

「衆人熙熙。」（二十章）王注：「衆人迷於美進，惑於榮利，欲進心競，故熙熙如享太牢。」

王弼的注述，文辭生動而優美。

「道法自然。」（二十五章）王注：「道不違自然，乃得其性。法自然者，在方而法方，在圓而法圓，於自然無所違。」

「道法自然」一語，常使人感到困惑。「道」在老子哲學中已是究極的概念，一切都由「道」所導出來的，那末「道」怎麽還要效法「自然」呢？其實，所謂「道法自然」就是如王弼所説的「道不違自然」，卽是説「道」的運行和作用是順任自然的。

「善行無轍迹，善言無瑕讁，善數不用籌策，善閉無關楗而不可開，善結無繩約而不可解。」（二十七章）王注：「順自然而行，不造不始；……順物之性，不別不析；……因物之數，不假形也；因物自然，不設不施……此五者皆言不造不施，因物之性，不以形制物也。」

王弼牢牢地掌握住老子「順自然」「因物之性」的基本觀念。這觀念散佈於全書。例如二十九章王注説：「萬物以自然爲性。」「聖人達自然之至，暢萬物之情。」王弼透徹地了解老子自由哲學的基本精神，而加以發揮。

「魚不可脱於淵，國之利器，不可以示人。」（三十六章）王注：「利器，利國之器也。唯因物之性，不假刑以理物，器不可覩，而物各得其所，則國之利器也。示人者，任刑也，刑以利國，則失矣。魚脱於淵，則必見失矣。利國器而立刑以示人，亦必失也。」

許多人把「國之利器不可示人」這句話誤爲權術，看到王弼的注解，當可知道老子的本意乃在於告誡人君不可以「立刑以示人」。讀了王弼這段注文，不但不會誤解老子有權術思想，而且能深刻的體會出老子反對峻制苛刑爲害的心意。

「古之善爲道者，非以明民，將以愚之。」（六十五章）王注：「『明』謂多見巧詐，蔽其樸也。『愚』謂無知，守其真，順自然也。」

老子「非以明民，將以愚之」的話，普遍被誤解爲愚民政策。讀了王注當可知道老子絶非主張通常意義的愚民政策。在老子哲學中，「愚」含有特定的意義，「愚」和「真」、「樸」、「自然」的意義是相通的。老子不僅希望人民能真樸（「愚」），而且更要求統治者先做到真樸。

從以上所徵引的王注中，可以看出王弼甚能了解老子哲學的真義。王弼實爲研究老學的第一大功臣。

王弼注老，和郭象注莊，都是經典般的注作。王注既然有這麼大的作用和影響力，因此王注有問題的地方，也必須指出來，以免産生錯誤的影響。下面分別的指出王注的錯處以及版本上的誤字或漏字。

先看王注的錯誤：

「天地不仁，以萬物爲芻狗。」（五章）王注：「地不爲獸生芻，而獸食芻；不爲人生狗，而人食狗。」「芻狗」是用草紮成的狗，作爲祭祀時使用的。莊子天運篇上也説過。王弼誤把「芻狗」當成二種東西（嚴靈峯在老子衆説糾繆中曾指出王弼的錯誤：「『芻狗』爲一物，而非『芻』與『狗』二物也。」）。

「以道佐人主者，不以兵强天下，其事好還。」（三十章）王注：「有道者務欲還反『無爲』，故云其事好還也。」

王注剛好和原意相反。「其事好還」是説用兵這件事一定會得到還報。「好還」含有「還報」或「報復」的意思。如李息齋説：「殺人之父，人亦殺其父；殺人之兄，人亦殺其兄，是謂好還。」又如林希逸說：「我以害人，人亦將以害我，故曰其事好還。」「好還」都作報復講，含有反自爲禍的意思，不當作還回「無爲」講。

「將欲歙之，必固張之；將欲弱之，必固强之；將欲廢之，必固興之；將欲奪之，必固與之。」（三十六章）王注：「將欲除强梁，去暴亂，當以此四者，因物之性，令其自戮，不假刑爲大以除將物也。」

老子這段話是「物極必反」的說明。王弼的注和老子的原意没有接上頭。雖然如此，王弼「因物之性」的注釋還算不違背老子崇尚自然的宗旨，不像許多人將老子這段話作權術來曲解。

「以正治國，以奇用兵。」（五十七章）王注：「夫以『道』治國，崇本以息末；以正治國，立辟以攻末。本不立而末淺，民無所及，故必至於奇用兵也。」

「以正治國；以奇用兵。」這是兩個對等語句，王弼把它們視爲上下連鎖語句，遂認爲「以正治國」是導致於「以奇用兵」的結果。王弼將「以正治國」解釋爲「立辟以攻末」，令人費解。四十五章：「清靜爲天下正」；本章：「我好靜而民自正」，都是「靜」「正」互言。老子主張以清靜之道治國，自然亦主張以正治國。可見王注不妥。

「正復爲奇，善復爲妖，人之迷，其日固久。是以聖人方而不割，廉而不劌。」（五十八章）

這一章王注頗多失誤。下面分句來談：

「正復爲奇。」王注：「以正治國，則便復以奇用兵矣。」

王弼的解釋和五十七章的注文一樣，誤認爲「以正治國」導致「以奇用兵」。其實「正復爲奇」只是說明事物轉換的情形。

「善復爲妖。」王注：「立善以和萬物，則便復有妖之患也。」

「善復爲妖」和「正復爲奇」一樣，只在於形容事物循環相生之理。

「人之迷其日固久。」王注：「言人之迷惑失道，固久矣，不可便正善以責。」

「人之迷其日固久」是承接上兩句而說的。意卽世間的事物，正忽而轉變爲邪，（邪忽而轉變爲正；）善忽而轉變爲惡，（惡忽而轉變爲善。）人們對於這種循環倚伏之理，迷惑而不知，已經有長久的時日了。

「廉而不劌。」王注：「『廉』，清廉也。『劌』，傷也。以清廉清民，令去其邪，令去其汚，不以清廉傷於物也。」

「廉」假借爲「稜利」，在古書上常見；莊子山木篇「廉則挫」，卽是說稜利則挫。荀子不苟篇楊倞注「廉而不劌」說：「廉，稜也。……但有廉隅而不至於刃傷也。」「廉而不劌」爲古時一句成語，意指稜利而不傷人。王弼將「廉」當作「清廉」講是錯誤的。

「夫唯不厭。」（七十二章）王注：「不自厭也。」

此處「厭」作「壓」講。說文：「厭，笮也。」這句話是喚醒統治者不要壓榨人民的。

以上指出王注中的誤失。

下面校正王弼版本的錯字。王本分八十一章，爲一般學者所通用。然而現在通行的王本，和王弼原本已經有了出入。兹據河上公本、傅奕本及帛書本等古本，將通行的王本加以校正：

二章：「長短相較。」應改爲「長短相形」。依畢沅説：古無「較」字。河上本和傅奕本都作「長短相形」。「長短相形」和下句「高下相盈」相對爲文，「形」與「盈」押韵。所以應據傅奕本改「較」爲「形」。

十五章：「蔽不新成。」應改正爲「蔽而新成」。這句所有的古本都有一個「不」字，從文句的脈絡上來看，若作「不」講則文義相反而失義。「不」字應改爲「而」字，「不」「而」篆文形近致誤。

十六章：「公乃王，王乃天。」應改成「公乃全，全乃天」。「全」字脱壞成「王」。王注：「無所不周普」，卽是「全」的注字。且「全」「天」爲韻，故應改「王」爲「全」。

十八章：「慧智出。」應改正爲「智慧出」。王弼的注文：「故『智慧』出，則大僞生也。」可見王本原作「智慧」，後人抄寫誤倒爲「慧智」。根據王注和傅奕本改正。

二十章：「頑似鄙。」應改爲「頑且鄙」。傅奕本「似」作「且」字。「且」和「㠯」（古「以」字）形近而誤，「以」「似」古字通用，遂由「且」誤爲

「㠯」，由「㠯」（以）誤「似」。「頑似鄙」應據傅奕本改爲「頑且鄙」。

二十三章：「故從事於道者，道者同於道。」應删爲「故從事於道者，同於道」。

「同於道」上面疊「道者」二字是衍文。淮南子道應篇引老子説：「從事於道者，同於道。」可證古本不疊「道者」二字。

二十五章：「故道大、天大、地大、王亦大。域中有四大，而王居其一焉。」兩個「王」字都應改正爲「人」。傅奕本「王亦大」作「人亦大」。「王」爲「人」字之誤。「人」古文作「三」，讀者或誤爲「王」。下文「人法地，地法天，天法道」，可證明域中的四大就是指道、天、地、人。所以「王」字應改正爲「人」字。

二十六章：「輕則失本，躁則失君。」「本」字當改正爲「根」。永樂大典作：「輕則失根。」（引自俞樾諸子平議）本章首句是「重爲輕根，靜爲躁君」，故應改爲「輕則失根」，以與首句相應。

二十八章：「知其白，守其黑，爲天下式。爲天下式，常德不忒，復歸於無極。知其榮，守其辱，爲天下谷。」原文應作：「知其白，守其辱，爲天下谷。」莊子天下篇引老聃説：「知其雄，守其雌，爲天下谿。知其白，守其辱，爲天下谷。」莊子所引爲老子原文。本爲以「雌」對「雄」，以「白」對「辱」（四十一章「大白若辱」也是「白」「辱」對言），「辱」通「黷」，含有「黑」的意思，後人不知「辱」和「白」對言，以爲只有「黑」纔可對「白」，又以爲「榮」可對「辱」。所以「知其白」下面，加「守其黑」；「守其辱」上面，加「知其榮」，而後又加「爲天下式，爲天下式，常德不忒，復歸於無極」四句，以叶「黑」韻，就這樣竄入了這六句多餘的文字（參看本章徵引易順鼎、馬敍倫、蔣錫昌各家的校詁）。

二十九章：「或挫或隳。」應改正爲「或培或墮」。

帛書本末句作「或培或墮」，與傅奕本、范應元本相同，根據高明的説法改正。

三十四章：「萬物恃之而生而不辭。」可改成：「萬物恃之以生而不辭。」

傅奕本及多種古本「恃之而生」作「恃之以生」。可據傅本改「而」字爲「以」字。

三十四章：「功成不名有。」應改成「功成而不有」。

「不有」爲老子慣用的詞字（見二章、十章、五十一章），中間的「名」字是衍文。

三十九章：「地無以寧將恐發。」「發」應改正爲「廢」。

「發」爲「廢」字闕壞，失去「广」旁致誤。根據嚴靈峯的説法改正。

三十九章：「侯王無以貴高將恐蹶。」「貴高」應改爲「貞」。

原文爲「貞」，誤爲「貴」，後人見下文「貴以賤爲本，高以下爲基」二句，以爲是承接上文而言，遂於「貴」下文增一「高」字。趙至堅本正作「貞」，所以應據趙本改正爲「侯王無以貞將恐蹶」，以與上句「萬物無以生將恐滅」相應，且「生」「貞」爲韻。

三十九章：「致數輿無輿。」應改成「致譽無譽」。

「數」是衍文，「輿」原是「譽」字。陸德明釋文出「譽」字，注：「毁譽也。」釋文是根據王弼古本，可見王本原是「譽」字，後人傳寫致誤。

四十七章：「不見而名。」應改爲「不見而明」。在老子書上，「見」「明」連言（見於二十一章和五十二章），「不見而明」指不見而明天道。應根據張嗣成本改「名」爲「明」。

六十二章：「以求得。」應改正爲「求以得」。景龍本、傅奕本及衆多古本「以求」作「求以」。「求以得」和下句「有罪以免」相對成文。應據景龍本改正。

六十六章：「是以欲上民。」補成「是以『聖人』欲上民」。其他古本「是以」下面都有「聖人」二字，現在通行的王本獨缺漏。後面一句「是以『聖人』處上」，「是以」下面有「聖人」兩字，故依文例增補。蔣錫昌說：「逸藏王本有『聖人』二字，當據補入。」

七十一章：「夫唯病病，是以不病，聖人不病，以其病病，是以不病。」應改正爲：「聖人不病，以其病病，夫唯病病，是以不病。」這一段所有古本文句都誤倒複出，應依老子特有文例以及御覽疾病部改正。

七十五章：「民之輕死，以其求生之厚。」補正爲「民之輕死，以其上求生之厚」。傅奕本「以其」下面有「上」字（「上」指統治者）。王弼注：「言民之所以僻，治之所以亂，皆由上，不由其下也。」從王注中可知王本原有「上」字。當據傅本和王注補上。

七十六章：「萬物草木之生也柔脆。」應删爲「草木之生也柔脆」。「人之生也柔弱，其死也堅强；萬物草木之生也柔脆，其死也枯槁。」「人」和「草木」都屬於萬物，「萬物」二字是衍文。傅奕本没有「萬物」二字。當據傅本删去。

七十六章：「兵强則不勝，木强則兵。」應改正爲「兵强則滅，木强則折」。列子黄帝篇、文子道原篇、淮南子原道訓都作「兵强則滅，木强則折」。當據以改正。

八十章：「使人復結繩而用之。」改爲「使民復結繩而用之」。「人」應作「民」，根據莊子胠篋篇、河上本及其他各古本改正，以求和上文文律一致。

以上，我們校正王弼通行的版本，並對王弼的注文作了一些評介。王弼的成就，不僅在於注釋老學，如果我們把他的注解單獨抽出來看，可看出他的文字自成一個系統，可說是一篇很好的哲學論文。

王弼　老子微旨例略

例略爲嚴靈峯自道藏正乙部檢出影印成册。

例略説明老子之「道」的無形無名，幽微玄妙，並申説老子「崇本息末」：見素樸，棄巧利。例略解老與其注老有其思想的一貫性。

河上公　老子道德經

河上公爲何許人，河上注本成於何時，都是一個謎。神仙傳有一段記載說：漢文帝時，河上公結草爲庵，住在河邊。某日，文帝去見他，他「撫掌坐躍，冉冉在虛空中，去地數丈」，然後給文帝二卷書，並說：「余注此經以來，一千七百餘年，凡傳三人，連子四矣。」說完話就不見了。這種記載是後代道教人士的編造。

史記曾提到河上丈人，河上注本當是兩漢之際的作品。河上公的注文多是養生家之言，而分章標題，乃後代道教徒所爲。

在衆多的道德經古本中，流傳最廣的要算是王弼本和河上本。王弼本爲一般學者所推崇，而河上本則爲普遍民間所通用。由於河上本的廣泛使用，因此對於河上注本的得失須詳加檢評。

先說河上公注釋的優點：河上注文字簡明，玆舉數例：

「不尚賢。」（三章）河上注：「賢，謂世俗之賢。去質爲文也。不尚者，不貴之以祿，不貴之以官。」

「使民不爭。」（三章）河上注：「不爭功名，返自然也。」

「無知無欲。」（三章）河上注：「反樸守淳。」

「天地不仁。」（五章）河上注：「天施地化，不以仁恩，任自然也。」

「絕學無憂。」（二十章）河上注：「除浮華，則無憂患也。」

「衆人皆有餘。」（二十章）河上注：「衆人餘財以爲奢，餘智以爲詐。」

「道法自然。」（二十五章）河上注：「道性自然，無所法也。」

「國之利器。」（三十六章）河上注：「利器，權道也。」

從這裡所摘録的一些注文中，可以看出河上注的清晰精確的一面。

下面我們看河上注的錯誤和曲解之處。先指出河上注的失誤：

「道沖而用之。」（四章）河上注：「沖，中也。『道』匿名藏譽，其用在中。」

「道沖」是形容形上之「道」爲虚空狀感。「沖」作「盅」，訓「虚」，河上解作「中」，不妥。本章的「道」也不是河上公所謂的「匿名藏譽」之道。「匿名藏譽」的道，乃就生活層面上而言的，本章的「道」，則就形而上層次而言的。

「故有道者不處。」（二十四章）河上注：「言有道之人，不居其國也。」

「不處」不是指「不居其國」，依上文，應指不自見、不自是、不自伐、不自矜。

「聖人常善救人。」（二十七章）河上注：「聖人所以常教人忠孝者，欲以救人在命。」

河上公用儒家的眼光去看。其實老子這裡在於教人依自然而行事，並非「常教人忠孝」。只要看十八章和十九章便可明白河上注與原義不符。

「其事好還。」（三十章）河上注：「其舉事好還，自責不怨於人也。」

「其事好還」，是説用兵這件事，反自爲禍，其後果將會遭受報復的。

「道常無名。」（三十二章）河上注：「道能陰能陽，能弛能張，能存能亡，故常無名。」這句應以「道常無名樸」斷句，三十七章有「無名之樸」一詞端爲證。「樸」是「無名」的譬喻。「道」是無形的，因而不可名稱。河上的解釋和原文不相干；「道」是永存的，説它「能存能『亡』」，更不妥。

「始制有名。」（三十二章）河上注：「道無名能制於有名，無形能制於有形也。」「始制有名」同於二十八章「樸散爲器」。「制」，興作講。（林希逸注：「制，作也。」）河上作駕馭的意思，不妥。

「天亦將知之。」（三十二章）河上注：「人能去道行德，天亦將自知之。」「夫」，河上本誤作「天」，版本不確，注釋自然也隨着錯誤。應根據王弼本改正爲：「夫亦將知止。」

「死而不亡者壽。」（三十三章）河上注：「目不妄視，耳不妄聽，口不妄言，則無怨惡於天下，故長壽。」「死而不亡」乃是喻指「身死而道存」；像歷史上許多大思想家一樣，身軀雖然死滅了，但他們的思想和精神却永續長存，這就可説是「壽」了。

「至譽無譽。」（三十九章）河上公本誤作「致數車無車」，原文錯了，所根據的注解便爲不相干的文字。

「十有三。」（五十章）河上注：「十三謂九竅四關也。」十有三是指十分中有三分。河上注依韓非「四肢九竅」的解釋，錯誤。

「益生曰祥。」（五十五章）河上注：「祥，長也。」

這裡「祥」作妖祥解，含有災殃的意思，古人常有這種用法。王弼將「祥」解作「夭」是正確的，河上注爲誤。

「以正治國，以奇用兵。」（五十七章）河上注：「天使正身之人，使至有國也。天使詐爲之人，使用兵也。」

這兩句話純粹是人事問題，河上公却用『天』使」來解說，全然不相干的。

「正復爲奇，善復爲妖。」（五十八章）河上注：「人君不正，下雖正，復化上爲詐也。善人皆復化上爲訞祥也。」

世事無常，「正」忽而轉變爲「奇」，「善」忽而轉變爲「妖」，老子以此說明事物的循環運轉，河上注未切合老子原意。

「廉而不劌。」（五十八章）河上注：「聖人廉清……」

此處「廉」作棱利講，王弼誤作「清廉」，河上誤作「廉清」。

「無狹其所居。」（七十二章）河上注：「謂心居神當寬柔，不當急狹也。」

老子這話是警惕統治者不要逼使人民不得安居。

以上指出河上公注釋中的一些錯誤。河上公帶着方士養生觀點注老子，因而出現許多乖違原典的言詞，下面分別指出。

「玄之又玄。」（一章）河上注：「玄，天也。言有欲之人與無欲之人同受氣於天。」「玄」是深遠的意思。河上以「天」釋「玄」，並説人受氣於天，和老子原義無關。

「谷神不死。」（六章）河上注：「谷，養也。人能養神則不死也。神謂五藏之神也。肝藏，魂。肺藏，魄。心藏，神。腎藏，精。脾藏，志。」這是以方士「養神」一套説法來附會。

「及吾無身，吾有何患？」（十三章）河上注：「使吾無有身體，得道自然，輕舉昇雲，出入無間，與道通神。」河上以爲「及吾無身」，可以「輕舉昇雲」，這有如神怪故事中的語句。

「却走馬以糞。」（四十六章）河上注：「兵甲不用却走馬治農田，治身者却陽精以糞其身。」第一句的注文已經將原文解釋得很清楚，後面一句畫蛇添足。「陽精」一類的字眼，顯然是方士之流的口語。

「修之於身，其德乃真。」（五十四章）河上注：「修道於身，愛氣養神，益壽延年。」這是用衛生之經去注老的一例。

「含德之厚，比於赤子。」（五十五章）河上注：「神明保祐含德之人，若父母之於赤子也。」「神明保祐」之説是教徒的口頭語，和老子思想無關。

「深根固蒂。」（五十九章）河上注：「人能以氣爲根，以精爲蒂……深藏其氣，固守其精，使無漏泄。」

河上用「藏氣」「固精」一類的方士術語注解，和老子原義大相背謬。

此外六十章、七十一章、七十二章都可看到河上用養身一套的觀點去注老。由上可知河上注是帶着相當濃厚的方士思想。王力曾說：「河上公注，多養生家言；而老子非談養生者，故河上注根本錯誤。」

下面校正河上本的錯字和脱字：

三章：「使心不亂。」本章前面二句都有「民」字，此處第三句也應依文例加一「民」字（「使民心不亂」）。

四章：「淵乎似萬物之宗。」後面有「湛兮似或存」句，「淵乎」可據王本改爲「淵兮」，以與「湛兮」對稱。

十章：「天門開闔能無雌？」「無雌」應改正「爲雌」。「愛民治國能無知？」「無知」可改成「無爲」。此外，本章每句後面可依王本加一「乎」字，成：「能無離乎？」「能嬰兒乎？」「能無知乎？」「能無爲乎？」

十五章：「蔽不新成。」應改正爲「蔽而新成」。「不」爲「而」字之誤。

十六章：「不知常，萎作凶。」「萎」應改正爲「妄」，河上注文即作「妄」，原文筆誤。

二十三章：「故從事於道者，道者同於道。」删成「故從事於道者，同於道。」河上本和王本都在「同於道」者上面疊「道者」二字。這是衍文，應删除。

二十五章:「故道大,天大,地大,王亦大。域中有四大,而王居其一也。」「王」爲「人」字之誤。「人」古文作「三」,讀者誤爲「王」。後句「人法地,地法天,天法道」正作「人」而不作「王」。

二十六章:「輕則失臣。」改正爲「輕則失根」。本章首句「重爲輕根,靜爲躁君」,末句「輕則失根,躁則失君」,相對成文。

二十八章:「知其白,守其黑,爲天下式,爲天下式,常德不忒,復歸於無極。知其榮,守其辱,爲天下谷。」應據莊子天下篇删成:「知其白,守其辱,爲天下谷。」

三十二章:「天亦將知止。」應據王本改正爲「夫亦將知止」。「夫」筆誤爲「天」。

三十四章:「萬物恃之而生而不辭,功成不名有。」應改正爲「萬物恃之以生而不辭,功成而不有」(上節王弼本校正中已敍説)。

三十六章:「將使弱之。」「將使」應依前後各句文例改正爲「將欲」。

三十九章:「侯王無以貴高將恐蹷……孤寡不轂……致數車無車。」應改正爲:「侯王無以貞將恐蹷……孤寡不轂……至譽無譽。」「貴高」應改正爲「貞」(原文爲「貞」誤作「貴」,後人又妄增一「高」字)。「轂」與「穀」古通,然河上注誤讀爲車轂之轂。「譽」王本誤爲「輿」,河上本再誤作「車」。

四十七章:「不見而名。」「名」應改成「明」。

六十二章:「美言可以市,尊行可以加人。」補正爲「美言可以市尊,美行可以加人」。

六十二章:「以求得。」應改正爲「求以得」(參看前節王本校正)。

七十一章：「夫唯病病，是以不病，聖人不病，以其病病，是以不病。」應改正爲「聖人不病，以其病病；夫唯病病，是以不病」。

七十五章：「以其求生之厚。」應改正爲「以其上求生之厚」。上兩句都作「以其上」，本句漏一「上」字，故應依文例增補。

七十六章：「萬物草木之生也柔脆……兵强則不勝，木强則共。」應改正爲：「草木之生也柔脆……兵强則滅，木强則折。」「萬物」兩字是衍文。「兵强則滅，木强則折。」依列子黃帝篇與淮南子原道訓改正（見上節王弼本校正）。

上面對於流傳最廣遠的王弼注本和河上公注本所作的評介，我們可以斷言：關於注文，王注遠勝於河上注；關於版本，則互有優劣。一般說來，學者仍多採用王本。然而現在通行的王本，已非原舊，後人筆誤或脱字不少。

二　初唐至五代

陸德明　老子音義

依王弼本注音。

魏徵　老子治要

摘録河上公注文。河上注文中有關養神鍊氣一類的方士語句盡被删去，未予選録。

傅奕　道德經古本篇

傅本是研究校勘的學者非常重視的一個古本。它是依據王弼本發展出來的。傅本常在文句後面添增「矣」「也」一類的贅詞，錯字也不少。但有許多處倒可勘正王本的誤失。例如：

二十五章：傅本「强字之曰道」，王本及其他古本遺「强」字，應據傅本補上。又，同一章傅本「道大，天大，地大，人亦大」，王本及其他古本作「王亦大」，應據傅本改爲「人亦大」。

三十九章：傅本「致數譽無譽」。「數」是衍文。「譽」應爲老子原文，而王本筆誤爲「輿」，河上本再誤作「車」，各古本均應據傅本改正。

六十二章：傅本「不曰：求以得」。王本及河上本都誤倒爲「以求得」，傅本正確。

七十五章：傅本「以其上求生之厚」。王本和河上本在「以其」下面遺漏「上」字，可據傅本補上。

七十六章：傅本「人之生也柔弱，其死也堅强；草木之生也柔脆……」王本及河上本「草木」上衍「萬物」兩字，依據傅本删去。

上面幾點是傅本最大貢獻處，衆古本的錯誤都可據以校正。

顏師古　玄言新記明老部

簡略説明老子每章主旨（「以正治國」章以下缺），每章的説明文字只有一二行。顏氏對老學思想上並無特殊見解，然「三十一章『佳兵』注語可證王弼於此有七字注文，唐時尚未脱落，可證宋人之説，於考據方面頗具意義」（引嚴靈峯評語）。

成玄英　道德經開題序訣義疏

成玄英把老子哲學的基本觀念含混化、龐雜化了。例如他對「道」的解釋：

「……元氣大虛之先，寂寥何有！ 至精感激，而真一生焉。真一運神，而元氣自化，元氣者，無中之有，有中之無，廣不可量，微不可察。氤氳漸著，混茫無倪，萬象之端，兆朕於此，於是清通澄朗之氣，而浮爲天煩昧濁滯之炁……生天地人物之形者，元炁也；授天地人物之靈者，神明也。……道全則神王，神王則炁靈，炁靈則形超，形超則性徹。性徹者，反覆流通，與道爲一，可使有爲無，可使虛爲實，吾將與造物者爲儔，奚死生之能累乎？」

這段話很明顯的可以看出不僅夾雜了佛教、道教的觀念，而且還滲入了莊子的思想。成作有兩大特色，也可說兩大弊病：

一、引莊子證說老子。老子和莊子，在基本的心態與意境上是大不相同的。莊子有許多的觀念，爲老子所沒有的，例如上面所引這段話的最後兩句：「吾將與造物者爲儔，奚死生之能累乎？」莊子這種「獨與天地精神往來」以及「死生爲一」的觀念，爲老子所無。又如二十二章「曲則全」，成疏：「莊子云：『吾行屈曲，無傷吾足。』此一句，忘違順也。」「忘」是莊子的境界，用來解釋老子則不妥。此外，「枉則直」，成疏：「此一句，忘毁譽。」這也是用莊子來套老子，而且用「忘毁譽」來解釋「枉則直」顯然是誤解。以莊誤解老的例子還很多，這裡只是略舉數例。

二、用佛教、道教觀點解老。例如：「逝曰遠」（二十五章），成疏：「超凌三界，遠適三清也。」又如：

「遠曰反」，成疏：「既自利道，圓遠之聖境，故能返還界内，慈救蒼生，又解迷時，以三清爲三界悟卽三界是三清，故返在塵俗之中，卽是大羅天上。」如此注解，把老子弄得面目全非。成疏中，以佛教、道教誤解老的例子舉不勝舉。

成玄英的莊子疏確是上乘之作，遠勝於老子疏解。

李榮　道德真經注

本注書原缺。嚴靈峯根據道藏殘本爲底本，收輯强思齊道德真經玄德纂疏中之李榮注校輯成册。

李榮爲唐高宗時道士，故以道教色彩注老。

馬總　老子意林

摘出老書上的一些文句加以注釋。注文尚清楚。

王真　道德經論兵要義述

這本藉道德經來「論兵」的書，並不是主張要用兵或如何去用兵，相反的，却主張戢戈止兵，偃武息爭。作者牢牢地抓住老子不爭的思想而加以發揮。整本書都充滿了濃厚的反戰思想。令人驚奇的是：作者王真竟然是一位擁有極大兵權的將軍。他是唐憲宗手下的一員大將。他的軍職是朝議郎使持節漢州諸軍事守漢州刺史充威勝將軍。

王真寫這本書，直接的對象就是他的皇帝憲宗（書上每章的前面都寫：「臣真述曰」）。王真深深地感到戰爭給人民帶來的災害，因而力陳戰爭的禍患：「夫爭城，殺人盈城；爭地，殺人盈野。」（上善若水章第八）「臣敢借秦事以言之：李斯、趙高、白起、蒙恬之類，皆不以道佐其主，而直以武力暴強，吞噬攫搏……李斯父子糜潰於雲陽；白起齒劍於杜郵；趙高取滅於宮闈，此皆事之還也。且興師十萬，日費千金，十萬之師在野，則百萬之人流離於道路矣。」（以道佐人主章第三十）又說：「夫窮兵黷武，峻制嚴刑，則人必無聊也。」（人不畏死章第七十四）

爲政者若能停止爭戰，不興兵革，社會才能安定，人民才能安寧。王真說：「王者既不責於人，則刑罰自然不用矣。刑罰不用，則兵革自然不興矣。兵革不興，則天下自然無事矣。」（天地不仁章第五）「治天下國家之人，尚以安靜不撓爲本。……明王在上，兵革不興。」（治大國章第六十）王真認爲老子著書立說最大的用意就在於：「勸人君無爲於上，不爭於下。」這也是王真自己寫這本義述的真正動機。他又說：「竊嘗習讀五千之文，每至探索奥旨，詳研大歸，未嘗不先於無爲，次於不爭，以爲教父。」王真掌握了老子「無爲」和「不爭」這兩個中心觀念，而後極力加以闡釋。關於「無爲」，他引申說：

「無爲之事，蓋欲潛運其功，陰施其德，使百姓日用而不知之……王者無爲於喜怒，則刑賞不溢，金革不起；無爲於求取，則賦斂不厚，供奉不繁。」（天下皆知章第二）

「爲無爲者，直是戒其人君無爲兵戰之事也。語曰：『舜何爲哉，恭己南面而已！』」（不尚賢章第三）

「無爲者，卽是無爲兵戰之事。兵戰之事，爲害之深，欲愛其人，先去其害。」（營魄抱一章第

（十）「無爲」的反面是「有爲」「有事」。王真說：「及其有事也，則以賦稅奪人之貨財；及其有爲也，則以干戈害人性命。」

「無爲」的思想藴涵了「不爭」。王真極力陳述爭端的根源與弊害，並强調「不爭」的重要性。他說：「暴慢必爭，忿至必爭，奢泰必爭，矜伐必爭，勝尚必爭，專恣必爭。夫如是王者有一于此，則師興於海内，諸侯有一于此，則兵交於其國……是以王者知安人之道，必當先除其病，俾之無爭則戰可息矣，戰可息則兵自戢矣，是故其要在於不爭。」

「夫爭者兵戰之源，禍亂之本也。故經中首尾重疊唯以不爭爲要也。」

王真的義述，將老子形而上的意味完全刷除。例如第四章「道沖而用之」，分明是說「道」體的，但王真却將它賦與現實的意義，他解說：「此章言人君體道用心，無有滿溢之志，長使淵然澄靜。」又如第八章「上善若水」，王真解說：「特論理兵之要深至矣。夫上善之兵，方之於水，然水之溢也，有昏墊之災；兵之亂也，有涂炭之害。」這種解釋雖然未必與老子原義相同，但能和老子另一基本思想吻合：卽掌握權力者，萬萬不可造成塗炭百姓的災害。

在書後王真附了一封給皇帝的信。皇帝看了，也回了他一封簡短的信，信上說：「省閲之際，嘉歎良深，秋凉，卿比平安。」這幾句話不僅道出了共鳴之意，也表露了親切的人情味。王真接到信以後，又上書給皇上，再度痛陳兵革之害：「……塗萬姓之肝腦，决一人忿欲，毒痛海内，災流天下……」慷慨陳詞，王真的道德勇氣和他對百姓的愛心，令人感佩。讀這本義述，覺得一股强烈的人道主義的精神在字里行間跳盪着。

陸希聲　道德真經傳

陸希聲說：「老子之術本於質，質以復性。」陸氏認爲「化情復性」、「以性正情」是老子哲學的基本動機。

陸希聲在序言中說：「天下方大亂……於是仲尼闡五代之文，以扶其衰；老氏據三皇之質，以救其亂，其揆一也。」十八章注文中說：「孔老之術不相悖。」十九章注文也說：「老氏之術焉有不合於仲尼。」無論老子或孔子，他們的心懷都是救世的，這一點是不錯的。但是並不能因着他們有相同的「救亂」心懷，就將他們的人生態度和價值取向混同，陸希聲並沒有很清楚的分辨這一層。陸氏雖然以儒解老，不過儒家思想的痕迹並不顯明。作者闡述每章要旨，明晰可讀。

顧歡　道德經注疏

收集河上公注和成玄英疏，兼引唐玄宗等十五家注言。

喬諷　道德經疏義節解

雜引史事及他說以解老。

三　兩宋至元代

宋鸞　道德篇章玄頌

用七言詩詠頌老子經義。

王安石　老子注

原書有二卷，已亡失，僅從彭耜道德眞經集注中輯引王氏殘注。王安石在老子注中首先將第一章以「無」「有」斷句，在他以前的人都以「無名」、「有名」、「無欲」、「有欲」爲讀。

附論老子短文一篇（録自臨川先生文集卷六八），僅五百字，文末評説：「如其廢轂輻於車，廢禮樂刑政於天下，而坐其之無爲用也，則亦近於愚矣。」

蘇轍　老子解

這本解老，見解頗爲精到，很受宋明以來的學者所重視。書中一再强調「復性」的思想，是其特色。

程俱　老子論

短論五篇：論一，談道；論二，説明老學不主張厚生亦不及長生；論三，闡揚超越死生之對；論四，解釋老子第十章；論五，申説老子「濟天下而度羣生」的心懷。

葉夢得　老子解

老子書上的「言」，不僅指言説的意思，還含有聲教法令的意義。葉解十七章中説：「號令教戒，無非『言』也。」書篇幅不多，却有獨見處。

程大昌　易老通言

程氏認爲：「老氏一書，凡其説理率不能外乎繫辭而别立一撫也。」又説：「老語皆易出也，而獨變其名稱，以示無所師承，而求别成一家焉耳。」這種説法將老子哲學的獨創性完全抹殺，同時也把老子哲學建立的動機與時代的意義輕易忽略。

員興宗　老子略解

節引老子部分文字，常以孔孟之言注解，偶而也引用莊子的觀點，但所論注，多與老子原義有所出入。

寇質才　道德真經四子古道集解

引録莊列文庚四子著作（南華經、通玄經、沖虚經、洞靈經）爲注。頗費一番採摘工夫，可供相互對照參考。

呂祖謙　音注老子道德經

依河上公本加反切注音，附於各句注後。

葛長庚　道德寶章

夾雜着佛學觀點注老。

趙秉文　道德真經集解

收録蘇轍老子解全文，並摘引政和、鳩摩羅什、陸世聲、司馬光等注釋，偶而也附録己見。

董思靖　道德真經集解

對老子經文的解釋，頗有己見，其中以三十六章的解釋最爲可取（前面曾引録）。每章的後面，有數語作總結，扼略説明各章主旨。此外，還摘引司馬光、蘇轍等注。本集解勝於趙秉文集解。

李嘉謀　道德真經義解

按章次順文作解，尚屬通順。焦竑老子翼所引「息齋注」，卽是此書文字。息齋是嘉謀的道號。

林希逸　老子鬳齋口義

用通俗淺近的文字作解，明白可讀。但林氏所作莊子口義遠比這本老子口義可取。

龔士禼　纂圖互注老子道德經

採河上公注本。常於句後附「互注」，多徵引莊子文字作補注。書前附有「老子車製圖」的圖樣。

范應元　老子道德古本集注

這本集注的特點：一、解釋扼要洗鍊。二、徵引多種古文及「音辯」，並鑑别何種古本同於老子原作。三、精選王弼、河上公、陸德明、傅奕、司馬光、蘇轍等三十家注解。這是一本很有參考價值的書。在版本上，尤受校刊學者所重視。

劉辰翁　老子道德經評點

針對林希逸口義一書，加以闡解批評。

張嗣成　道德真經章句訓頌

以五言七言等文體爲句，按章稱頌老子經義。

陳觀吾　道德經轉語

依河上公章目，將每章改成七言絶句。間或夾雜佛教觀念。

此係吟詠之作，和宋鸞的道德篇章玄頌以及張嗣成的道德真經章句訓頌爲同類作品，附有音注，可供參考。

吴澄　道德真經注

注解精確明晰，爲研究老學的人所必讀的一本好書。

何道全　太上老子道德經

依河上公章句本，集河上公、林希逸、蕭應叟、李清庵、如愚子等家注，每章後面有總結，並附四言、五言或七言句。注解「雖雜採黄冠之説，間有可取」（引嚴靈峯評語）。

蔣融庵　老德真經頌

依老子章數作七言絶句頌八十一首。本篇和宋鸞、張嗣成等人的作品同類。

四　明代

薛蕙　老子集解

薛蕙早年喜歡看神仙長生一類的書，後來研讀老子，才發覺以前所學，不過是「方士之小術」。在序言中，他說：「予蚕歲嗜神仙長生術，凡神仙家之説，無不觀也。晚讀老子而好之，乃知昔之所嗜者，第方士之小術，而非性命之學也。……後世直以道家爲養生耳，皆予所未喻也。予又竊怪夫方士之言養生者，往往穿鑿於性命之外。」前人常用乖異的道教詞句解老，薛氏之能免疫，值得一提。

這本集解，依王本章次順文作解。注解部分，雖不如吴澄本精到，但也很有獨見（二十九章注解勝過各家，前面注釋部分已引録）。

集解的最大特點是常在一章的後面作評語，澄清前人的誤解。如：

三十六章是最受誤解的一章，普遍被誤認爲含有權詐思想，薛蕙以程子爲例，加以評説：「程子嘗曰：『老子書，其言自不相入處如冰炭，其初意欲談道之極玄妙處，後來印入權詐上去，如「將欲取之，必固與之」之類。』程子之言……雖大儒之言，固未可盡執以爲是也。竊謂此章首明初盛則衰之理，次言剛强之不如柔弱。末則因戒人之不可用剛也。豈誠權詐之術。夫仁義聖智，老子且猶病之，況權詐乎？按史記陳平，本治黄帝老子之術，及其封侯，嘗自言曰：『我多陰謀，道家之所禁，吾世卽廢亦已矣，終不能復起，以吾多陰禍也。』由是言之，謂老子爲權數之學，是親犯其所禁，而復爲書以教人，必不然矣。」

三十八章的後面，薛氏澄清老學和晉學的不同。他說：「自太康之後，訖於江左之亡，士大抵務名高，溺宴安，急權利，好聲伎。老子之言曰：『大白若辱』，務名高乎！『强行有志』，溺宴安乎！『少私寡欲』，急權利乎！『不見可欲』，好聲伎乎！『若畏四鄰』，嗜放達乎！『多言數窮』，尚清談乎！以此觀之，則晉人之行，其與老子之言，不啻若方圓黑白之相反矣。」

此外，如五十四章結語中批評朱熹認爲「老子便是楊氏」的看法，以及五十八章結語中區別申韓和老子的不同，並指責司馬遷所造成的混淆（司馬遷把申韓與老子視爲同原於道德而引起後人的傅會），這些批評和見解，都很得要旨。在古注中，很少見到這類批評性的文字和澄清的工作。薛氏這本集解，流行不廣，但很值得一讀。

張洪陽　道德經注解

認爲老子是「性命之書」。對「道」和「德」有簡明的解釋：「自然爲『道』，得『道』爲『德』；自無生有，『道』也；從有返無，『德』也。」本注解平實可讀。

釋德清　老子道德經解

釋德清別號憨山。他的注莊（内篇）勝於注老。雖然如此，但這本解老，對於義理方面的引申，仍有許多精闢的見解。在古注中，算是難得一見的作品。

朱得之　老子通義

全書分六十四章，逐章作解，偶而採集林希逸、吴澄、薛蕙、王純甫等家的注解。辭意不够簡潔，泛泛之作。惟朱氏認爲三十一章「悲哀泣之」，「泣」應改爲「涖」，並注説：「以悲哀臨之。」這是通義中惟一可供參考之點。

王道　老子億

王道字純甫。全書按章次作解，常借原始儒家思想爲助説，解説尚稱通暢明曉。在前言中，對於「道經」、「德經」的分法不表贊同，他説：「至唐玄宗改定章句，始取篇首二字爲義，以上篇言『道』，謂之『道經』；下篇言『德』，謂之『德經』，支離不通，殊失著書本旨。」在解説中，有兩點值得一提：一、十三章「貴大患若身」。所有的注釋家都照字面解，只有王純甫指出：「貴大患若身，當云貴身若大患，例而言之，古語多類此者。」按老子的原義，當如王解。二、三十一章注文混入正文，爲時已久，無從分辨了（王弼只有這章不作注）。王純甫首先提出疑問，認爲是「古義疏混入於經者」。

陸長庚　老子道德經玄覽

視老子思想爲「窮性命之隱」。依章次解釋。

沈津　老子道德經類纂

解説平易可讀。偶爾引王弼、司馬光、蘇轍、董思靖之注以助其解説。

王樵　老子解

只解釋十個章目。站在儒學的觀點解老，並引申程朱的見解。在第一章的解釋中，主張應以「無」「有」爲讀：「舊注『有名』『無名』，猶無關文義；『無欲』『有欲』恐有礙宗旨。老子言『無欲』，『有欲』則所未聞。」

李贄　老子解

間有獨見之處。

張登雲　老子道德經參補

録河上公注本，略加補注。

沈一貫　老子通

申説通暢。書前附老子概辨一文，提及「尊老者過諛，薄老者盛貶」。文中指出薄老的言論，並加駁正，特别對於程子和朱子的誤解，討論得最多。程子最大的誤解以爲老子雜權詐：「老子與之、翕之之意，乃在乎取之、張之，權詐之術也。」其實三十六章這段文字只在於説明「物極必反」的道理，並非權術。朱子則誤解老子「不肯役精神，須自家占得十分穩便方肯做。一毫不便，便不肯做」。以爲老子持着「只是佔便宜」的態度，朱子的看法十分膚淺。此外，沈文中還指出朱子批評老子「無」的説法，認爲「朱子失其意」。並説：「老子兼『有』『無』而名『道』也，豈但以『無』爲『道』也。」沈氏認爲「有」「無」是指稱「道」，這說法很正確。

焦竑　老子翼

選摘韓非以下六十四家注解。以蘇轍、吕吉甫、李息齋、王純甫、李贄等家的注解爲主。並附自著筆乘，以抒己見。

林兆恩　道德經釋略

參他家以解說。

陳深　老子品節

録河上公注本，在眉欄上批注，如一章上批說：「諸家皆於『無名』『有名』讀，又於『有欲』『無欲』讀，又以『徼』爲『竅』，誤矣！　誤矣！」其餘的眉批也很簡明，惜無深意。

徐學謨　老子解

順章作解，並在解說後面對蘇轍、薛蕙、林希逸、李息齋等家注解，頗有批評，其評語可讀。附帶還指陳宋儒的曲解。

王一清　道德經釋辭

序文道德經旨意總論中，指出老子五千文不只專言鍊養，也並兼言治道，並敍說老子思想對歷代的影響。注解抒雜各家之說。

彭好古　道德經

間或在句後作注。「此係校刻本子，尚可供校注參考。」（引嚴靈峯評語）

歸有光　道德經評點

依河上公注本，在眉欄上引宋明各家注語。

書前附宋太祖序文，略説讀老經過與心得，宋太祖曾感慨地説：「見本經云：『民不畏死，奈何以死而懼之。』當是時，天下初定，民頑吏弊，雖朝有十人而棄市，暮有百人而仍爲之。如此者，豈不應經之所云。朕乃罷極刑而囚役之，不逾年而朕心減恐。」從這裡可以看出老子思想影響的好的一面。其次，附秦繼宗序文，説及漢景帝、唐太宗等人受老子的影響，以及宋儒對老子的誤解。

陳懿典　道德經精解

每句作注，清晰可讀。每章後面及眉欄上引各家解説（如徵引蘇子由、李息齋、李宏甫、焦竑等家解説），可供參考。

鍾惺　老子嫏嬛

順章作解，並在眉欄上加按語，簡明但無特色。

鍾惺　老子文歸

録河上公本原文，加以圈點。在上篇末加按語説：「老子道德經導人返其天性，而非異端之書。」

陶望齡　陶周望解老

全書分上下兩篇，不標章目，部分作解。有誤解處，如五章「天地不仁」，陶氏解釋：「此驚俗之言也，故復以多言自砭。」又如六十六章「江海爲百谷王」，陶氏附會説：「老子之言，多半是術，姑以此誘聾俗耶！」這些是較顯著的誤解。

趙統　老子斷注

自敍中，認爲老子和孔子一様，具有衰世之志、救世之心。並斥「方士之奇邪」、「方士之禍」。注解中，申言老子「用世之意」，並發揮老子自生自化的思想。解説時，常引孔儒觀念作對比説明。

洪應紹　道德經測

從儒家的觀點去看老子，試圖貫通老易，例如洪氏認爲：「有物混成，已分明挈大易根宗。絶學無憂，卽不習無不利之旨也。嬰兒未孩，卽何思何慮之宗也。虚而不屈動而愈出，卽寂然不動，感而遂通之致也。」因而認爲：「卽謂道德爲老氏之易，可謂老氏爲周易作爻辭作繫辭亦可。」

老易或有相似的觀點，但這兩者的哲學基點和價值取向却有很大的不同。古人的學科界線不分明，常因求「同」而忽略其間基本差異處。

龔修默　老子或問

書的前面，説明上篇各章大意。並附「老孔略同」，摘録兩家近似的言語。注解部分，採用問答體，從儒家的觀點解老。

潘基慶　道德經集注

書的前面，附各家對老子的讚語或評語。每章原文後面，附考異和注音。集注部分，雜引各家，如列子、莊子、荀子、管子、廣成子、淮南子、蘇子由、李贄等家，以及道教各典（如清靜經、陰符經、定觀經）。章末考訂文句，可供參考。

郭良翰　老子道德經薈解

序文道德經薈解題辭澄清蘇子瞻的誤解。子瞻説：「老子之學，重於無爲，輕於治天下國家，韓非得其以輕天下之術，遂至殘忍刻薄。」郭氏申説老子基本觀念，並評説：「不知韓剽老之糠粕，蘇掇韓之皮相。」

薈解依河上公本，以林希逸口義爲主。每章後面引蘇轍、吕吉甫、李息齋、吴澄、焦竑等家注解。

陳仁錫　老子奇賞

鈔録河上公本，加以圈點。

程以寧　太上道德寶章翼

用道教觀點作解，認爲「不讀丹書，未聞秘訣，而欲以經史諸子百家解道德經，是以凡見而窺仙，俗骨而測佛」。這種説法頗誤謬。惟第五十章的注解，頗供參考。

顧錫疇 **道德經解**

順章解説，清晰可讀。

後　記

一、以上各書，選自嚴靈峯所編無求備齋老子集成（藝文印書館）。這套叢書集成，影印自漢迄明歷代有關老子的重要著述和版本，分成寫本、石本、刻本、注本四類。上面的評介以注本爲主。

二、清代以來，校詁方面的工作有很大的成績。下面各家的著作，爲研究老子的人所必讀，如王念孫老子雜志、俞樾老子平議、易順鼎讀老子札記、劉師培老子斠補（以上清代）、馬叙倫老子校詁、奚侗老子集解、高亨老子正詁、蔣錫昌老子校詁、朱謙之老子校釋、嚴靈峯老子章句新編等。

三、考據、訓詁、校勘是談義理的基層工作。許多談義理的人，很忽視校詁學者所提供的成績，事實上談義理如果缺乏基礎的訓練，常常會望文生義而産生誤解。因而談老子哲學思想的人，兩層的工作都應兼顧。

一九七〇年元月

附録一　帛書老子甲乙本釋文

一九七三年十二月，湖南長沙馬王堆三號漢墓中出土了一批具有歷史價值的古代帛書。其中的老子有兩種寫本，現在分别稱爲甲、乙本。甲本字近篆體，根據書中不避漢高祖劉邦諱，推算抄寫的年代，最晚在漢高祖時代，約公元前二〇六年到公元前一九五年間。乙本字爲隸體，根據書中避劉邦諱，不避惠帝劉盈諱，抄寫年代略晚，當在惠帝或吕后時期，約公元前一九四年至公元前一八〇年間。這兩種寫本，距今已兩千多年，是目前所見到的老子書的最古本子。

老子甲、乙本釋文，爲馬王堆漢墓帛書整理小組整理（在馬王堆漢墓帛書老子内，一九七四年文物出版社出版線裝本，一九七六年出版排印本）。兹將排印本釋文附録於此，俾便研究者參考。

本書所附釋文，分了段，個别標點及文字與原書稍有不同。

原書釋文凡例如下：

一、帛書老子皆分二篇，乙本篇尾標有德、道篇題。甲本用圓點作分章符號，但已殘缺，無法復原。爲了保存帛書的真實性，本書釋文不按通行本分章，僅在篇前補加德經、道經篇題。

二、爲了便於閲讀，釋文加標點並作簡要注釋（按注釋部分本附録删去）。釋文不嚴格按帛書字體，例如亂，帛書作乿、乳，静作睛，聖作耶，其作亓等等，一般多用通行字排印。

三、帛書中的異體字、假借字，在釋文中隨文注明，外加（ ）標誌。帛書中抹去及未寫全的廢字，釋文用○代替。原有奪字和衍字，釋文不作增删。帛書中的錯字，隨文注出正字，用〈 〉表示。

四、帛書殘缺部分，按所缺字數據它本補足，首先用甲乙兩本互補，兩本俱殘或彼此字數有出入時，選用傳世諸本補入。這主要是便利讀者閱讀，並不是恢復帛書原貌。補文以【 】標出。

老子甲本釋文

德經

【上德不德，是以有德。下德不失德，是以無】德。上德无【爲，而】无以爲也。上仁爲之，【而无】以爲也。上義爲之而有以爲也。上禮【爲之而莫之應也，則】攘臂而扔之。故失道。失道矣而後德，失德而後仁，失仁而後義，【失】義而【後禮。夫禮者，忠信之薄也，】而亂之首也。【前識者，】道之華也，而愚之首也。是以大丈夫居其厚而不居其泊（薄），居其實不居其華。故去皮（彼）取此。

昔之得一者，天得一以清，地得【一】以寧，神得一以霝（靈），浴（谷）得一以盈，侯【王得一】而以爲正。其致之也，胃（謂）天毋已清將恐【裂】，胃（謂）地毋【已寧】將恐

【發】，胃（謂）神毋已霝（靈）【將】恐歇，胃（謂）浴（谷）毋已盈將恐渴（竭），胃（謂）侯王毋已貴【以高將恐蹶】。故必貴而以賤爲本，必高矣而以下爲基。夫是以侯王自胃（謂）【曰】孤寡不橐（穀），此其賤【之本】與，非【也？】故致數與无與。是故不欲【禄禄】若玉，硌【硌若石】。

【上士聞道，菫（勤）能行之。中士聞道，若存若亡。下士聞道，大笑之。弗笑，不足以爲道。是以建言有之曰：明道如費，進道如退，夷道如類。上德如谷，大白如辱，廣德如不足。建德如偷，質真如渝，大方无隅，大器晚成，大音希聲，天象无形，道褒无名。夫唯】道，善【始且善成】。

【反也者，】道之動也。弱也者，道之用也。【天下之物生於有，有生於无。】

【道生一，一生二，二生三，三生萬物。萬物負陰而抱陽，】中氣以爲和。天下之所惡，唯孤寡不（穀），而王公以自名也。勿（物）或貶（損）之【而益，益】之而貶（損）。故人【之所教】，夕（亦）議而教人。故強良（梁）者不得死，我【將】以爲學父。

天下之至柔，【馳】騁於天下之致（至）堅。无有入於无間，五（吾）是以知无爲【之有】益也。不【言之】教，无爲之益，【天】下希能及之矣。

名與身孰親？身與貨孰多？得與亡孰病？甚【愛必大費，多藏必厚】亡。故知足不辱，知止不殆，可以長久。

大成若缺，其用不幣（敝）。大盈若盅（沖），其用不𡨋（窘）。大直如詘（屈），大巧如拙，大赢如炳。趮（躁）勝寒，靚（靜）勝炅（熱），請（清）靚（靜），可以爲天下正。

·天下有道，【卻】走馬以糞。天下无道，戎馬生於郊。·罪莫大於可欲，𣶒（禍）莫大於不知足，咎莫憯于欲得。【故知足之足，】恒足矣。

不出於户，以知天下。不規（窺）於牖，以知天道。其出也彌遠，其【知彌少。是】以聖人不行而知，不見而名，弗【爲而【成】。

爲【學者日益，聞道者日損。損之又損，以至於无爲，无爲而无不爲。將欲】取天下也，恒【无事，及其有事也，又不足以取天下矣】。

【聖人恒无心，】□以百【姓】之心爲【心】。善者善之，不善者亦善【之，得善也。信者信之，不信者亦信之，得】信也。【聖人】之在天下，㺯（歙）㺯（歙）焉，爲天下渾心，百姓皆屬耳目焉，聖人皆【咳之】。

【出】生，【入死。生之徒十】有【三，死之】徒十有三，而民生生，動皆之死地之十有三。夫何故也？以其生生也。蓋【聞善】執生者，陵行不【辟】矢（兕）虎，入軍不被甲兵。矢（兕）无所椯（揣）其角，虎无所昔（措）其蚤（爪），兵无所容【其刃，夫】何故也？以其无死地焉。

·道生之而德畜之，物刑（形）之而器成之。是以萬物尊道而貴【德。道】之尊，德之貴也，夫莫之时（爵），而恒自然也。·道生之，畜之，長之，遂之，亭之，□之，【養之、覆之。生而】弗有也，爲而弗寺（恃）也，長而弗宰也，此之謂玄德。

天下有始，以爲天下母。既（既）得其母，以知其【子】，復守其母，没身不殆。·塞其悶（悶），閉其門，終身不堇（勤）。啓其悶，濟其事，終身【不棘。見】小曰【明】，守柔曰強。用其光，復歸其明。毋道〈遺〉身央（殃），是胃（謂）襲常。

·使我摞（挈）有知也，【行於】大道，唯【施是畏。大道】甚夷，民甚好解。朝甚除，田甚蕪，倉甚虛，服文采，帶利【劍，猒】食，貨【財有餘，是謂盜夸。盜夸，非道也】。

善建【者不】拔，【善抱者不脱】，子孫以祭祀【不絶。修之身，其德乃真。修之家，其德有】余（餘）。修之【鄉，其德乃長。修之邦，其德乃豐。修之天下，其德乃溥】。以身【觀】身，以家觀家，以鄉觀鄉，以邦觀邦，以天【下】觀【天下。吾何以知天下之然哉？以此】。

【含德】之厚【者】，比於赤子。逢（蜂）楋（蠆）蜾（虺）地（蛇）弗螫，擢鳥猛獸弗搏。骨弱筋柔而握固。未知牝【牡之會而朘怒】，精【之】至也。終曰〈日〉號而不㤅（嚘），和之至也。和曰常，知和〈常〉曰明，益生曰祥，心使氣曰強。【物壯】卽老，胃（謂）之不道，不【道早已】。

【知者】弗言，言者弗知。塞其悶，閉其【門，和】其光，同其𡐦（塵），坐（挫）其閱（銳），解其紛，是胃（謂）玄同。故不可得而親，亦不可得而疏；不可得而利，亦不可得而害；不可【得】而貴，亦不可得而淺（賤）。故爲天下貴。

• 以正之（治）邦，以畸（奇）用兵，以无事取天下。吾【何以知其然】也戋（哉）？夫天下【多忌】諱，而民彌貧。民多利器，而邦家茲（滋）昏。人多知（智），而何（奇）物茲（滋）【起。法物滋章，而】盜賊【多有。是以聖人之言曰：】我无爲也，而民自化。我好靜，而民自正。我无事，民【自富。我欲不欲，而民自樸】。

【其政閔閔，其民屯屯。】其正（政）察察，其邦夬（缺）夬（缺）。𣣈（禍），福之所倚；福，禍之所伏。【孰知其極？】其无正也？正復爲奇，善復爲妖。人之迷也，其日固久矣。是以方而不割，廉而不刺，直而不紲，光而不曜】。

【治人事天，莫若嗇。夫惟嗇，是以早服。早服是謂重積德。重積德則无不克，无不克則莫知其極。莫知其極，】可以有國。有國之母，可以長久。是胃（謂）深槿（根）固氐（柢），長【生久視之】道也。

【治大國若亨(烹)小鮮。以道莅】天下，其鬼不神。非其鬼不神也，其神不傷人也。非其申(神)不傷人也，聖人亦弗傷【也。夫兩】不相【傷，故】德交歸焉。

大邦者，下流也，天下之牝。天下之郊(交)也，牝恒以靚(靜)勝牡。爲其靚(靜)【也，故】宜爲下。大邦【以】下小【邦】，則取小邦。小邦以下大邦，則取於大邦。故或下以取，或下而取。【故】大邦者不過欲兼畜人，小邦者不過欲入事人。夫皆得其欲，【故大邦者宜】爲下。

【道】者，萬物之注也，善人之葆(寶)也，不善人之所葆(保)也。美言可以市，尊行可以賀(加)人。人之不善也，何棄【之】有？故立天子，置三卿，雖有共之璧以先四馬，不善〈若〉坐而進此。古之所以貴此者何也？不胃(謂)求【以】得，有罪以免輿(與)？故爲天下貴。

·爲无爲，事无事，味无未(味)。大小多少，報怨以德。圖難乎【其易也，爲大乎其細也。】天下之難作於易，天下之大作於細。是以聖人冬(終)不爲大，故能【成其大。夫輕諾者必寡信，多易】必多難，是【以聖】人猷(猶)難之，故冬(終)於无難。

·其安也，易持也。【其未兆也，】易謀【也。其脆也，易判也。其微也，易散也。爲之於其未有，治之於其未亂也。合抱之木，生於】毫末。九成之台，作於贏(蔂)土。

百仁（仞）之高，台（始）於足【下。爲之者敗之，執之者失之。聖人无爲】也，【故】无敗【也】；无執也，故无失也。民之從事也，恒於其成事而敗之。故慎終若始，則【无敗事矣。是以聖人】欲不欲，而不貴難得之膓（貨）；學不學，而復衆人之所過；能輔萬物之自【然，而】弗敢爲。

故曰：爲道者非以明民也，將以愚之也。民之難【治】也，以其知（智）也。故以知（智）知邦，邦之賊也；以不知（智）知邦，【邦之】德也；恒知此兩者，亦稽式也。恒知稽式，此胃（謂）玄德。玄德深矣，遠矣，與物【反】矣，乃【至大順】。

【江】海之所以能爲百浴（谷）王者，以其善下之，是以能爲百浴（谷）王。是以聖人之欲上民也，必以其言下之；欲先【民也】，必以其身後之。故居前而民弗害也，居上而民弗重也。天下樂隼（推）而弗猒（厭）也，非以其无諍（爭）與？故【天下莫能與】諍（爭）。

·小邦寡民，使十百人之器毋用，使民重死而遠送〈徙〉。有車周（舟）无所乘之，有甲兵无所陳【之。使民復結繩而】用之。甘其食，美其服，樂其俗，安其居。㒺（鄰）邦相璧〈望〉，鷄狗之聲相聞，民【至老死不相往來】。

【信言不美，美言】不【信。知】者不博，【博】者不知。善【者不多，多】者不善。·

聖人無【積，既】以爲【人，己愈有；既以予人，己愈多。故天之道，利而不害；人之道，爲而弗爭】。

【天下皆謂我大，不肖。】夫唯【大，】故不宵（肖）。若宵（肖），細久矣。我恒有三葆（寶），之。一曰茲（慈），二曰檢（儉），【三曰不敢爲天下先。夫慈，故能勇；儉，】故能廣；不敢爲天下先，故能爲成事長。今舍其茲（慈），且勇；舍其後，且先；則必死矣。夫茲（慈），【以戰】則勝，以守則固。天將建之，女（如）以茲（慈）垣之。

善爲士者不武，善戰者不怒，善勝敵者弗【與】，善用人者爲之下。【是】胃（謂）不諍（爭）之德。是胃（謂）用人，是胃（謂）天，古之極也。

• 用兵有言曰：「吾不敢爲主而爲客，吾不進寸而芮（退）尺。」是胃（謂）行无行，襄（攘）无臂，執无兵，乃（扔）无敵矣。𥚃（禍）莫於〈大〉於无適（敵），无適（敵）斤（近）亡吾葆（寶）矣。故稱兵相若，則哀者勝矣。

吾言甚易知也，甚易行也；而人莫之能知也，而莫之能行也。言有君。事有宗。其唯无知也，是以不【我知。知我者希，則】我貴矣。是以聖人被褐而褱（懷）玉。

知不知，尚矣。不知不知，病矣。是以聖人之不病，以其【病病，是以不病】。

【民之不】畏畏（威），則【大威將至】矣。• 母（毋）閘（狎）其所居，毋猒（厭）其所生。夫唯弗猒（厭），是【以不猒（厭）。是以聖人自知而不自見也，自愛】而不自貴也。故去被（彼）取此。

・勇於敢者【則殺，勇】於不敢者則栝（活）。【知此兩者，或利或害。天之所惡，孰知其故？天之道，不戰而善勝，】不言而善應，不召而自來，彈而善謀。【天網恢恢，疏而不失。】

【若民恒且不畏死，】奈何以殺思（懼）之也？若民恒是〈畏〉死，則而爲者吾將得而殺之，夫孰敢矣！若民【恒且】必畏死，則恒有司殺者。夫伐〈代〉司殺者殺，是伐〈代〉大匠斲也，夫伐〈代〉大匠斲者，則【希】不傷其手矣。

・人之饑也，以其取食逸（税）之多也，是以饑。百姓之不治也，以其上有以爲【也】，是以不治。・民之巠（輕）死，以其求生之厚也，是以巠（輕）死。夫唯无以生爲者，是賢貴生。

・人之生也柔弱，其死也荁仞賢（堅）强。萬物草木之生也柔脆，其死也椊（枯）薨（槁）。故曰：堅强者，死之徒也；柔弱微細，生之徒也。兵强則不勝，木强則恒。强大居下，柔弱微細居上。

天下【之道，猶張弓】者也，高者印（抑）之，下者舉之，有餘者敗（損）之，不足者補之。故天之道，敗（損）有【餘而補不足；人之道則】不然，敗（損）【不足以】奉有餘。孰能有餘而有以取奉於天者乎？【惟有道者乎？是以聖人爲而弗有，成功而弗居也。若此其不欲】見賢也。

天下莫柔【弱於水，而攻】堅强者莫之能【先】也，以其无【以】易【之也。故柔勝剛，弱】勝强，天【下莫不知，而莫能】行也。故聖人之言云，曰：受邦之訽（詬），是胃（謂）社稷之主；受邦之不祥，是胃（謂）天下之王。【正言】若反。

和大怨，必有餘怨，焉可以爲善？是以聖右介（契）而不以責於人。故有德司介（契），【無】德司衡（徹）。夫天道无親，恒與善人。

道經

·道，可道也，非恒道也。名，可名也，非恒名也。无名萬物之始也。有名萬物之母也。【故】恒无欲也，以觀其眇（妙）；恒有欲也，以觀其所噭。兩者同出，異名同胃（謂）。玄之有（又）玄，衆眇（妙）之【門】。

天下皆知美爲美，惡已；皆知善，訾（斯）不善矣。有、无之相生也，難、易之相成也，長、短之相刑（形）也，高、下之相盈也，意〈音〉、聲之相和也，先、後之相隋（隨），恒也。是以聲（聖）人居无爲之事，行【不言之教。萬物作而弗始】也，爲而弗志（恃）也，成功而弗居也。夫唯弗居，是以弗去。

不上賢，【使民不爭。不貴難得之貨，使】民不爲【盜】。不【見可欲，使】民不亂。是以聲（聖）人之【治也：虚其心，實其腹，弱其志，】強其骨。恒使民无知无欲也。使【夫知不敢，弗爲而已，則无不治矣。】

【道冲，而用之有弗】盈也。潚（淵）呵始（似）萬物之宗。銼（挫）其【兑（鋭）】，解其紛，和其光，同【其塵。湛呵似】或存。吾不知【誰】子也，象帝之先。

天地不仁，以萬物爲芻狗。聲（聖）人不仁，以百省（姓）【爲芻】狗。天地【之】間，【其】猶橐籥與？虚而不淈，踵（動）而俞（愈）出。多聞數窮，不若守於中。

浴（谷）神【不】死，是胃（謂）玄牝。玄牝之門，是胃（謂）【天】地之根。緜緜呵若存，用之不堇（勤）。

天長，地久。天地之所以能【長】且久者，以其不自生也，故能長生。是以聲（聖）人芮（退）其身而身先，外其身而身存。不以其无【私】輿（與）？故能成其【私】。

上善治（似）水。水善利萬物而有靜（爭），居衆之所惡，故【幾於道矣。居善地】，心善潚（淵），予善信，正（政）善治，事善能，蹱（動）善時。夫唯不靜（爭），故无尤。

揰（殖）而盈之，不【若其已。揣而】□之□之，□可常葆之。金玉盈室，莫之守也。貴富而驕（驕），自遺咎也。功述（遂）身芮（退），天【之道也】。

【戴營魄抱一，能毋離乎？摶氣致柔，】能嬰兒乎？脩除玄藍（鑒），能毋疵乎？愛【民活國，能毋以知乎？天門啓闔，能无雌乎？明白四達，能毋以知乎？】生之，畜之，生而弗【有，長而弗宰，是謂玄】德。

卅【輻同一轂，當】其无，【有車】之用【也】。然（埏）埴爲器，當其无，有埴器【之用也。鑿户牖，】當其无，有【室】之用也。故有之以爲利，无之以爲用。

五色使人目明〈盲〉，馳騁田臘（獵）使人【心發狂】。難得之價（貨），使人之行方（妨），五味使人之口㖩（爽），五音使人之耳聾。是以聲（聖）人之治也，爲腹不【爲目】。故去罷（彼）耳〈取〉此。

龍（寵）辱若驚，貴大梡（患）若身。苛（何）胃（謂）龍（寵）辱若驚？龍（寵）之爲下，得之若驚，失【之】若驚，是胃（謂）龍（寵）辱若驚。何胃（謂）貴大梡（患）若身？吾所以有大梡（患）者，爲吾有身也。及吾无身，有何梡（患）？故貴爲身於爲天下，若可以迈（托）天下矣；愛以身爲天下，女何以寄天下？

視之而弗見，名之曰微。聽之而弗聞，名之曰希。捪之而弗得，名之曰夷。三者不可至（致）計（詰），故園【而爲一】。一者，其上不攸（攸），其下不忽。尋尋呵，不可名也，復歸于无物。是胃（謂）无狀之狀，无物之【象。是謂忽恍。隨而不見其後，迎】而不見其首。執今之道，以御今之有。以知古始，是胃（謂）【道紀】。

【古之善爲道者，微妙玄達，】深不可志（識）。夫唯不可志（識），故強爲之容，曰：與呵其若冬【涉水，猶呵其若】畏四【鄰，嚴】呵其若客，渙呵其若淩（凌）澤（釋），□呵其若楃（樸），湷【呵其若濁，湛呵其】若浴（谷）。濁而情（靜）之，余（徐）清。女以重（動）之，余（徐）生。葆（保）此道不欲盈。夫唯不欲【盈，是】以能【敝而不】成。

至虛，極也；守情（靜），表也，萬物旁（並）作，吾以觀其復也。天物云（芸）云（芸），各復歸於其【根，曰靜】。情（靜），是胃（謂）復命。復命，常也。知常，明也。不知常，芇（妄），芇（妄）作凶。知常容，容乃公，公乃王，王乃天，天乃道，【道乃久，】沕（沒）身不怠。

大上下知有之，其次親譽之，其次畏之，其下母（侮）之。信不足，案有不信。【猶呵】其貴言也。成功遂事，而百省（姓）胃（謂）我自然。

故大道廢，案有仁義。知（智）快（慧）出，案有大僞。六親不和，案有畜（孝）茲（慈）。邦家悶（昏）亂，案有貞臣。

絶聲（聖）棄知（智），民利百負（倍）。絶仁棄義，民復畜（孝）茲（慈）。絶巧棄利，盗賊无有。此三言也，以爲文未足，故令之有所屬。見素抱【樸，少私寡欲】。【絶學无憂。】唯與訶，其相去幾何？美與惡，其相去何若？人之【所畏】，亦不【可以不畏。恍呵其未央哉！】衆人巸（熙）巸（熙），若鄉（饗）于大牢，而春登臺。我泊焉未佻（兆），若【嬰兒未咳】。累呵如【无所歸。衆人】皆有餘，我獨遺。我禺（愚）人之心也，惷惷呵。鬻（俗）【人昭昭，我獨若】悶（昏）呵。鬻（俗）人蔡（察）蔡（察），我獨閩（悶）閩（悶）呵。忽呵其若【海】，望（恍）呵其若无所止。【衆人皆有以，我獨頑】以悝（俚）。吾欲獨異於人，而貴食母。

孔德之容，唯道是從。道之物，唯望（恍）唯忽。【忽呵恍】呵，中有象呵。望（恍）呵忽呵，中有物呵。灣（幽）呵鳴（冥）呵，中有請（精）吔（呵）。其請（精）甚真，其中【有信】。自今及古，其名不去，以順衆仪（父）。吾何以知衆仪（父）之然？以此。

炊者不立，自視（示）不章，【自】見者不明，自伐者無功，自矜者不長。其在道，曰：「粽（餘）食贅行。」物或惡之，故有欲者【弗】居。

曲則全，枉則定（正），洼則盈，敝則新，少則得，多則惑。是以聲（聖）人執一、以爲天下牧。不【自】視（示）故明，不自見故章，不自伐故有功，弗矜故能長。夫唯不爭，故莫能與之爭。古【之所謂曲全者，幾】語才（哉）？誠全歸之。

希言自然。飄風不冬(終)朝，暴雨不冬(終)日。孰爲此？天地【而弗能久，又況】於人乎？故從事而道者同於道，德者同於德，者〈失〉者同於失。同德【者】，道亦德之。同於【失】者，道亦失之。

有物昆(混)成，先天地生。繡(寂)呵繆(寥)呵，獨立【而不改】，可以爲天地母。吾未知其名，字之曰道。吾強爲之名曰大。【大】曰筮(逝)，筮(逝)曰【遠，遠曰反。道大，】天大，地大，王亦大。國中有四大，而王居一焉。人法地，【地】法【天】，天法【道，道】法【自然】。

【重】爲巠(輕)根，清(靜)爲趮(躁)君。是以君子衆(終)日行，不離其甾(輜)重。唯(雖)有環官(館)，燕處【則昭】若。若何萬乘之王而以身巠(輕)於天下？巠(輕)則失本，躁則失君。

善行者无勶(轍)迹，【善】言者无瑕適(謫)，善數者不以檮(籌)箖(策)。善閉者无闔(關)籥(闔)而不可啓也，善結者【無纆】約而不可解也。是以聲(聖)人恒善俅(救)人，而无棄人，物无棄財，是胃(謂)忡明。故善【人，善人】之師；不善人，善人之齎(資)也。不貴其師，不愛其齎(資)，唯(雖)知(智)乎大眯(迷)。是胃(謂)眇(妙)要。

知其雄，守其雌，爲天下溪。爲天下溪，恒德不鷄〈離〉。恒德不鷄〈離〉，復歸嬰兒。知其白，守其辱，爲天下浴（谷）。爲天下【浴（谷）】，恒德乃【足】。德乃【足，復歸于樸】。知其【白】，守其黑，爲天下式。爲天下式，恒德不貣（忒）。恒德不貣（忒），復歸于无極。楃（樸）散【則爲器，聖】人用則爲官長，夫大制无割。

將欲取天下而爲之，吾見其弗【得已。天下，神】器也，非可爲者也。爲者敗之，執者失之。物或行或隨，或炅（熱）或【吹，或強或挫】，或坏（培）或橢（墮）。是以聲（聖）人去甚，去大，去楮（奢）。

以道佐人主，不以兵強【於】天下。【其事好還，師之】所居，楚朸（棘）生之。善者果而已矣，毋以取強焉。果而毋驕（驕），果而勿矜，果而【勿伐】，果而毋得已居，是胃（謂）【果】而不強。物壯而老，是胃（謂）之不道，不道蚤（早）已。

夫兵者，不祥之器【也。】物或惡之，故有欲者弗居。君子居則貴左，用兵則貴右。故兵者非君子之器也。【兵者】不祥之器也，不得已而用之，銛襲爲上，勿美也。若美之，是樂殺人也。夫樂殺人，不可以得志於天下矣。是以吉事上左，喪事上右；是以便（偏）將軍居左，上將軍居右；言以喪禮居之也。殺人衆，以悲依（哀）立（莅）之；戰勝，以喪禮處之。

道恒无名，楃（樸）唯（雖）【小而天下弗敢臣，侯】王若能守之，萬物將自賓。天地相谷〈合〉，以俞甘洛（露）。民莫之【令，而自均】焉。始制有【名。名亦既】有，夫【亦將知止，知止】所以不【殆】。俾（譬）道之在【天下也，猶小】浴（谷）之與江海也。

知人者，知（智）也。自知【者，明也。勝人】者，有力也。自勝者，【強也。知足者，富】也。強行者，有志也。不失其所者，久也。死不忘者，壽也。

道，【汎呵其可左右也，成功】遂事而弗名有也。萬物歸焉而弗爲主，則恒无欲也，可名於小。萬物歸焉【而弗】爲主，可名於大。是【以】聲（聖）人之能成大也，以其不爲大也，故能成大。

執大象，【天下】往。往而不害，安平大。樂與餌，過格（客）止。故道之出言也，曰：談（淡）呵其無味也。【視之，】不足見也。聽之，不足聞也。用之，不可既也。

將欲拾（翕）之，必古（固）張之。將欲弱之，【必固】強之。將欲去之，必古（固）與之。將欲奪之，必古（固）予之。是胃（謂）微明。友（柔）弱勝強。魚不脱于潚（淵），邦利器不可以視（示）人。

道恒无名，侯王若守之，萬物將自𢡀（化）。𢡀（化）而欲【作，吾將鎮】之以无名之楃（樸）。【鎮之以】无名之楃（樸），夫將不辱。不辱以情（静），天地將自正。

老子乙本釋文

德　經

上德不德，是以有德。下德不失德，是以无德。上德无爲而无以无也。上仁爲之而无以爲也。上德〈義〉爲之而有以爲也。上禮爲之而莫之應也，則攘臂而乃（扔）之。故失道而後德，失德而句（後）仁，失仁而句（後）義，失義而句（後）禮。夫禮者，忠信之泊（薄）也，而亂之首也。前識者，道之華也，而愚之首也。是以大丈夫居【其厚不】居其泊（薄），居其實而不居其華。故去罷（彼）而取此。

昔得一者，天得一以清，地得一以寧，神得一以霝（靈），浴（谷）得一盈，侯王得一以爲天下正。其至也，胃（謂）天毋已清將恐蓮（裂），地毋已寧將恐發，神毋【已靈將】恐歇，谷毋已【盈】將渴（竭），侯王毋已貴以高將恐欮（蹶）。故必貴以賤爲本，必高矣而以下爲基。夫是以侯王自胃（謂）孤寡不槖（穀），此其賤之本與，非也？故至數輿（與）无輿（與）。是故不欲禄禄若玉，硌硌若石。

上【士聞】道，堇（勤）能行之。中士聞道，若存若亡。下士聞道，大笑之。弗笑，【不足】以爲道。是以建言有之曰：明道如費，進道如退，夷道如類。上德如浴（谷），大白如辱，廣德如不足，建德如【偷，】質【真如渝】，大方无禺（隅）。大器免（晚）成，大音希聲，天〈大〉象无刑（形），道褒无名。夫唯道，善始且善成。

反也者，道之動也。【弱也】者，道之用也。天下之物生於有，有【生】於无。

道生一，一生二，二生三，三生【萬物。萬物負陰而抱陽，沖氣】以爲和。人之所亞（惡），【唯孤】寡不橐（穀），而王公以自【稱也。物或益之而】云（損），云（損）之而益。【人之所教，亦議而教人。强梁者不得其死，】吾將以【爲學】父。

天下之至【柔】，馳騁乎天下【之至堅。出於无有，入於】无間。吾是以【知无爲之有益】也。不【言之教，无爲之益，天下希能及之】矣。

名與【身孰親？身與貨孰多？得與亡孰病？是故甚愛必大費，多藏必厚亡。故知足不辱，知止不殆，可以長久。】

【大成如缺，其用不敝。大】盈如沖，其【用不窮。大直如詘，大】巧如拙，【大辯如訥，大贏如】絀。趮（躁）朕（勝）寒，【靜勝熱。知清靜，可以爲天下正。】

【天下有】道，却走馬【以】糞。无道，戎馬生於郊。罪莫大可欲，禍【莫大於不知足，咎莫憯于欲得。故知足之足，恒】足矣。

不出於户，以知天下。不規（窺）於【牖，以】知天道。其出籋（彌）遠者，其知籋

(彌)【鮮。是以聖人不行而知，不見】而名，弗爲而成。

爲學者日益，聞道者日云(損)，云(損)之有(又)云(損)，以至於无【爲，无爲而无不爲矣。將欲】取天下，恒无事。及其有事也，【又不】足以取天【下矣】。

【聖】人恒无心，以百省(姓)之心爲心。善【者善之，不善者亦善之，得】善也。信者信之，不信者亦信之，德(得)信也。聖人之在天下也，欱(歙)欱(歙)焉；【爲天下渾心，百】生(姓)皆注其【耳目焉，聖人皆咳之】。

【出】生，入死。生之【徒十有三，死】之徒十又(有)三，而民生生，僮(動)皆之死地之十有三，【夫】何故也？以其生生。蓋聞善執生者，陵行不辟兕虎，入軍不被兵革。兕无【所揣其角，虎无所措】其蚤(爪)，兵【无所容其刃，夫何故】也？以其无【死地焉】。

道生之，德畜之，物刑(形)之，而器成之。是以萬物尊道而貴德。道之尊也，德之貴也，夫莫之爵也，而恒自然也。道生之，畜【之，長之，育】之，亭之，毒之，養之，復(覆)【之。生而弗有，爲而弗恃，長而】弗宰，是胃(謂)玄德。

天下有始，以爲天下母。既得其母，以知其子，既○知其子，復守其母，没身不佁(殆)。塞其垸，閉其門，冬(終)身不堇(勤)。啓其垸，齊其【事，終身】不棘。見小曰明，守【柔曰】强。用【其光，復歸其明。无】遺身央（殃），是胃（謂）【襲】常。

使我介有知，行於大道，唯他（施）是畏。大道甚夷，民甚好懈。朝甚除，田甚蕪，倉甚虛，服文采，帶利劍，猒（厭）食而齎（資）財【有餘，是謂】盜杅（竽），【盜杅（竽）】，非【道】也。

善建者【不拔，善抱者不脱，】子孫以祭祀不絶。脩之身，其德乃真。脩之家，其德有餘。脩之鄉，其德乃長。脩之國，其德乃夆（豐）。脩之天下，其德乃博（溥）。以身觀身，以家觀【家，以國觀】國，以天下觀天下。吾何【以】知天下之然兹（哉）？以【此】。

含德之厚者，比於赤子。螽（蜂）癘（蠆）蟲蛇（虺）弗赫（螫），據鳥孟（猛）獸弗捕（搏），骨筋弱柔而握固。未知牝牡之會而朘怒，精之至也。冬（終）日號而不嗄，和【之至也。知和曰】常，知常曰明，益生【曰】祥，心使氣曰强。物【壯】則老，胃（謂）之不道，不道蚤（早）已。

知者弗言，言者弗知。塞其垸，閉其門，和其光，同其塵，銼（挫）其兑（鋭）而解其紛。是胃（謂）玄同。故不可得而親也，亦【不可】得而【疏；不可】得而害利，【亦不可】得而害；不可得而貴，亦不可得而賤。故爲天下貴。

以正之（治）國，以畸（奇）用兵，以无事取天下。吾何以知其然也才（哉）？夫天下多忌諱，而民彌貧，民多利器，【而國家滋】昏。【人多智慧，而奇物滋起。法】物茲（滋）章，而盜賊【多有】。是以【聖】人之言曰：我无爲而民自化，我好靜而民自正，我无事而民自富，我欲不欲而民自樸。

其正（政）閔（紊）閔（紊），其民屯屯。其正（政）察察，其【民缺缺】。福，【禍】之所伏，孰知其極？【其】无正也？正【復爲奇】，善復爲【妖。人】之悉（迷）也，其日固久矣。是以方而不割，兼（廉）而不刺，直而不紲，光而不眺（耀）。

治人事天，莫若嗇。夫唯嗇，是以蚤（早）服。蚤（早）服是胃（謂）重積【德】。重【積德則无不克，无不克則】莫知其【極】。莫知其【極，可以】有國。有國之母，可【以長】久。是胃（謂）【深】根固氐（柢），長生久視之道也。

治大國若亨（烹）小鮮。以道立（莅）天下，其鬼不神。非其鬼不神也，其神不傷人也。非其神不傷人也，【聖人亦】弗傷也。夫兩【不】相傷，故德交歸焉。

大國【者，下流也，天下之】牝也。天下之交也，牝恒以靜朕（勝）牡。爲其靜也，故宜爲下也。故大國以下【小】國，則取小國。小國以下大國，則取於大國。故或下【以取，或】下而取。故大國者不【過】欲并畜人，小國不【過】欲人事人。夫【各得】其欲，則大者宜爲下。

道者，萬物之注也，善人之葆（寶）也，不善人之所保也。美言可以市，尊行可以賀（加）人。人之不善，何【棄之有？故】立天子，置三鄉〈卿〉，雖有共之璧以先四馬，不若坐而進此。古【之所以貴此道者何也？】不胃（謂）求以得，有罪以免與？故爲天下貴。

爲无爲，【事无事，味无味。大小多少，報怨以德。圖難乎其易也，爲大】乎其細也。天下之【難作於】易，天下之大【作於細。是以聖人終不爲大，故能成大。】夫輕若（諾）【必寡】信，多易必多難，是以耶（聖）人【猶難】之，故【終於无難】。

【其安也易持，其未兆也易謀，其脆也易判，其微也易散。爲之於其未有也，治之於其未亂也。合抱之】木，作於毫末；九成之臺，作於虆土；百千之高，始於足下。爲之者敗之，執者失之。是以耶（聖）人无爲【也，故无敗也；无執也，故无失也。】民之從事也，恒於其成而敗之。故曰：「慎冬（終）若始，則无敗事矣。」是以耶（聖）人欲不欲，而不貴難得之貨；學不學，復衆人之所過；能輔萬物之自然，而弗敢爲。

古之爲道者，非以明【民也，將以愚】之也。夫民之難治也，以其知（智）也。故以知（智）知國，國之賊也；以不知（智）知國，國之德也；恒知此兩者，亦稽式也。恒知稽式，是胃（謂）玄德。玄德深矣、遠矣，【與】物反也，乃至大順。

江海所以能爲百浴（谷）【王者，以】其【善】下之也，是以能爲百浴（谷）王。是以耶（聖）人之欲上民也，必以其言下之；其欲先民也，必以其身後之。故居上而民弗重也，居前而民弗害。天下皆樂誰（推）而弗猒（厭）也，不【以】其无爭與？故天下莫能與爭。

小國寡民，使有十百人器而勿用，使民重死而遠徙。又（有）周（舟）車无所乘之，有甲兵无所陳之。使民復結繩而用之。甘其食，美其服，樂其俗，安其居。哭（鄰）國相望，鷄犬之【聲相】聞，民至老死不相往來。

信言不美，美言不信。知者不博，博者不知。善者不多，多者不善。耶（聖）人无積，既以爲人，己俞（愈）有；既以予人矣，己俞（愈）多。故天之道，利而不害；人之道，爲而弗爭。

天下【皆】胃（謂）我大，大而不宵（肖）。夫唯不宵（肖），故能大。若宵（肖）久矣，其細也夫。我恒有三琛（寶），市（持）而琛（寶）之，一曰兹（慈），二曰檢（儉），三曰不敢爲天下先。夫兹（慈），故能勇；檢（儉），敢（故），能廣；不敢爲天下先，故能爲成器長。【今】舍其兹（慈），且勇；舍其檢（儉），且廣；舍其後，且先；則死矣。夫兹（慈），以單（戰）則朕（勝），以守則固。天將建之，如以兹（慈）垣之。

故善爲士者不武，善單（戰）者不怒，善朕（勝）敵者弗與，善用人者爲之下。是胃（謂）不爭【之】德。是胃（謂）用人，是胃（謂）肥（配）天，古之極也。

用兵又（有）言曰：「吾不敢爲主而爲客，不敢進寸而退尺。」是胃（謂）行无行，攘无臂，執无兵，乃（扔）无敵。禍莫大於无敵，无敵近〇亡吾琛（寶）矣。故抗兵相若，而依（哀）者朕（勝）【矣】。

吾言易知也，易行也；而天下莫之能知也，莫之能行也。夫言又（有）宗，事又（有）君。夫唯无知也，是以不我知。知者希，則我貴矣。是以𦔻（聖）人被褐而褱（懷）玉。

知不知，尚矣；不知知，病矣。是以𦔻（聖）人之不【病】也，以其病病也，是以不病。

民之不畏畏（威），則大畏（威）將至矣。毋伸（狎）其所居，毋猒（厭）其所生。夫唯弗猒（厭），是以不猒（厭）。是以𦔻（聖）人自知而不自見也，自愛而不自貴也。故去罷（彼）而取此。

勇於敢則殺，勇于不敢于栝（活），【此】兩者或利或害。天之所亞（惡），孰知其故？天之道，不單（戰）而善朕（勝），不言而善應，弗召而自來，單（戰）而善謀。天罔（網）柽（恢）柽（恢），疏而不失。

若民恒且○不畏死，若何以殺曜（懼）之也？使民恒且畏死，而爲畸（奇）者【吾】得而殺之，夫孰敢矣？若民恒且必畏死，則恒又（有）司殺者。夫代司殺者殺，是代大匠斵。夫代大匠斵，則希不傷其手。

人之饑也，以其取食跷（税）之多，是以饑。百生（姓）之不治也，以其上之有以爲也，【是】以不治。民之輕死也，以其求生之厚也，是以輕死。夫唯无以生爲者，是賢貴生。

人之生也柔弱，其死也𩩕信（伸）堅强。萬【物草】木之生也柔椊（脆），其死也榫（枯）槁。故曰：堅强，死之徒也；柔弱，生之徒也。【是】以兵强則不朕（勝），木强則兢。故强大居下，柔弱居上。

天之道，酉（猶）張弓也，高者印（抑）之，下者舉之，有餘者云（損）之，不足者【補之。故天之道，】云（損）有餘而益不足；人之道，云（損）不足而奉又（有）餘。夫孰能又（有）餘而【有以】奉於天者，唯又（有）道者乎？是以耶（聖）人爲而弗又（有），成功而弗居也。若此其不欲見賢也。

天下莫柔弱於水，【而攻堅強者莫之能先，】以其无以易之也。水之朕（勝）剛也，弱之朕（勝）強也，天下莫弗知也，而【莫之能行】也。是故耶（聖）人之言云曰：受國之詢（詬），是胃（謂）社稷之主。受國之不祥，是胃（謂）天下之王。正言若反。

禾【和】大【怨，必有餘怨，安可以】爲善？是以耶（聖）人執左芥（契）而不以責於人。故又（有）德司芥（契），无德司徹（徹）。【天道無親，常與善人。】

≀德三千卌一。

道經

道，可道也，【非恒道也。名，可名也，非】恒名也。无名萬物之始也。有名萬物之母也。故恒无欲也，【以觀其妙；】恒又（有）欲也，以觀其所噭。兩者同出，異名同胃（謂）。玄之又玄，衆眇（妙）之門。

天下皆知美之爲美，亞（惡）已。皆知善，斯不善矣。【有、无之相】生也，難、易之相成也，長、短之相刑（形）也，高、下之相盈也，音、聲之相和也，先、後之相隋（隨），恒也。是以耶（聖）人居無爲之事，行不言之教。萬物昔（作）而弗始，爲而弗侍（恃）也，成功而弗居也。夫唯弗居，是以弗去。

不上賢，使民不爭。不貴難得之貨，使民不爲盜。不見可欲，使民不亂。是以耶

（聖）人之治也，虛其心，實其腹；弱其志，強其骨。恒使民无知无欲也。使夫知不敢弗爲而已，則無不治矣。

道冲，而用之有弗盈也。淵呵佁（似）萬物之宗。銼（挫）其兑（鋭），解其芬（紛）；和其光，同其塵。湛呵佁（似）或存。吾不知其誰之子也，象帝之先。

天地不仁，以萬物爲芻狗。耶（聖）人不仁，【以】百姓爲芻狗。天地之間，其猷（猶）橐籥輿（與）？虛而不淈（屈），動而俞（愈）出。多聞數窮，不若守於中。

浴（谷）神不死，是胃（謂）玄牝。玄牝之門，是胃（謂）天地之根。綿綿呵，其若存，用之不堇（勤）。

天長，地久。天地之所以能長且久者，以其不自生也，故能長生。是以耶（聖）人退其身而身先，外其身而身先，外其身而身存。不以其无私輿（與）？故能成其私。

上善如水。水善利萬物而有爭，居衆人之所亞（惡），故幾於道矣。居善地，心善淵，予善天，言善信，正（政）善治，事善能，動善時。夫唯不爭，故无尤。

揎（殖）而盈之，不若其已。㨃（揣）而允之，不可長葆也。金玉【盈】室，莫之能守也。貴富而驕，自遺咎也。功遂身退，天之道也。

戴營袙（魄）抱一，能毋離乎？槫（摶）氣至柔，能嬰兒乎？脩除玄藍（覽），能毋有疵乎？ 愛民栝（活）國，能毋以知乎？ 天門啓闔，能爲雌乎？ 明白四達，能毋以知乎？ 生之，畜之。 生而弗有，長而弗宰也，是胃（謂）玄德。

卅福（輻）同一轂，當其无有，車之用也。 燃（埏）埴而爲器，當其无有，埴器之用也。 鑿户牖，當其无有，室之用也。 故有之以爲利，无之以爲用。

五色使人目盲，馳騁田臘（獵）使人心發狂，難得之貨○使人之行仿（妨）。 五味使人之口爽，五音使人之耳【聾】。 是以耶（聖）人之治也，爲腹而不爲目。 故去彼而取此。

弄（寵）辱若驚，貴大患若身。 何胃（謂）弄（寵）辱若驚？ 弄（寵）之爲下也，得之若驚，失之若驚，是胃（謂）弄（寵）辱若驚。 何胃（謂）貴大患若身？ 吾所以有大患者，爲吾有身也。 及吾无身，有何患？ 故貴爲身於爲天下，若可以橐（托）天下【矣】；愛以身爲天下，女可以寄天下矣。

視之而弗見，【命】之曰微。 聽之而弗聞，命之曰希。 ○播之而弗得，命之曰夷。 三者不可至（致）計（詰），故緍〈混〉而爲一。 一者，其上不謬，其下不忽。 尋尋呵，不可命也，復歸於无物。 是胃（謂）无狀之狀，无物之象。 是胃（謂）沕（忽）望（恍）。 隋（隨）而不見其後，迎而不見其首。 執今之道，以御今之有。 以知古始，是胃（謂）

道紀。

古之□爲道者，微眇（妙）玄達，深不可志（識）。夫唯不可志（識），故強爲之容，曰：與呵其若冬涉水，猶（猶）呵其若畏四叟（鄰），嚴呵其若客，渙呵其若淩（凌）澤（釋），沌呵其若樸，湷呵其若濁，湛呵其若浴（谷）。濁而靜之，徐清。女〈安〉以重（動）之，徐生。葆（保）此道【者不】欲盈。是以能斃（敝）而不成。

至虛，極也；守靜，督也。萬物旁（並）作，吾以觀其復也。夫物袪（芸）袪（芸），各復歸於其根。曰靜。靜，是胃（謂）復命。復命，常也。知常，明也。不知常，芒（妄），芒（妄）作凶。知常容，容乃公，公乃王，【王乃】天，天乃道，道乃【久】。沒身不殆。

大上，下知又（有）【之】；其【次】，親譽之，其次，畏之，其下，母（侮）之。信不足，安有不信。猶（猶）呵其貴言也。成功遂事，而百姓胃（謂）我自然。

故大道廢，安有仁義。知（智）慧出，安有【大僞。】六親不和，安又（有）孝茲（慈）。國家闆（昏）亂，安有貞臣。

絕耶（聖）棄知，而民利百倍。絕仁棄義，而民復孝茲（慈）。絕巧棄利，盜賊无有。此三言也，以爲文未足，故令之有所屬。見素抱樸，少私而寡欲。

絕學无憂。唯與呵，其相去幾何？美與亞（惡），其相去何若？人之所畏，亦不可以不畏人。望（怳）呵，其未央才（哉）！衆人配（熙）配（熙），若鄉（饗）于大牢，而春登臺。我博（泊）焉未垗（兆），若嬰兒未咳。累呵佁（似）无所歸。衆人皆又（有）餘。我愚人之心也，湷湷呵。鬻（俗）人昭昭，我獨若閽（昏）呵。鬻（俗）人察察，我獨閩（閔）閩（閔）呵。沕（忽）呵，其若海。望（怳）呵，若无所止。衆人皆有以，我獨門元（頑）以鄙。吾欲獨異於人，而貴食母。

孔德之容，唯道是從。道之物，唯望（怳）唯沕（忽）。沕（忽）呵望（怳）呵，中又（有）象呵。望（怳）呵沕（忽）呵，中有物呵。幼（窈）呵冥呵，其中有請（精）呵。其請（精）甚真，其中有信。自今及古，其名不去，以順衆父。吾何以知衆父之然也？以此。

炊者不立，自視（示）者不章，自見者不明，自伐者无功，自矜者不長。其在道也，曰：「稌（餘）食、贅行」。物或亞（惡）之，故有欲者弗居。

曲則全，汪（枉）則正；窪則盈，𡚁（敝）則新；少則得，多則惑。是以耶（聖）人執一，以爲天下牧。不自視（示）故章，不自見也故明，不自伐故有功，弗矜故能長。夫唯不爭，故莫能與之爭。古之所胃（謂）曲全者，几語才（哉）？誠全歸之。

希言自然。薊（飄）風不冬（終）朝，暴雨不冬（終）日。孰爲此？天地而弗能久，有(又)兄(況)於人乎？ 故從事而道者同於道，德者同於德，失者同於失。 同於德者，道亦德之。 同於失者，道亦失之。

有物昆(混)成，先天地生。 蕭(寂)呵漻(寥)呵，獨立而不玹(改)，可以爲天地母。 吾未知其名也，字之曰道。 吾強爲之名曰大。 大曰筮(逝)，筮(逝)曰遠，遠曰反。 道大，天大，地大，王亦大。 國中有四大，而王居一焉。 人法地，地法天，天法道，道法自然。

重爲輕根，靜爲趮(躁)君。 是以君子冬(終)日行，不遠其甾(輜)重。 雖有環官(館)，燕處則昭若。 若何萬乘之王而以身輕於天下？ 輕則失本，趮(躁)則失君。

善行者无達迹，善言者无瑕適(謫)，善數者不用檮(籌)箖(策)。 善○閉者无闗籥(闔)而不可啓也。 善結者无纆約而不可解也。 是以耶(聖)人恒善怵(救)人，而無棄人，物無棄財，是胃(謂)曳明。 故善人，善人之師；不善人，善人之資也。 不貴其師，不愛其資，雖知(智)乎大迷。 是胃(謂)眇(妙)要。

知其雄，守其雌，爲天下鷄(溪)。 爲天下鷄(溪)，恒德不离(離)。 恒德不離(離)，復【歸於嬰兒。 知】其白，守其辱，爲天下○浴(谷)。 爲天下浴(谷)，恒德乃足。 恒德乃足，復歸於樸。 知其白，守其黑，爲天下式。 爲天下式，恒德不貸(忒)。 恒德不貸（忒），復歸於无極。楃散則爲器，耶（聖）人用則爲官長，夫大制无割。

將欲取【天下而爲之，吾見其弗】得已。夫天下，神器也，非可爲者也。爲之者敗之，執之者失之。○物或行或隋（隨），或熱，或碓，或陪（培），或墮。是以耶（聖）人去甚，去大，去諸（奢）。

以道佐人主，不以兵強於天下。其【事好還，師之所處，荆】棘生之。善者果而已矣，毋以取強焉。果而毋驕，果而勿矜，果【而毋】伐，果而毋得已居。是胃（謂）果而強。物壯而老，胃（謂）之不道，不道蚤（早）已。

夫兵者，不祥之器也。物或亞（惡）【之，故有欲者弗居。君】子居則貴左，用兵則貴右。故兵者非君子之器。兵者不祥【之】器也，不得已而用之，銛懺爲上，勿美也。若美之，是樂殺人也。夫樂殺人，不可以得志於天下矣。是以吉事【尚左，喪事尚右】；是以偏將軍居左，而上將軍居右，言以喪禮居之也。殺【人衆，以悲哀】立（莅）【之；戰】朕（勝）而以喪禮處之。

道恒无名，楃唯（雖）小而天下弗敢臣，侯王若能守之，萬物將自賓。天地相合，以俞甘洛（露）。【民莫之】令而自均焉。始制有名，名亦既有，夫亦將知止，知止所以不殆。卑（譬）【道之】在天下也，猷（猶）小浴（谷）之與江海也。

知人者，知（智）也。自知，明也。朕（勝）人者，有力也。自朕（勝）者，強也。知足者，富也。強行者，有志也。不失其所者，久也。死而不忘者，壽也。

道，渢（汎）呵，其可左右也，成功遂【事而】弗名有也。萬物歸焉而弗爲主，則恒无欲也，可名於小。萬物歸焉而弗爲主，可命（名）於大。是以耶（聖）人之能成大也，以其不爲大也，故能成大。

執大象，天下往。往而不害，安平大。樂與【餌】，過格（客）止。故道之出言也，曰：「淡呵其无味也。視之，不足見也。聽之，不足聞也。用之，不可既也。」

將欲拾（翕）之，必古（固）張之。將欲弱之，必古（固）〇強之。將欲去之，必古（固）與之。將欲奪之，必古（固）予【之】。是胃（謂）微明。柔弱朕（勝）強。魚不可説（脱）于淵，國利器不可以示人。

道恒无名，侯王若能守之，萬物將自化。化而欲作，吾將闐（鎮）之无名之樸。闐（鎮）之以无名之樸，夫將不辱。不辱以靜，天地將自正。

〈道〉二千四百廿六。

附録二　郭店竹簡老子甲乙丙三組釋文

甲組釋文

十九

㡭（絶）智（知）棄卞（辯），民利百伓（倍）。㡭（絶）攷（巧）棄利，覜（盜）惻（賊）亡又（有）。㡭（絶）憍（僞）棄慮，民復（復）季〈孝〉子（慈）。三言以爲㝵（辨）不足，或命（令）之或虐（乎）豆（屬）。視索（素）保僕（樸），少厶（私）須〈寡〉欲。

六十六

江海（海）所以爲百浴（谷）王，以其能爲百浴（谷）下，是以能爲百浴（谷）王。聖人之才（在）民前也，以身後之；其才（在）民上也，以言下之。其才（在）民上也，民弗厚也；其才（在）民前也，民弗害也。天下樂進而弗詁（厭）。以其不靜（爭）也，古（故）天下莫能與之靜（爭）。

四十六中下

辠（罪）莫厚虐（乎）甚欲，咎莫僉（憯）虐（乎）谷（欲）得，化（禍）莫大虐（乎）不智

（知）足。智（知）足之爲足，此亙（恆）足矣。

三十上中

以衍（道）差（佐）人宔（主）者，不穀（欲）以兵強於天下。善者果而已，不以取強。果而弗癹（伐），果而弗喬（驕），果而弗稐（矜），是胃（謂）果而不強。其事好。

十五

長古之善爲士者，必非（微）溺玄達，深不可志（識），是以爲之頌（容）：夜（豫）虐（乎）奴若冬涉川，猷（猶）虐（乎）其奴（若）愄（畏）四哭（鄰），敢（嚴）虐（乎）其奴（若）客，觀（渙）虐（乎）其奴（若）懌（釋），屯虐（乎）其奴（若）樸，坉虐（乎）其奴（若）濁。竺（孰）能濁以朿（靜）者，牐（將）舍（徐）清。竺（孰）能庀以迬者，牐（將）舍（徐）生。保此衍（道）者不穀（欲）竘（尚）呈（盈）。

六十四下

爲之者敗之，執之者遠之。是以聖人亡爲古（故）亡敗；亡執古（故）亡游（失）。臨事之紀，誓（愼）冬（終）女（如）门（始），此亡敗事矣。聖人谷（欲）不穀（欲），不貴難得之貨，孝（教）不孝（教），復衆之所＝作（過）。是古（故）聖人能專（輔）萬勿（物）之自肰（然），而弗能爲。

三十七

衍（道）亙（恆）亡爲也，侯王能守之，而萬勿（物）牆（將）自𢡺（化）。𢡺（化）而雒（欲）复（作），牆（將）貞（鎮）之以亡名之𣪊（樸）。夫亦牆（將）智（知）足，智（知）以束（靜），萬勿（物）牆（將）自定。

六十三

爲亡爲，事亡事，未（味）亡未（味）。大少（小）之多惕（易）必多𡏁（難）。是以聖人猷（猶）𡏁（難）之，古（故）終亡𡏁（難）。

二

天下皆智（知）𢼸（美）之爲𢼸（美）也，亞（惡）已；皆智知善，其不善已。又（有）亡之相生也，𩁹（難）惕（易）之相成也，長耑（短）之相型（形）也，高下之相浧（盈）也，音聖（聲）之相和也，先後之相墮（隨）也。是以聖人居亡爲之事，行不言之孝（教）。萬勿（物）复（作）而弗忖（始）也，爲而弗志（恃）也，成而弗居。天（夫）唯弗居也，是以弗去也。

三十二

道亙（恆）亡名，僕（樸）唯（雖）妻（微），天陞（地）弗敢臣，侯王女（如）能獸（守）

之，萬勿(物)牆(將)自賓(賓)。天陘(地)相合也，以逾甘零(露)。民莫之命(令)天〈而〉自均安。詞(始)折(制)又(有)名。名亦既又(有)，夫亦牆(將)智(知)止，智(知)止所以不詞(殆)。卑(譬)道之才(在)天下也，猷(猶)少(小)浴(谷)之與江海(海)。

二十五

又(有)𤖭蟲(蚰)成，先天陘(地)生，敓繆(穆)，蜀(獨)立不亥(改)，可以為天下母。未智(知)其名，𥿨(字)之曰道，虐(吾)勥(強)為之名曰大。大曰潛，潛曰連〈遠〉，連〈遠〉曰反(返)。天大，陘(地)大，道大，王亦大。國中又(有)四大安，王尻(居)一安。人法陘(地)，陘(地)法天，天法道，道法自肰(然)。

五中

天陘(地)之勿(間)，其猷(猶)囯(橐)籊〈籥〉與？虛而不屈，湩(動)而愈出。

十六上

至虛，亙(恆)也；獸(守)中，篙(篤)也。萬勿(物)方(旁)复(作)，居以須復也。天道員員，各復其堇(根)。

六十四上

其安也，易枈也。其未茈（兆）也，易悔（謀）也。其毳（脆）也，易畔（判）也。其幾也，易後（散）也。爲之於其亡又（有）也。絧□（治）之於其未亂。合□□□□□【末】。九成之臺甲□□□□□□□足下。

五十六

智（知）之者弗言，言之者弗智（知）。閟〈閉〉其𨒌（兑），賽（塞）其門，和其光，迵（同）其𡍫（塵）＝，副其䫇，解其紛，是胃（謂）玄同。古（故）不可得天〈而〉新（親），亦不可得而疋（疏）；不可得而利，亦不可得而害；不可得而貴，亦不可得而戔（賤）。古（故）爲天下貴。

五十七

以正之（治）邦，以敧（奇）甬（用）兵，以亡事取天下。虗（吾）可（何）以智（知）其肰（然）也。夫天多期（忌）韋（諱），而民爾（彌）畔（叛）。民多利器，而邦慈（滋）昏。人多智（知）天〈而〉敧（奇）勿（物）慈（滋）记（起）。法勿（物）慈（滋）章（彰），覜（盜）恻（賊）多又（有）。是以聖人之言曰：我无事而民自福（富）。我亡爲而民自蟲（化）。我好青（静）而民自正。我谷（欲）不㱿（欲）而民自樸。

五十五

畲（含）悳（德）之厚者，比於赤子，蝨（蜂）蠆蟲它（蛇）弗螫（螫），攫鳥猷（猛）獸弗扣，骨溺（弱）堇（筋）秫（柔）而捉固。未智（知）牝戊（牡）之合然荵（怒），精之至也。終曰唐（乎）而不惪（憂），和之至也。和曰道〈祟（常）〉，智（知）和曰明。賹（益）生曰羕□（祥），心貞（使）燹（氣）曰弝（強），勿（物）壓（壯）則老，是胃（謂）不道。

四十四

與身筲（孰）新（親）？ 身與貸筲（孰）多？ 貢（得）與頁（亡）筲（孰）疠（病）？ 甚炁（愛）必大貿（費），厚（厚）贇（藏）必多頁（亡）。古（故）智（知）足不辱，智（知）止不怠（殆）可以長舊（久）。

四十

返也者，道達（動）也。溺（弱）也者，道之甬（用）也。天下之勿（物）生於又（有），生於亡。

九

莣而浧（盈）之，不不若已。湍而群之，不可長保也。金玉浧（盈）室，莫能獸（守）

也。貴福（富）喬（驕），自遺咎也。攻（功）述（遂）身退，天之道也。

乙組釋文

五十九

給（治）人事天，莫若嗇。夫唯嗇，是以杲（早），是以杲（早）備（服）是胃（謂）……不＝克＝則莫智（知）其亙〈亟（極）〉，莫智（知）其亙〈亟（極）〉可以又（有）郕（國）。又（有）郕（國）之母，可以長……長生舊（久）視之道也。

四十八上

學者日益，爲道日員（損）。員（損）之或員（損），以至亡爲也，亡爲而亡不爲。

二十上

㡭（絶）學亡惪（憂），唯與可（呵），相去幾可（何）？ 亢（美）與亞（惡），相去可（何）若？ 人之所禔（畏），亦不可以不禔（畏）。

十三

人寵（寵）辱若纓（驚），貴大患若身。可（何）胃（謂）寵（寵）辱？ 寵（寵）爲下也。得之若纓（驚），遊（失）之若纓（驚），是胃（謂）寵（寵）辱纓（驚）。□□□□□若身？

虗（吾）所以又（有）大患者，爲虗（吾）又（有）身，及（及）虗（吾）亡身，或【可】（何）□□□□□□爲天下，若可以厇（托）天下矣。悉（愛）以身爲天下，若可（何）以迲天下矣。

四十一

上士昏（聞）道，堇（動）能行於其中。中士昏（聞）道，若昏（聞）若亡。下士昏（聞）道，大芺（笑）之。弗大芺（笑），不足以爲道矣。是以建言又（有）之：明道女（如）孛（費），遲（夷）道□□□道若退。上悳（德）女（如）浴（谷），大白女（如）辱，生（廣）悳（德）女（如）不足，建悳（德）女（如）□□貞（真）女（如）愉。大方亡禺（隅），大器曼成，大音只聖（聲），天象亡坓（形）……

五十二中

閟（閉）其門，賽（塞）其逆（兑），終身不孞。啓其逆（兑），賽其事，終身不逨。

四十五

大成若夬（缺），其甬（用）不弊（敝）。大浧（盈）若中（盅），其甬（用）不穿（窮）。大攷（巧）若仳（拙），大成若詘，大植（直）若屈。喿（燥）勳（勝）蒼（滄），青（清）勳（勝）然（熱），清清（靜）爲天下定（正）。

五十四

善建者不拔，善休者不兑（脱）。子孫以其祭祀不屯。攸（修）之身，其悳（德）乃貞（真）。攸（修）之豪（家），其悳（德）又（有）舍（餘）。攸（修）之向（鄉），其悳（德）乃長。攸（修）之邦，其悳（德）乃奉（豐）。攸（修）之天【下】□□□□□□□豪（家），以向（鄉）觀向（鄉），以邦觀邦，以天下觀天下。虐（吾）可（何）以智（知）天□□□□□□。

丙組釋文

十七

太上下智（知）又（有）之，其卽（次）新（親）譽之，其既〈卽（次）〉愄（畏）之，其卽（次）柔（侮）之。信不足，安又（有）不信。猷（猶）虐（乎）其貴言也。成事述（遂）社（功），而百眚（姓）曰我自肰（然）也。

十八

古（故）大道發（廢），安有悬（仁）義。六新（親）不和，安有孝孥（慈）。邦豪（家）緍（昏）□【安】又（有）正臣。

三十五

執大象，天下往。往而不害，安坪（平）大。樂與餌，怭（過）客止。古（故）道□□□，淡可（呵）其无味也。視之不足見，聖（聽）之不足䎽（聞），而不可既也。

三十一中下

君子居則貴左，甬（用）兵則貴右。古（故）曰兵者□□□□□□得已而甬（用）之。銛恷爲上，弗恷（美）也。䜣〈美〉之，是樂殺人。夫樂□□□以得志於天下，古（故）吉事上左，喪事上右。是以卞（偏）牁（將）軍居左，上牁（將）軍居右。言以喪豊（禮）居之也。古（故）□□，則以恷（哀）悲位（莅）之，戰勑（勝）則以喪豊（禮）居之。

六十四下

爲之者敗之，執之者游（失）之。聖人無爲，古（故）無敗也；無執，古（故）□□□。䜣（慎）終若訂（始），則無敗事喜（矣）。人之敗也，亙（恒）於其叡（且）成也敗之。是以□人欲不欲，不貴𩁹（難）得之貨；學不學，復衆人之所逃（過），是以能楠（輔）𡑌（萬）勿（物）之自肰（然），而弗敢爲。

附録三　老子校定文

老子書，錯簡、衍文、脱字及誤字不少，今依王弼本爲藍本，參看簡本、帛書本及傅奕本等古本，根據歷代校詁學者可取的見解，加以訂正。下面爲校定全文。

一章

道可道，非常道；名可名，非常名。

無，名天地之始；有，名萬物之母。

故常無，欲以觀其妙；常有，欲以觀其徼。

此兩者，同出而異名，同謂之玄。玄之又玄，衆妙之門。

二章

天下皆知美之爲美，斯惡已；皆知善之爲善，斯不善已。

有無相生，難易相成，長短相形，高下相盈，音聲相和，前後相隨。

是以聖人處無爲之事，行不言之教；萬物作而不爲始，生而不有，爲而不恃，功成而弗居。夫唯弗居，是以不去。

三章

不尚賢，使民不爭；不貴難得之貨，使民不爲盜；不見可欲，使民心不亂。

是以聖人之治，虛其心，實其腹，弱其志，強其骨。常使民無知無欲。使夫智者不敢爲也。爲無爲，則無不治。

四章

道沖，而用之或不盈。淵兮，似萬物之宗；湛兮，似或存。吾不知誰之子，象帝之先。

五章

天地不仁，以萬物爲芻狗；聖人不仁，以百姓爲芻狗。

天地之間，其猶橐籥乎？虛而不屈，動而愈出。

多言數窮，不如守中。

六章

谷神不死，是謂玄牝。玄牝之門，是謂天地根。緜緜若存，用之不勤。

七章

天長地久。天地所以能長且久者，以其不自生，故能長生。是以聖人後其身而身先；外其身而身存。非以其無私邪？故能成其私。

八章

上善若水。水善利萬物而不爭，處衆人之所惡，故幾於道。居善地，心善淵，與善仁，言善信，政善治，事善能，動善時。夫唯不爭，故無尤。

九章

持而盈之，不如其已；揣而鋭之，不可長保。

金玉滿堂，莫之能守；
富貴而驕，自遺其咎。
功遂身退，天之道也。

十章

載營魄抱一，能無離乎？
專氣致柔，能如嬰兒乎？
滌除玄鑒，能無疵乎？
愛民治國，能無爲乎？
天門開闔，能爲雌乎？
明白四達，能無知乎？

十一章

三十輻，共一轂，當其無，有車之用。
埏埴以爲器，當其無，有器之用。

鑿户牖以爲室，當其無，有室之用。

故有之以爲利，無之以爲用。

十二章

五色令人目盲；五音令人耳聾；五味令人口爽；馳騁畋獵，令人心發狂；難得之貨，令人行妨。

是以聖人爲腹不爲目，故去彼取此。

十三章

寵辱若驚，貴大患若身。

何謂寵辱若驚？寵爲下，得之若驚，失之若驚，是謂寵辱若驚。

何謂貴大患若身？吾所以有大患者，爲吾有身，及吾無身，吾有何患？

故貴以身爲天下，若可寄天下；愛以身爲天下，若可託天下。

十四章

視之不見，名曰「夷」；聽之不聞，名曰「希」；搏之不得，名曰「微」。此三者不可致詰，故混而爲一。其上不皦，其下不昧。繩繩兮不可名，復歸於無物。是謂無狀之狀，無物之象，是謂惚恍。迎之不見其首，隨之不見其後。

執古之道，以御今之有。能知古始，是謂道紀。

十五章

古之善爲士者，微妙玄通，深不可識。夫唯不可識，故强爲之容：

豫兮若冬涉川；

猶兮若畏四鄰；

儼兮其若客；

涣兮其若冰釋；

敦兮其若樸；

曠兮其若谷；

混兮其若濁；

孰能濁以靜之徐清；孰能安以動之徐生。

保此道者，不欲盈。夫唯不盈，故能蔽而新成。

十六章

致虛極，守靜篤。

萬物並作，吾以觀復。

夫物芸芸，各復歸其根。歸根曰靜，靜曰復命。復命曰常，知常曰明。不知常，妄作凶。

知常容，容乃公，公乃全，全乃天，天乃道，道乃久，沒身不殆。

十七章

太上，不知有之；其次，親而譽之；其次，畏之；其次，侮之。信不足焉，有不信焉。

悠兮其貴言。功成事遂，百姓皆謂：「我自然。」

十八章

大道廢，有仁義；六親不和，有孝慈；國家昏亂，有忠臣。

十九章

絶智棄辯，民利百倍；絶僞棄詐，民復孝慈；絶巧棄利，盗賊無有。此三者以爲文，不足。故令有所屬：見素抱樸，少私寡欲。

二十章

絶學无憂。唯之與阿，相去幾何？美之與惡，相去若何？人之所畏，不可不畏。

荒兮，其未央哉！

衆人熙熙，如享太牢，如春登臺。

我獨泊兮，其未兆，如嬰兒之未孩；

儽儽兮，若無所歸。

衆人皆有餘，而我獨若遺。我愚人之心也哉！沌沌兮！

俗人昭昭，我獨昏昏。

俗人察察，我獨悶悶。

淡兮其若海，飂兮若無止。

衆人皆有以，而我獨頑且鄙。

我獨異於人，而貴食母。

二十一章

孔德之容，惟道是從。

道之爲物，惟恍惟惚。惚兮恍兮，其中有象；恍兮惚兮，其中有物。窈兮冥兮，其中有精；其精甚真，其中有信。

自今及古，其名不去，以閱衆甫。吾何以知衆甫之狀哉！以此。

二十二章

曲則全，枉則直，窪則盈，敝則新，少則得，多則惑。

是以聖人執一爲天下式。不自見，故明；不自是，故彰；不自伐，故有功；不自矜，故能長。

夫唯不爭，故天下莫能與之爭。古之所謂「曲則全」者，豈虛言哉！誠全而歸之。

二十三章

希言自然。

故飄風不終朝，驟雨不終日。孰爲此者？天地。天地尚不能久，而況於人乎？故從事於道者，同於道；德者，同於德；失者，同於失。同於道者，道亦德之；同於失者，道亦失之。

信不足焉，有不信焉。

二十四章

企者不立；跨者不行；自見者不明；自是者不彰；自伐者無功；自矜者不長。

其在道也，曰：餘食贅形。物或惡之，故有道者不處。

二十五章

有物混成，先天地生。寂兮寥兮，獨立而不改，周行而不殆，可以爲天地母。吾不知其名，強字之曰道，強爲之名曰大。大曰逝，逝曰遠，遠曰反。

故道大，天大，地大，人亦大。域中有四大，而人居其一焉。

人法地，地法天，天法道，道法自然。

二十六章

重爲輕根，靜爲躁君。

是以君子終日行不離輜重。雖有榮觀，燕處超然。奈何萬乘之主，而以身輕天下？

輕則失根，躁則失君。

二十七章

善行無轍迹；善言無瑕謫；善數不用籌策；善閉無關楗而不可開；善結無繩約而不可解。

是以聖人常善救人，故無棄人；常善救物，故無棄物。是謂襲明。

故善人者，不善人之師；不善人者，善人之資。不貴其師，不愛其資，雖智大迷，是謂要妙。

二十八章

知其雄，守其雌，爲天下谿。爲天下谿，常德不離，復歸於嬰兒。知其白，守其辱，爲天下谷。爲天下谷，常德乃足，復歸於樸。樸散則爲器，聖人用之，則爲官長，故大制不割。

二十九章

將欲取天下而爲之，吾見其不得已。天下神器，不可爲也，不可執也。爲者敗之，執者失之。是以聖人無爲，故無敗；無執，故無失。故物或行或隨；或歔或吹；或强或羸；或培或隳。是以聖人去甚，去奢，去泰。

三十章

以道佐人主者，不以兵强天下。其事好還。師之所處，荆棘生焉。

善有果而已，不以取強。果而勿矜，果而勿伐，果而勿驕，果而不得已，果而勿強。

物壯則老，是謂不道，不道早已。

三十一章

夫兵者，不祥之器，物或惡之，故有道者不處。

君子居則貴左，用兵則貴右。兵者不祥之器，非君子之器，不得已而用之，恬淡爲上。勝而不美，而美之者，是樂殺人。夫樂殺人者，則不可得志於天下矣。

吉事尚左，凶事尚右。偏將軍居左，上將軍居右，言以喪禮處之。殺人之衆，以悲哀泣之，戰勝以喪禮處之。

三十二章

道常無名、樸。雖小，天下莫能臣。侯王若能守之，萬物將自賓。

天地相合，以降甘露，民莫之令而自均。

始制有名，名亦既有，夫亦將知止，知止可以不殆。

譬道之在天下，猶川谷之於江海。

三十三章

知人者智，自知者明。
勝人者有力，自勝者强。
知足者富。
强行者有志。
不失其所者久。
死而不亡者壽。

三十四章

大道汜兮，其可左右。萬物恃之以生而不辭，功成而不有。衣養萬物而不爲主，可名於小；萬物歸焉而不爲主，可名爲大。以其終不自爲大，故能成其大。

三十五章

執大象，天下往。往而不害，安平泰。

樂與餌，過客止。道之出口，淡乎其無味，視之不足見，聽之不足聞，用之不足既。

三十六章

將欲歙之，必固張之；將欲弱之，必固強之；將欲廢之，必固興之；將欲取之，必固與之。是謂微明。

柔弱勝剛強。魚不可脱於淵，國之利器不可以示人。

三十七章

道常無爲而無不爲。侯王若能守之，萬物將自化。化而欲作，吾將鎮之以無名之樸。無名之樸，夫亦將不欲。不欲以靜，天下將自正。

三十八章

上德不德，是以有德；下德不失德，是以無德。

上德無爲而無以爲；上仁爲之而無以爲；上義爲之而有以爲。上禮爲之而莫之應，則攘臂而扔之。

故失道而後德，失德而後仁，失仁而後義，失義而後禮。

夫禮者，忠信之薄，而亂之首。

前識者，道之華，而愚之始。是以大丈夫處其厚，不居其薄；處其實，不居其華。故去彼取此。

三十九章

昔之得一者：天得一以清；地得一以寧；神得一以靈；谷得一以盈；萬物得一以生；侯王得一以爲天下正。

其致之也，謂天無以清，將恐裂；地無以寧，將恐廢；神無以靈，將恐歇；谷無以盈，將恐竭；萬物無以生，將恐滅；侯王無以正，將恐蹶。

故貴以賤爲本，高以下爲基。是以侯王自稱孤、寡、不穀。此非以賤爲本邪？非乎？故至譽無譽。是故不欲琭琭如玉，珞珞如石。

四十章

反者道之動；弱者道之用。

天下萬物生於有，有生於無。

四十一章

上士聞道，勤而行之；中士聞道，若存若亡；下士聞道，大笑之。不笑不足以爲道。故建言有之：

明道若昧；

進道若退；

夷道若纇；

上德若谷；

大白若辱；

廣德若不足；

建德若偷；

質真若渝；

大方無隅；

大器晚成；

大音希聲；
大象無形；
道隱無名。
夫唯道，善貸且成。

四十二章

道生一，一生二，二生三，三生萬物。萬物負陰而抱陽，沖氣以爲和。

四十三章

天下之至柔，馳騁天下之至堅。無有入無間，吾是以知無爲之有益。不言之教，無爲之益，天下希及之。

四十四章

名與身孰親？身與貨孰多？得與亡孰病？
甚愛必大費；多藏必厚亡。

故知足不辱，知止不殆，可以長久。

四十五章

大成若缺，其用不弊。
大盈若沖，其用不窮。
大直若屈，大巧若拙，大辯若訥。
躁勝寒，靜勝熱。清靜爲天下正。

四十六章

天下有道，卻走馬以糞。天下無道，戎馬生於郊。
咎莫大於欲得；禍莫大於不知足。故知足之足，常足矣。

四十七章

不出户，知天下；不闚牖，見天道。其出彌遠，其知彌少。
是以聖人不行而知，不見而明，不爲而成。

四十八章

爲學日益，爲道日損。損之又損，以至於無爲。

無爲而無不爲。取天下常以無事，及其有事，不足以取天下。

四十九章

聖人常無心，以百姓心爲心。

善者，吾善之；不善者，吾亦善之；德善。

信者，吾信之；不信者，吾亦信之；德信。

聖人在天下，歙歙焉，爲天下渾其心，百姓皆注其耳目，聖人皆孩之。

五十章

出生入死。生之徒，十有三；死之徒，十有三；人之生生，動之於死地，亦十有三。

夫何故？以其生生之厚。

蓋聞善攝生者，陸行不遇兕虎，入軍不被甲兵；兕無所投其角，虎無所用其爪，兵無所容其刃。夫何故？以其無死地。

五十一章

道生之，德畜之，物形之，勢成之。

是以萬物莫不尊道而貴德。

道之尊，德之貴，夫莫之命而常自然。

故道生之，德畜之；長之育之；亭之毒之；養之覆之。生而不有，爲而不恃，長而不宰。是謂「玄德」。

五十二章

天下有始，以爲天下母。既得其母，以知其子；既知其子，復守其母，没身不殆。

塞其兑，閉其門，終身不勤。開其兑，濟其事，終身不救。

見小曰明，守柔曰强。用其光，復歸其明，無遺身殃；是爲襲常。

五十三章

使我介然有知，行於大道，唯施是畏。

大道甚夷，而人好徑。朝甚除，田甚蕪，倉甚虛；服文綵，帶利劍，厭飲食，財貨有餘；是謂盜夸。非道也哉！

五十四章

善建者不拔，善抱者不脱，子孫以祭祀不輟。

修之於身，其德乃真；修之於家，其德乃餘；修之於鄉，其德乃長；修之於邦，其德乃豐；修之於天下，其德乃普。

故以身觀身，以家觀家，以鄉觀鄉，以邦觀邦，以天下觀天下。吾何以知天下然哉？以此。

五十五章

含德之厚，比於赤子。蜂蠆虺蛇不螫，攫鳥猛獸不搏。骨弱筋柔而握固。未知牝牡之合而朘作，精之至也。終日號而不嗄，和之至也。

知和曰常，知常曰明。益生曰祥。心使氣曰强。物壯則老，謂之不道，不道早已。

五十六章

知者不言，言者不知。

塞其兑，閉其門，挫其鋭，解其紛，和其光，同其塵，是謂「玄同」。故不可得而親，不可得而疏；不可得而利，不可得而害；不可得而貴，不可得而賤。故爲天下貴。

五十七章

以正治國，以奇用兵，以無事取天下。吾何以知其然哉？以此：

天下多忌諱，而民彌貧；人多利器，國家滋昏；人多伎巧，奇物滋起；法令滋彰，盗賊多有。

故聖人云：「我無爲，而民自化；我好静，而民自正；我無事，而民自富；我無欲，而民自樸。」

五十八章

其政悶悶，其民淳淳；其政察察，其民缺缺。

禍兮福之所倚，福兮禍之所伏。孰知其極？其無正也。正復爲奇，善復爲妖。人之迷，其日固久。

是以聖人方而不割，廉而不劌，直而不肆，光而不耀。

五十九章

治人事天，莫若嗇。

夫唯嗇，是謂早服；早服謂之重積德；重積德則無不克；無不克則莫知其極；莫知其極，可以有國；有國之母，可以長久；是謂深根固柢，長生久視之道。

六十章

治大國，若烹小鮮。

以道莅天下，其鬼不神；非其鬼不神，其神不傷人；非其神不傷人，聖人亦不傷人。

夫兩不相傷，故德交歸焉。

六十一章

大邦者下流，天下之交，天下之牝。牝常以靜勝牡，以靜爲下。

故大邦以下小邦，則取小邦；小邦以下大邦，則取大邦。故或下以取，或下而取。大邦不過欲兼畜人，小邦不過欲入事人。夫兩者各得所欲，大者宜爲下。

六十二章

道者萬物之奥。善人之寶，不善人之所保。

美言可以市，尊行可以加人。人之不善，何棄之有？故立天子，置三公，雖有拱璧以先駟馬，不如坐進此道。

古之所以貴此道者何？不曰：求以得，有罪以免邪？故爲天下貴。

六十三章

爲無爲，事無事，味無味。

大小多少，圖難於其易，爲大於其細；天下難事，必作於易，天下大事，必作於細。是以聖人終不爲大，故能成其大。

夫輕諾必寡信，多易必多難。是以聖人猶難之，故終無難矣。

六十四章

其安易持，其未兆易謀。其脆易泮，其微易散。爲之於未有，治之於未亂。合抱之木，生於毫末；九層之臺，起於累土；千里之行，始於足下。民之從事，常於幾成而敗之。慎終如始，則無敗事。是以聖人欲不欲，不貴難得之貨；學不學，復衆人之所過，以輔萬物之自然而不敢爲。

六十五章

古之善爲道者，非以明民，將以愚之。民之難治，以其智多。故以智治國，國之賊；不以智治國，國之福。知此兩者亦稽式。常知稽式，是謂「玄德」。玄德深矣，遠矣，與物反矣，然後乃至大順。

六十六章

江海之所以能爲百谷王者，以其善下之，故能爲百谷王。

是以聖人欲上民，必以言下之；欲先民，必以身後之。是以聖人處上而民不重，處前而民不害。是以天下樂推而不厭。以其不爭，故天下莫能與之爭。

六十七章

〔天下皆謂我：「『道』大，似不肖。」夫唯大，故似不肖。若肖，久矣其細也夫！〕我有三寶，持而保之。一曰慈，二曰儉，三曰不敢爲天下先。慈故能勇；儉故能廣；不敢爲天下先，故能成器長。今舍慈且勇；舍儉且廣；舍後且先；死矣！夫慈，以戰則勝，以守則固。天將救之，以慈衛之。

六十八章

善爲士者，不武；善戰者，不怒；善勝敵者，不與；善用人者，爲之下。是謂不爭之德，是謂用人，是謂配天，古之極也。

六十九章

用兵有言：「吾不敢爲主，而爲客；不敢進寸，而退尺。」是謂行無行；攘無臂；扔無敵；執無兵。

禍莫大於輕敵，輕敵幾喪吾寶。

故抗兵相若，哀者勝矣。

七十章

吾言甚易知，甚易行。天下莫能知，莫能行。

言有宗，事有君。夫唯無知，是以不我知。

知我者希，則我者貴。是以聖人被褐懷玉。

七十一章

知不知，尚矣；不知知，病也。聖人不病，以其病病。夫唯病病，是以不病。

七十二章

民不畏威，則大威至。

無狎其所居，無厭其所生。夫唯不厭，是以不厭。

是以聖人自知不自見；自愛不自貴。故去彼取此。

七十三章

勇於敢則殺，勇於不敢則活。此兩者，或利或害。天之所惡，孰知其故？天之道，不爭而善勝，不言而善應，不召而自來，繟然而善謀。天網恢恢，疏而不失。

七十四章

民不畏死，奈何以死懼之？若使民常畏死，而爲奇者，吾將得而殺之，孰敢？常有司殺者殺。夫代司殺者殺，是謂代大匠斲。夫代大匠斲者，希有不傷其手矣。

七十五章

民之饑，以其上食税之多，是以饑。民之難治，以其上之有爲，是以難治。

民之輕死，以其上求生之厚，是以輕死。
夫唯無以生爲者，是賢於貴生。

七十六章

人之生也柔弱，其死也堅强。
草木之生也柔脆，其死也枯槁。
故堅强者死之徒，柔弱者生之徒。
是以兵强則滅，木强則折。
强大處下，柔弱處上。

七十七章

天之道，其猶張弓與？ 高者抑之，下者舉之；有餘者損之，不足者補之。
天之道，損有餘而補不足。 人之道，則不然，損不足以奉有餘。
孰能有餘以奉天下，唯有道者。

七十八章

天下莫柔弱於水，而攻堅强者莫之能勝，以其無以易之。弱之勝强，柔之勝剛，天下莫不知，莫能行。是以聖人云：「受國之垢，是謂社稷主；受國不祥，是爲天下王。」正言若反。

七十九章

和大怨，必有餘怨；報怨以德，安可以爲善？

是以聖人執左契，而不責於人。有德司契，無德司徹。

天道無親，常與善人。

八十章

小國寡民。使有什伯人之器而不用；使民重死而不遠徙。雖有舟輿，無所乘之，雖有甲兵，無所陳之。使民復結繩而用之。

甘其食，美其服，安其居，樂其俗。鄰國相望，雞犬之聲相聞，民至老死，不相往來。

八十一章

信言不美，美言不信。

善者不辯，辯者不善。

知者不博，博者不知。

聖人不積，既以爲人己愈有，既以與人己愈多。

天之道，利而不害；聖人之道，爲而不爭。

附録四　參考書目

一　先秦至六朝

1 **馬王堆漢墓帛書老子**
2 韓非 解老喻老
3 **河上公 老子章句**
4 河上公 老子道德經
5 嚴遵 道德指歸論
6 嚴遵 老子注
7 **王弼 道德真經注**
8 王弼 老子微旨例略
9 谷神子 道德指歸論注
10 葛玄 老子節解

二　初唐至五代

11 陸德明　老子音義

12 魏　徵　老子治要

13 **傅　奕**　**道德經古本篇**

14 顔師古　玄言新記明老部

15 成玄英　道德經開題序訣義疏

16 李　榮　道德真經注

17 李　約　老子道德真經新注

18 景龍道德經碑

19 開元御注道德經幢

20 唐玄宗　御注道德真經

21 唐玄宗　道德真經疏

22 廣明道德經幢

23 景福道德經碑

24 馬　總　老子意林

25 王　真　**道德真經論兵要義述**

26 陸希聲　**道德真經傳**

27 杜光庭　**道德真經廣聖義疏**

28 强思齊　**道德真經玄德纂疏**

29 顧　歡　**道德經注疏**

30 喬　諷　**道德經疏義節解**

三　兩宋至元代

31 宋　鸞　**道德篇章玄頌**

32 **王安石**　**老子注**

33 王　雱　**老子注**

34 陳景元　**道德真經藏室纂微篇**

35 吕惠卿　**道德真經傳**

36 司馬光　**道德真經論**

37 **蘇　轍**　**老子解**

38 陳象古　**道德真經解**

39 邵若愚 道德真經直解
40 程　俱 老子論
41 葉夢得 老子解
42 時　雍 道德真經全解
43 程大昌 易老通言
44 員興宗 老子略解
45 李　霖 道德真經取善集
46 黄茂材 老子解
47 寇質才 道德真經四子古道集解
48 吕祖謙 音注老子道德經
49 葛長庚 道德寶章
50 彭　耜 道德真經集注
51 趙秉文 道德真經集解
52 董思靖 道德真經集解
53 李嘉謀 道德真經義解

54 **林希逸** **老子口義**

55 龔士卨 纂圖互注老子道德經

56 **范應元** **老子道德經古本集注**

57 趙至堅 道德真經疏義

58 李道純 道德會元

59 劉辰翁 老子道德經評點

60 鄧　錡 道德真經三解

61 劉惟永 道德真經集義大旨

62 杜道堅 道德玄經原旨

63 趙孟頫 老子道德經

64 張嗣成 道德真經章句訓頌

65 陳致虛 道德經轉語

66 **吳　澄** **道德真經注**

67 林至堅 道德真經注

68 何道全 老子道德經述注

69 蔣融庵 道德真經頌

70 陶宗儀　老子

四　明代

71 明太祖　御注道德真經

72 危大有　道德真經集義

73 **薛　蕙**　**老子集解**

74 張洪陽　道德經注解

75 **釋德清**　**老子道德經解**

76 朱得之　老子通義

77 王　道　老子億

78 陸長庚　老子道德經玄覽

79 沈　津　老子道德經類纂

80 王　樵　老子解

81 李　贄　老子解

82 張登雲　老子道德經參補

83 **沈一貫 老子通**
84 **焦竑 老子翼**
85 林兆恩 道德經釋略
86 陳深 老子品節
87 徐學謨 老子解
88 王一清 道德經釋辭
89 彭好古 道德經
90 歸有光 道德經評點
91 祝世祿 老子奇評
92 陳懿典 老子道德經精解
93 孫鑛 老子評注
94 鍾惺 老子嫏嬛
95 鍾惺 老子文歸
96 陶望齡 陶周望老子解
97 趙統 老子斷注
98 洪應紹 道德經測

99 龔修默 老子或問

100 潘基慶 道德經集注

101 郭良翰 老子道德經薈解

102 陳仁錫 老子奇賞

103 程以寧 太上道德寶章翼

104 顧錫疇 道德經解

五 清代

105 王夫之 老子衍

106 清世祖 成克鞏 御注道德經

107 顧如華 孫承澤 道德經參補注釋

108 張爾岐 老子説略

109 馬驌 老子

110 德玉 道德經順硃

111 傅山 老子解

112 宋常星 道德經講義
113 花　尚 道德經眼
114 徐永祐 道德經集注
115 郭乾泗 老子元翼
116 徐大椿 道德經注
117 紀　昀 老子道德經校訂
118 黄文運 道德經訂注
119 盧文弨 老子音義考證
120 畢　沅 老子道德經考異
121 姚　鼐 老子章義
122 鄭　環 老子本義
123 倪元坦 道德經參注
124 紀大奎 老子約説
125 任兆麟 老子述記
126 吴　鼐 老子解
127 潘靜觀 道德經妙門約

128 汪　中　老子考異
129 王　昶　校老子
130 鄧　晅　道德經輯注
131 江有誥　老子韻讀
132 嚴可均　老子唐本考異
133 洪頤煊　讀老子叢録
134 清陽子　道德經述義
135 **王念孫**　**老子雜志（在讀書雜志内）**
136 李涵虚　道德經注釋
137 魏　源　老子本義
138 宋翔鳳　老子章義
139 吴　雲　老子道德經幢殘石校記
140 陳　澧　老子注
141 **俞　樾**　**老子平議（在諸子平議内）**
142 **高延第**　**老子證義**
143 陶鴻慶　讀老子札記

144 **易順鼎** **讀老札記**

145 吴汝綸 點勘老子讀本

146 郭　諧 老子識小

147 滕雲山 道德經淺注

148 嚴　復 老子道德經評點

149 孫詒讓 老子札記

150 文廷式 老子校語

151 **劉師培** **老子斠補**

152 陶邵學 校老子

153 于　鬯 老子校書

六　民國以來

154 劉鼒和 新解老

155 張之純 評注老子菁華

156 張其淦 老子約

157 胡薇元 道德經達詁

158 區大典 老子講義
159 馬其昶 老子故
160 田　潛 篆文老子
161 楊樹達 老子古義
162 羅振玉 老子考異補遺
163 蔡廷幹 老解老
164 吴承仕 老子音義辨證
165 **馬叙倫** **老子校詁**
166 江希張 道德經白話解説
167 徐紹禎 道德經述義
168 支偉成 老子道德經
169 程辟金 老子哲學的研究和批評
170 郎擎霄 老子學案
171 **奚　侗** **老子集解**
172 羅運賢 老子餘誼
173 曹聚仁 老子集注

174 高嶽岱 新式標點老子道德經
175 陳 柱 老學八篇
176 陳 柱 老子
177 丁福保 老子道德經箋注
178 江 瑔 讀老子巵言
179 李繼煌 新解老
180 王重民 老子考
181 錢基博 老子道德經解題及其讀法
182 王 力 老子研究
183 陳登澥 老子今見
184 劉成炘 老子二鈔
185 李 翹 老子古注
186 胡遠濬 老子述義
187 **高 亨 老子正詁**
188 丁展成 老子補注
189 孫思昉 老子政治思想概論

190 蔡尚思 老墨哲學人生觀
191 江俠庵 譯老子原始
192 繆爾舒 老子新注
193 胡懷琛 老子學辨
194 丁惟魯 道德經
195 胡哲敷 老莊哲學
196 汪桂年 老子通詁
197 錢　穆 莊老通辨
198 于省吾 老子新證（在諸子新證内）
199 何士驥 古本道德經校刊
200 余嘉錫 四庫提要老子注辨證
201 **蔣錫昌** **老子校詁**
202 王恩洋 老子學案
203 湯仰暉 老子考證
204 張心澂 老子通考（在僞書通考内）
205 **勞　健** **老子古本考**

206 張蔭良 老子新詁

207 張默生 老子章句新釋

208 **嚴靈峯** **老子章句新編**

209 **嚴靈峯** **老子衆説糾繆**

210 **嚴靈峯** **老莊研究**

211 **嚴靈峯** **老子知見書目（合在老列莊三子知見書目內）**

212 **嚴靈峯** **無求備齋老子集成**

213 **嚴靈峯** **老子達解**

214 葉玉麟 白話句解老子道德經

215 蕭天石 老子哲學闡微

216 陸世鴻 老子現代語解

217 張純一 老子通釋

218 許大同 老子哲學

219 張起鈞 老子

220 譚正璧 老子讀本

221 **朱謙之** **老子校釋**

222 任繼愈 老子今譯
223 吴　康 老子哲學
224 饒宗頤 老子想爾注校箋
225 楊興順 中國古代哲學家老子及其學説
226 王寒生 老子道德經注
227 何鑑宗 老子新繹
228 梁容若 老子的流傳與注解
229 楊柳橋 老子譯話
230 羅根澤 老子選注
231 **車　載 論老子**
232 **哲學研究編輯部 老子哲學討論集**
233 程兆熊 老子講義
234 徐復觀 中國人性論史
235 福永光司 老子
236 吴靜宇 老子義疏注
237 鍾應梅 老子新詮

238 趙文秀　老子研究

239 唐子長　老子重編

240 田幹吾　老子

241 吴常熙　老子正義

242 蕭純伯　老子道德經語釋

243 葛連祥　老子會通

244 紀敦詩　老子正解

245 封思毅　老子述解

246 龔樂羣　老莊異同

247 王　淮　老子探義

248 余培林　新譯老子讀本

249 周紹賢　老子要義

250 蔡明田　老子的政治思想

251 胡寄窗　道家的經濟思想（在中國經濟思想史内）

252 童書業　老子思想研究（在先秦七子思想研究内）

253 錢鍾書　老子王弼注（在管錐編内）

254 金容沃 老子自然哲學中無爲之功能
255 容肇祖 王安石老子注輯本
256 嚴靈峯 老子崇寧王注
257 **嚴靈峯** **馬王堆帛書老子試探**
258 嚴一萍 帛書竹簡
259 鄭良樹 竹簡帛書論文集
260 盧育三 老子釋義
261 許抗生 帛書老子注譯與研究
262 **張松如** **老子校讀**
263 馮達甫 老子譯注
264 黄　釗 帛書老子校注析
265 高　明 帛書老子校注
266 丁原植 郭店竹簡老子釋析與研究
267 彭　浩 郭店楚簡老子校讀
268 劉信芳 荆門郭店竹簡老子解詁
269 戴　維 帛書老子校釋

270 徐志鈞 老子帛書校注

271 鄒安華 楚簡與帛書老子

272 李　零 郭店楚簡校讀記

校後記

今年八月中旬，由北大哲學系和香港道教學院合作主辦的「道家文化國際學術研討會」在北京召開，這是一次前所未有的學術盛會，會上收到中外學者有關道家文化研究的論文約一百五十篇（外國學者占三分之一），會後我們將會議論文略作整理，計劃陸續在我主編的道家文化研究上結集發表。在這些論文中，有關老子的部分在道家各派中占的比重最大，可見中外學者對老學的研究至今仍長盛不衰。其中湖北省博物館彭浩教授的論文討論了三年前在湖北荆門出土的一批和老子有密切聯繫的竹簡。日後，這批珍貴文獻的公佈，勢必再度引起老學研究的高潮。關於這批竹簡的出土，近兩年來報刊曾有零星報導，將其稱作「中國最早的『書』」，所以有關這方面的研究，一直受到學界的關注，但是該報導誤將其説成是「對話體」的老子，以致海内外以訛傳訛。這次國際會議上，我特地請參加整理這批竹簡的彭浩先生給大會提交了一份報告（他的文章稍後將在道家文化研究上刊出），在此我先簡要地作一介紹：

一九九三年冬，在湖北省荆門市郭店村的一座楚墓中出土了一批竹簡，其中部分簡文的内容與通行本老子相同（以下稱「簡本」）。簡本的文字是典型的楚國文字，有三個顯著的特點：

（一）它是由三組竹簡組成，各組簡的長度和編綫位置各异，由此可知它們是各自成册的；

（二）簡本中有兩組的文字和内容與通行本老子相同，但句序不同，另一組的文字中有近一半的内容不見於通行本老子；

（三）與通行本老子對照，簡本僅是老子的一部分另行組合成文。

由此初步推斷，郭店楚墓中發現的簡本是一部戰國時期流傳於楚地並與老子相關甚密的作品。與時代較晚的西漢帛書本老子對比，簡本的絕大部分文字與帛書本相同或相近，只是次序迴異，它不分作德經和道經，也多不分章。據此分析，簡本的來源有兩種可能：一是由於口相傳授的方式，戰國時期楚地流傳着兩種以上的老子抄本，簡本是其中之一；一是簡本是根據老子摘編而成的。總之，簡本的出現證明老子成書年代的下限應早於戰國早期。

由於這批竹簡的整理工作尚未完成，所以彭浩先生對於具體的内容並没有進一步的透露。這批竹簡及其釋文近年可望問世，屆時將爲學界關於老子傳本、内容和成書年代等方面的研究提供更多資料。

本書校對期間，恰逢北大高明教授的帛書老子校注出版，拜讀之後給我很多啓發，也使我對帛書老子與今本間的异同之研究更加留意。三校時採用了高明教授的許多高見，特在此致意。

陳鼓應　一九九六年十一月

老子重要概念索引

凡　例

一、本索引依據附録三《老子校定文》編製，讀者可據之引申檢索《注釋今譯與引述》部分。

二、本索引以詞條首字音序排列。

三、本索引所列詞條皆具有特定的涵義，凡不具有特定涵義的同一字詞概不列出。如索引中所列之“常”字，取其“萬物運動與變化中的不變之規則”的涵義；而表示“經常”等副詞性質之“常”字概未列出。

四、各詞條後所綴數字，括號外的數字表示該詞條所在之章次，括號内的數字表示該詞條在本章中出現之頻率。如“常 16(4)，55(2)”，表示“常”字在第十六章中出現四次，在第五十五章中出現兩次。

Y

Z